오픽 요정

벨라쌤의

OPIc

초단기·완성

IL - IM
초급

DARAKWON

오픽 요정
벨라쌤의

OPIc
초단기·완성 IL - IM 초급

지은이 벨라(신진)
펴낸이 정규도
펴낸곳 (주)다락원

초판 1쇄 발행 2025년 1월 17일

편집 유나래, 허윤영
디자인 윤지영, 이현해
영문 감수 Michael. A. Putlack

다락원 경기도 파주시 문발로 211
내용문의 (02)736-2031 내선 523
구입문의 (02)736-2031 내선 250~252
Fax (02)732-2037
출판등록 1977년 9월 16일 제406-2008-000007호

ISBN 978-89-277-0184-2 13740

http://www.darakwon.co.kr

• 다락원 홈페이지를 방문하시면 상세한 출판정보와 함께 동영상 강좌,
  MP3자료 등 다양한 어학 정보를 얻으실 수 있습니다.

오픽 요정
벨라쌤의

OPIc
초단기·완성

오픽, 어떻게 준비해야 할까?

많은 기업에서 실무에 사용 가능한 영어 말하기 실력을 요구하면서 취업과 이직, 승진을 위해 오픽 점수가 필수인 시대가 되었습니다. 처음 오픽을 접하는 분들은 대부분 "내가 이렇게 말이 안 나오다니!" 하며 충격을 받으십니다. 그러나 오픽은 스피킹 시험이라 문법과 독해에만 익숙한 한국인에게는 당연히 낯설고 어려울 수밖에 없습니다. 게다가 질문을 듣고 바로 답변하는 시험이다 보니, 준비 없이 시험을 보면 당황해서 시간과 돈만 날리기 너무 쉽습니다. 그래서 스피킹과 임기응변, 둘 다 잡을 수 있는 **오픽 시험 전략**이 필수적입니다.

<OPIc 초단기 완성>은 이런 점이 다르다!

〈OPIc 초단기 완성〉은 오픽 채점 기준에 최적화된 등급 향상 전략과 아래와 같은 차별화된 특징을 제공합니다.

1 핵심 주제만 선정

85개가 넘는 설문 조사 항목을 모두 다루지 않고 최소로 준비해야 할 설문 주제만 다루며, 최근 빈출 돌발 주제와 롤플레이 주제만 골라 뽑았습니다. 요즘 자주 나오는 중요한 주제만 집중적으로 다뤄, 시간 낭비 없이 효율적으로 시험을 준비할 수 있습니다.

2 논리적인 답변 가이드

답변 시 IMF(INTRO-MAIN-FINISH) 구조만 잘 지켜도 IM2 이상의 등급 달성이 가능합니다. 질문 유형별로 답변 시작부터 끝까지 가이드를 제공해 낯선 주제가 나와도 스스로 답변을 구성할 수 있는 힘을 길러 줍니다. 어떻게 답변해야 할지 막막한 분들도 자연스럽게 발화량이 늘어나는 마법 같은 구조입니다.

3 고득점 전략 & 해설

'질문 되묻기 전략', '육하원칙 전략', '초딩 조카 전략' 등 20개 이상의 체계적인 등급 달성 전략을 제공하며, 일대일 과외처럼 친절하고 상세한 해설을 담았습니다. 전략과 해설에 따라 문제 의도를 파악하고 공략하면 답변 퀄리티가 급상승합니다.

4 암기 의심 피하는 진솔한 답변

오픽은 어디서 본 듯한 개성 없는 내용으로 답변을 구성하거나 암기한 것을 그대로 말하는 티가 나면 낮은 등급을 받기 쉬운 시험입니다. 따라서 딱딱하고 틀에 박힌 답변이 아닌, 친한 친구와 대화하듯 진솔하고 자연스러운 예시 답변을 제시합니다. 예시 답변의 솔직한 감정과 생각 표현 방식을 익히면 금세 고득점의 벽을 넘을 수 있습니다.

5 최신 빈출 질문 수록

최근 시험 데이터를 분석해 자주 출제되는 질문과 세트를 수록했습니다. 핵심 질문을 집중적으로 공략해 시간을 절약하고 목표 등급을 단번에 달성할 수 있습니다.

6 즉석 대응 임기응변 팁

오픽은 화면에 질문이 표시되지 않고 질문을 따로 적을 수도 없는 즉석 발화 시험입니다. 생각할 시간이 부족해 당황할 수 있으므로, 긴장을 풀고 자연스럽게 답변할 수 있는 임기응변 팁을 제공해 심리적 부담을 덜고 실수를 줄일 수 있습니다.

오픽, 초단기로 목표 등급 달성하자!

수많은 수강생들의 등급 급상승을 이루어 낸 벨라쌤의 전략을 믿고 따라오신다면 단기간에 목표 등급 달성이 가능합니다. 〈IL-IM〉 레벨은 영어 말하기에 자신이 없는 초급자가 기초를 탄탄하게 쌓을 수 있게 구성했고, 〈IH-AL〉 레벨은 중상급자 대상으로 다양한 표현과 어휘를 사용해 더 구체적이고 연결된 내용을 말할 수 있게 구성했습니다.

꼭 필요한 것만, 가장 빠르게! 여러분의 등급을 마법처럼 올려 드립니다!

여러분의 오픽 요정

벨라쌤 드림

목 차

PART 1 설문 주제

이 책의 구성

OVERVIEW (PART 1~3 공통)

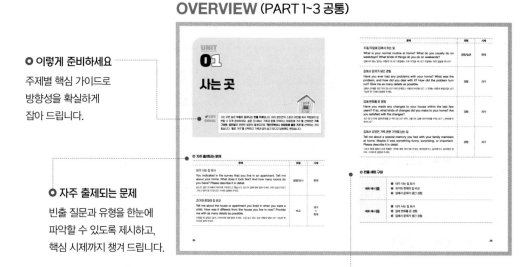

○ 이렇게 준비하세요
주제별 핵심 가이드로
방향성을 확실하게
잡아 드립니다.

○ 자주 출제되는 문제
빈출 질문과 유형을 한눈에
파악할 수 있도록 제시하고,
핵심 시제까지 챙겨 드립니다.

○ 빈출 세트 구성
세트 예시를 통해 시험에서
어떤 순서와 조합으로 질문이
출제되는지 감을 잡습니다.

PART 1 설문 주제

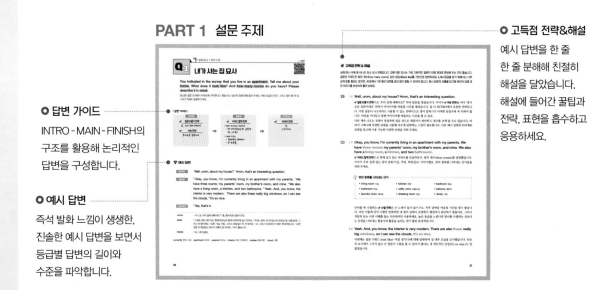

○ 답변 가이드
INTRO - MAIN - FINISH의
구조를 활용해 논리적인
답변을 구성합니다.

○ 예시 답변
즉석 발화 느낌이 생생한,
진솔한 예시 답변을 보면서
등급별 답변의 길이와
수준을 파악합니다.

○ 고득점 전략&해설
예시 답변을 한 줄
한 줄 분해해 친절히
해설을 달았습니다.
해설에 들어간 꿀팁과
전략, 표현을 흡수하고
응용하세요.

PART 2 돌발 주제

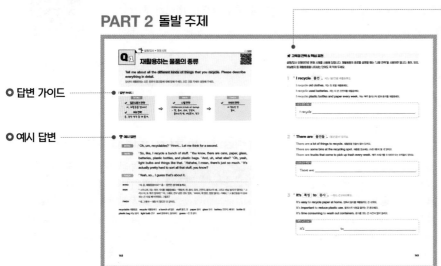

○ 답변 가이드

○ 예시 답변

○ 고득점 전략&핵심 표현

벨라쌤이 강조하는
질문 유형별 핵심 요소를
파악하고, 등급 상승에
필수적인 표현을 익혀
답변 퀄리티를 높이세요.

PART 3 롤플레이

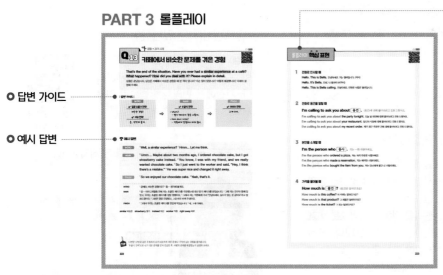

○ 답변 가이드

○ 예시 답변

○ 롤플레이 핵심 표현

답변에 자주 쓰이는
표현을 문장과 패턴으로
정리했습니다. 마음에
드는 표현을 익혀서
시험에서 활용하세요.

OPIc 온라인 모의고사 활용법

실제 오픽 시험 방식을 체험하고 직접 답변을 녹음해 볼 수 있는 온라인 모의고사를 무료로 제공합니다. 온라인 모의고사를 활용해 오픽 시험에 더 철저히, 효과적으로 대비하세요!

★ 원활하게 녹음 기능을 이용하기 위해서는 기본 브라우저 앱(안드로이드 폰은 삼성 인터넷 앱, 아이폰은 사파리 앱)을 사용하세요.

온라인 모의고사
바로가기

💡 어떻게 이용할 수 있나요?

〈OPIc 초단기 완성〉 온라인 모의고사는 스마트폰으로 편리하게 이용할 수 있습니다. 위의 QR코드를 통해 모의고사 페이지에 접속할 수 있으며, 다락원 홈페이지 회원 로그인을 하면 바로 모의고사를 이용할 수 있습니다.

💡 총 몇 회가 제공되나요?

IL-IM 2회, IH-AL 2회로 총 4회가 제공됩니다. IL-IM은 난이도 3~4 선택 시의 문제 구성으로, IH-AL은 난이도 5~6 선택 시의 문제 구성으로 이루어져 있습니다.

💡 실제 시험과 완전히 똑같나요?

실제 시험에서는 문항당 답변 시간이 표시되지 않지만 온라인 모의고사에서는 사용자의 편의를 위해 문항당 2분의 제한 시간이 표시됩니다. 제한 시간에 맞춰 답변을 말하는 연습을 해 보세요.

💡 녹음한 답변을 다시 들어 볼 수 있나요?

시험 응시가 끝난 후, REVIEW 페이지에 가면 문항별로 질문과 자신의 녹음된 답변, 원어민 음성으로 녹음된 예시 답변을 들어 볼 수 있습니다. 녹음된 답변은 응시일로부터 30일 동안 보관됩니다.

💡 시험에 여러 번 응시할 수 있나요?

응시 횟수에는 제한이 없지만, 새롭게 응시하면 이전에 녹음된 답변은 삭제됩니다.

💡 유튜브 버전도 있나요?

벨라쌤의 유튜브 〈벨라영어〉에서도 동일한 온라인 모의고사 영상을 제공합니다. 자신에게 편리한 방법으로 이용하세요.

모의고사 영상
바로가기

1주/2주 학습 플랜

1주 벼락치기 학습 플랜

1일	2일	3일	4일
☐ 오픽 시험 개요, 유형, 전략 학습 ☐ PART 1 설문 주제 UNIT 01-02	☐ PART 1 설문 주제 UNIT 03-06	☐ PART 1 설문 주제 UNIT 07-10	☐ PART 2 돌발 주제 UNIT 01-04
5일	**6일**	**7일**	
☐ PART 2 돌발 주제 UNIT 05-08	☐ PART 3 롤플레이 UNIT 01-06	☐ 전체 복습하기 ☐ 온라인 모의고사 응시하기	

2주 집중 학습 플랜

	1일	2일	3일	4일
1주차	☐ 오픽 시험 개요, 유형, 전략 학습 ☐ PART 1 설문 주제 UNIT 01	☐ PART 1 설문 주제 UNIT 02-04	☐ PART 1 설문 주제 UNIT 05-07	☐ PART 1 설문 주제 UNIT 08-10
	5일	**6일**	**7일**	
	☐ PART 1 설문 주제 총복습하기	☐ PART 2 돌발 주제 UNIT 01-03	휴식일 벨라쌤 유튜브 보기	
	8일	**9일**	**10일**	**11일**
2주차	☐ PART 2 돌발 주제 UNIT 04-06	☐ PART 2 돌발 주제 UNIT 07-08	☐ PART 2 돌발 주제 총복습하기	☐ PART 3 롤플레이 UNIT 01-03
	12일	**13일**	**14일**	
	☐ PART 3 롤플레이 UNIT 04-06	☐ PART 3 롤플레이 총복습하기	☐ 전체 복습하기 ☐ 온라인 모의고사 응시하기	

OPIc 시험 소개

OPIc(오픽)은 컴퓨터로 진행되는 개인 맞춤형 영어 말하기 평가입니다. 단순히 문법이나 어휘 실력을 평가하는 것이 아니라, 실생활에서 사용하는 말하기 능력을 측정하는 시험입니다. 총 1시간 동안 시험이 진행되며, 오리엔테이션에서 답변한 내용을 바탕으로 개인 맞춤형 문제가 출제됩니다.

오리엔테이션 (20분)

본 시험을 준비하는 시간입니다. 총 4단계로 이루어져 있으며, 컴퓨터 화면에 뜨는 안내에 따라 차례대로 진행하면 됩니다.

1 Background Survey	2 Self Assessment	3 Pre-Test Setup	4 Sample Question
사는 곳, 직업 유무, 취미, 관심사 등을 선택합니다. 내가 답한 내용에 따라 맞춤형 문제가 출제됩니다. 14페이지의 안내에 따라 설문 주제를 선택하세요.	1~6단계의 난이도 중 하나를 선택합니다. IL/IM은 난이도 3~4, IH/AL은 난이도 5~6을 권장합니다. 난이도는 본 시험 7번 문항이 끝난 후에 한 번 더 선택할 수 있습니다.	헤드셋을 끼고 질문을 들으며 볼륨을 조절하고 녹음이 되는지 확인합니다. 시험이 시작되면 주변 응시자 말소리가 잘 들리므로 볼륨을 미리 크게 올려 놓으세요.	예시 질문을 듣고 답변해 봅니다. 본 시험이 어떤 방식으로 진행되는지 확인할 수 있습니다. 채점되는 항목은 아니므로 가볍게 입을 풀고 넘어가세요.

본 시험 (40분)

난이도 3 이상 선택 시 15문항으로 구성됩니다. 7번 문항이 끝나면 2차 난이도(쉬운 질문/비슷한 질문/어려운 질문)를 선택하게 되는데, '비슷한 질문'을 선택하는 것이 좋습니다.

시험 시간은 총 40분이지만 문항별로 답변 시간 제한이 없으므로 효율적인 시간 배분이 필요합니다.

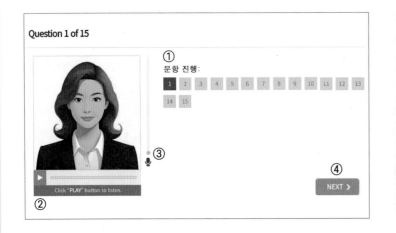

① 시험이 진행 중인 문항 번호가 표시됩니다.

② 재생 버튼을 누르면 질문이 재생됩니다.

★ 질문이 끝나고 5초 이내에 리플레이 버튼을 누르면 질문을 한 번 더 들을 수 있습니다.

③ 내 녹음이 잘 진행되고 있는지 확인 가능합니다.

④ Next를 누르면 다음 문항으로 넘어갑니다. 질문 재생이 끝나고 10초 후에 버튼이 활성화됩니다.

등급 및 채점 기준 가이드

오픽에는 총 9개의 등급이 있습니다. 아래 표에 없는 등급은 상대적으로 낮은 등급으로, 기업이나 학교에서 선호도가 낮아 크게 중요하지 않습니다. IM 등급은 IM1, IM2, IM3로 등급이 세분화되어 있습니다.

IL Intermediate Low	**일상적인 소재에서는 문장으로 말할 수 있다.** 대화에 참여하고 선호하는 소재에서는 자신감을 가지고 말할 수 있다.
IM Intermediate Mid	일상적인 소재뿐 아니라 **개인적으로 익숙한 상황에서는 문장을 나열**하며 자연스럽게 말할 수 있다. **다양한 문장 형식이나 어휘를 실험적으로 사용**하려고 하며, 상대방이 조금만 배려해 주면 오랜 시간 대화가 가능하다.
IH Intermediate High	개인에게 익숙하지 않거나 예측하지 못한 **복잡한 상황**을 만날 때, 대부분의 상황에서 사건을 설명하고 **문제를 효과적으로 해결**하곤 한다. **발화량이 많고, 다양한 어휘**를 사용한다.
AL Advanced Low	사건을 서술할 때 일관적으로 **동사 시제**를 관리하고, 사람과 사물을 묘사할 때 다양한 **형용사**를 사용한다. 적절한 위치에서 **접속사**를 사용하기 때문에 문장 간의 결속력도 높고 **문단의 구조**를 능숙하게 구성할 수 있다. 익숙하지 않은 복잡한 상황에서도 **문제를 설명하고 해결**할 수 있는 수준의 능숙도다.

벨라쌤이 알려 주는 채점 기준 가이드

항목	답변 전략
완전한 문장	IM 등급 이상을 받으려면 완전한 문장으로 말해야 합니다. 동사만 말하지 마세요.
문단 구조	INTRO-MAIN-FINISH 구조를 항상 챙기세요. 발화량과 점수가 마법처럼 오릅니다.
주제 적합성, 명확성	듣는 채점자에게 전하고자 하는 의도가 명확하게 전달되어야 합니다. 내가 하고 싶은 말 대신 채점자가 원하는 말, 즉 질문에 찰떡인 답변을 하세요.
문제 해결	IH-AL 등급을 노린다면 무조건 대비해야 합니다. 질문에서 주는 상황을 구체적으로 설명하고 대안을 바로 떠올릴 수 있도록 연습하세요.
시제	시제가 100% 완벽하지 않아도 높은 등급을 받을 수 있습니다. 하지만 계속 반복해서 틀리면 점수가 깎이므로 신경 써서 연습하세요.
감정 형용사 사용, 내 생각 말하기	사실만 나열하지 말고 생각과 감정을 틈틈이 넣으세요. 본인의 생각과 감정을 자유롭게 드러낼 수 있어야 높은 등급을 받을 수 있습니다.

설문 조사와 난이도 설정

설문 조사(Background Survey) 응답하기

내가 선택한 문항에 따라 개인 맞춤형 문제가 출제됩니다. 4~7번 질문에서 총 12개 항목을 골라야 하는데, 아래에 빨간색으로 표시된 항목을 추천합니다. 표시된 13개 항목 중 본인이 답변하기 쉬운 12개 항목을 선택하세요. 영어로 말하기 쉬운 일상적인 항목과 서로 유사한 항목을 선택하면 답변을 준비하기 수월합니다.

★ 설문 조사 응답과 실제 답변 내용이 일치하지 않아도 됩니다. 예를 들어, 설문 조사에서 학생이 아니라고 응답하고 실제 답변에서 학생이라고 해도 전혀 점수에 영향이 없습니다.

---

1. **현재 귀하는 어느 분야에서 종사하고 계십니까?**
   - ○ 사업/회사
   - ○ 교사/교육자
   - ○ **일 경험 없음**
   - ○ 재택 근무/재택 사업
   - ○ 군복무

---

2. **현재 귀하는 학생이십니까?**
   - ○ 네
   - ○ **아니오**

2.2 **최근 어떤 강의를 수강했습니까?**
   - ○ 학위 과정 수업
   - ○ 어학 수업
   - ○ 전문 기술 향상을 위한 평생 학습
   - ○ **수강 후 5년 이상 지남**

---

3. **현재 귀하는 어디에 살고 계십니까?**
   - ○ **개인주택이나 아파트에 홀로 거주**
   - ○ 친구나 룸메이트와 함께 주택이나 아파트에 거주
   - ○ 가족(배우자/자녀/기타 가족 일원)과 함께 주택이나 아파트에 거주
   - ○ 학교 기숙사
   - ○ 군대 막사

---

4. **귀하는 여가 활동으로 주로 무엇을 하십니까? (두 개 이상 선택)**
   - ○ **영화 보기**
   - ○ 스포츠 관람
   - ○ 요리 관련 프로그램 시청하기
   - ○ 주거 개선
   - ○ **술집/바에 가기**
   - ○ 리얼리티쇼 시청하기
   - ○ 체스하기
   - ○ **쇼핑하기**
   - ○ 시험 대비 과정 수강하기
   - ○ 게임하기(비디오, 카드, 보드, 휴대폰 등)
   - ○ 클럽/나이트클럽 가기
   - ○ SNS에 글 올리기
   - ○ 스파/마사지샵 가기
   - ○ **공연 보기**
   - ○ 당구치기
   - ○ TV 시청하기
   - ○ 뉴스를 보거나 듣기
   - ○ **콘서트 보기**
   - ○ 차로 드라이브하기
   - ○ 박물관 가기
   - ○ 구직 활동하기
   - ○ **공원 가기**
   - ○ 캠핑하기
   - ○ 친구들과 문자 대화하기
   - ○ 해변 가기
   - ○ 자원봉사하기
   - ○ **카페/커피전문점 가기**

---

5. 귀하의 취미나 관심사는 무엇입니까? (한 개 이상 선택)
- ○ 아이에게 책 읽어주기
- ○ 글쓰기(편지, 단문, 시 등)
- ○ 애완동물 기르기
- ○ 주식 투자하기
- ○ 사진 촬영하기
- **○ 음악 감상하기**
- ○ 그림 그리기
- ○ 독서
- ○ 신문 읽기
- ○ 혼자 노래 부르거나 합창하기
- ○ 악기 연주하기
- ○ 요리하기
- ○ 춤추기
- ○ 여행 관련 잡지나 블로그 읽기

6. 귀하는 주로 어떤 운동을 즐기십니까? (한 개 이상 선택)
- ○ 농구
- ○ 야구/소프트볼
- ○ 축구
- ○ 미식축구
- ○ 하키
- ○ 테니스
- ○ 탁구
- ○ 크로켓
- ○ 배구
- ○ 배드민턴
- **○ 자전거**
- ○ 하이킹/트레킹
- ○ 헬스
- ○ 수영
- ○ 아이스 스케이트
- ○ 스키/스노우보드
- ○ 조깅
- ○ 걷기
- ○ 요가
- ○ 낚시
- ○ 태권도
- ○ 운동 수업 수강하기
- **○ 운동을 전혀 하지 않음**

7. 귀하는 어떤 휴가나 출장을 다녀온 적이 있습니까? (한 개 이상 선택)
- ○ 국내출장
- **○ 국내여행**
- **○ 집에서 보내는 휴가**
- **○ 해외여행**
- ○ 해외출장

난이도 설정하기

자신이 목표로 하는 등급에 맞춰 6단계의 난이도 중 하나를 선택합니다. IL/IM을 목표로 할 때에는 난이도 3 이상, IH/AL을 목표로 할 때에는 난이도 5 이상을 추천합니다. 난이도 3~4보다 5~6이 조금 더 구체적인 질문이 나옵니다. 하지만 마지막 15번 질문을 제외하면 큰 차이는 없고, 경험과 비교 질문이 조금 더 나오는 경향이 있습니다.

난이도 1	나는 10단어 이하의 단어로 말할 수 있습니다.
난이도 2	나는 기본적인 물건, 색깔, 요일, 음식, 의류, 숫자 등을 말할 수 있습니다.
난이도 3	나는 자신, 직장, 친한 사람과 장소, 일상에 대한 기본적인 정보를 간단하게 문장으로 전달할 수 있습니다.
난이도 4	나는 일상, 일/학교와 취미에 대해 간단한 대화를 할 수 있습니다. 또한 내가 원하는 질문도 할 수 있습니다.
난이도 5	나는 친근한 주제와 가정, 일, 학교, 개인과 관심사에 대해 자신 있게 대화할 수 있습니다. 어떤 상황이 발생하더라도 잘 대처 가능합니다.
난이도 6	개인적, 사회적인 또는 전문적인 주제에 대해서 내 의견을 제시할 수 있고 토론도 가능합니다. 구체적인 설명도 가능합니다.

한눈에 보는 OPIc 문제 유형

난이도 선택에 따라 12문항(난이도 1~2) 또는 15문항(난이도 3~6)이 출제됩니다. 1번 문제(자기소개)를 제외하고는 2~3문제가 세트를 이루어 한 주제에 대해 연속된 질문을 합니다. 난이도 3~6 선택 시, 설문 주제 3세트, 돌발 주제 2세트, 이렇게 총 5세트가 출제됩니다.

롤플레이는 설문 주제나 돌발 주제 어느 쪽으로도 나올 수 있습니다. 난이도 3~4에서는 롤플레이 문제가 11번부터 15번까지 출제되고, 난이도 5~6에서는 11번부터 13번까지 출제됩니다.

설문 주제	Background Survey에서 내가 선택한 항목(사는 곳, 여가 활동 등)에 대한 문제가 출제됩니다. IL/IM이 목표라면 설문 주제로 선택한 것에 대한 준비를 충실히 하세요.
돌발 주제	Background Survey 항목에 없는 주제입니다. 재활용, 지형, 은행 등 예상하지 못한 항목에서 출제됩니다. 자주 출제되는 돌발 주제 위주로 준비해 두세요.
롤플레이	주어진 특정 상황에 대해 연기하는 유형입니다. 주어진 상황에 필요한 질문 하기, 문제 해결하기, 면접관에게 질문하기 같은 문제가 출제됩니다.

OPIc 시험 난이도 3~4 출제 예시

문항	주제		예시
Q1	자기소개		나에 대해 말하기
Q2	세트 1 돌발 주제: 인터넷	설명/묘사, 경향/습관 중 1문제	사람들이 인터넷으로 하는 일
Q3		설명/묘사, 경향/습관, 비교, 경험 중 1문제	인터넷에서 주로 보는 영상
Q4		(기억에 남는, 문제 생긴, 첫, 최근) 경험	인터넷에서 본 기억에 남는 영상
Q5	세트 2 설문 주제: 공원	설명/묘사, 경향/습관 중 1문제	좋아하는 공원 묘사
Q6		설명/묘사, 경향/습관, 비교, 경험 중 1문제	공원에서 주로 하는 일
Q7		(기억에 남는, 문제 생긴, 첫, 최근) 경험	최근 공원에 간 경험
Q8	세트 3 돌발 주제: 은행	설명/묘사, 경향/습관 중 1문제	우리나라의 은행 모습
Q9		설명/묘사, 경향/습관, 비교, 경험 중 1문제	은행에서 주로 하는 일
Q10		(기억에 남는, 문제 생긴, 첫, 최근) 경험	은행에서 문제가 생긴 경험
Q11	세트 4 롤플레이 설문 주제: 음악	주어진 상황에 필요한 질문 하기	친구의 MP3 플레이어에 대한 정보 질문
Q12		문제 상황 설명 및 대안 제시	빌린 MP3 플레이어가 고장 난 상황 설명 및 대안 제시
Q13		관련 문제 해결 경험, 기억에 남는 경험	고장 난 전자기기 문제를 해결한 경험
Q14	세트 5 롤플레이 설문 주제: 카페	설명/묘사	좋아하는 카페 묘사
Q15		면접관에게 질문하기	면접관이 좋아하는 카페에 대해 2~3가지 질문하기

자기소개 예시

🎧 001

자기소개는 항상 1번으로 나오는 문제이지만 채점에는 반영되지 않습니다. 답하지 않고 스킵해도 되지만 마음 편히 입 푸는 연습을 하세요. 길이는 짧아도 괜찮습니다.

> **Q** **Let's start the interview now. Tell me something about yourself.**
> 이제 인터뷰를 시작하겠습니다. 자신에 대해서 말해 주세요.

🎤 취업 준비 중인 학생 ver.

Hi. I'm Jiho. Umm, I'm a university student, and my major is mechanical engineering. I really love it. And now, I'm planning to get a job. So this test is quite important. I'll do my best. Wish me luck! Haha.

안녕하세요, 제 이름은 지호예요. 음, 저는 대학생이고 제 전공은 기계공학이에요. 저는 제 전공을 정말 좋아해요. 그리고 지금은 취업을 하려고 계획하고 있어요. 그래서 이번 시험은 꽤 중요하답니다. 최선을 다할게요. 행운을 빌어 주세요! 하하.

🎤 승진 준비 중인 직장인 ver.

Hi. My name is Minji Park, and I recently got married. So I went to the Maldives on my honeymoon, and I'd love to go back someday because it was just amazing. I'm here now because I'm preparing for a promotion, so I really need a great score. You know what I mean? Haha. Yeah, I'm gonna get it! Wish me luck. Thanks!

안녕하세요, 제 이름은 박민지이고 최근에 결혼했어요. 그래서 신혼여행으로 몰디브에 갔는데 정말 멋져서 언젠가 다시 가고 싶어요. 저는 승진 준비를 하고 있어서 지금 여기 왔어요. 그래서 정말 좋은 점수가 필요해요. 무슨 말인지 아시죠? 하하. 네, 제가 좋은 점수를 받을 거예요! 행운을 빌어 주세요. 고마워요!

🎤 가족을 사랑하는 직장인 ver.

Oh, hi. I'm Jungsu Kim, and I love playing tennis, so I go every morning and evening—twice a day, yeah. I'm the editor-in-chief at a magazine publisher, and I've been working here for, like, 19 years. Yeah, so I love reading and playing sports—and also my family! Yeah, they're my everything. Haha. I think that's it. Thanks for listening.

아, 안녕하세요. 저는 김정수이고, 테니스 치는 것을 정말 좋아해서 매일 아침, 저녁으로 하루에 두 번씩 가요. 네, 저는 잡지사의 편집장이고 여기서 19년 동안 일하고 있어요. 네, 그래서 저는 독서와 스포츠 하는 것을 좋아해요. 그리고 제 가족도 사랑하고요! 네, 그들은 제 전부예요. 하하. 그게 다인 것 같아요. 들어 주셔서 감사합니다.

OPIc 자주 묻는 질문

사람들이 오픽에 대해 자주 묻는 질문을 벨라쌤이 명쾌하게 답해 드립니다.
더 자세한 내용은 QR코드를 통해 영상으로 확인하세요.

1 자기소개 안 해도 감점 없나요?

자기소개는 등급에 영향을 미치지 않아요. 본격적으로 시험을 시작하기 전에 입을 풀거나,
채점자에게 본인 소개로 좋은 인상을 남기는 용도로 사용하세요. 편하게 스킵해도 괜찮습니다.

영상으로 보기

2 난이도 선택이 중요한가요?

난이도 자체는 점수와 직결되지 않아요. 채점자는 답변을 듣고 채점합니다.

난이도에 따라 등급이 제한되는 것은 아니지만, 1~2단계는 문제 수가 12개로 적어 IM 등급 이상의 발화량을 충족시키기 어려워요.

3~6단계부터는 본인이 듣기 편한 난이도를 고르면 됩니다. 참고로 벨라쌤은 난이도 3에서도 AL을 받았어요. 하지만 5~6단계의 비교나 이슈 유형보다 간단한 설명/묘사, 경향/습관, 경험 유형은 디테일하게 답변하기 어려워요. IH 이상 받고 싶으신 분들은 리스닝에 큰 문제가 없는 한 5~6단계를 추천해요. 2차 난이도를 선택할 때도 '비슷한 질문'을 선택해 난이도 3-3, 5-5처럼 난이도를 똑같이 맞추세요.

> • IH/AL 목표 ➡ 5-5, 6-6 추천
>
> • IL/IM 목표 ➡ 3-3, 4-4 추천

3 문항당 제한 시간이 있나요?

OPIc은 문항당 제한 시간이 없습니다. 하지만 총 답변 시간이 40분으로 제한되어 있기 때문에 한 문제당 최대 2분으로 답변하는 것을 연습하세요. 2분을 넘겨도 감점되진 않습니다.

4 스크립트 외우면 망하나요?

문장을 즉석에서 만들기 힘들다면 기본적인 문장은 외워야 하겠죠. 매직 패턴의 문장 정도는
힘들이지 않고 말할 수 있으면 좋겠어요. 딱딱하게 외운 티가 나지 않도록 자연스럽게 사용하세요.

영상으로 보기

매직 패턴 IL/IM 1편

영상으로 보기

매직 패턴 IL/IM 2편

영상으로 보기

매직 패턴 IH/AL

영상으로 보기

5 스크립트를 외웠는지 채점자가 어떻게 알아요?

다음과 같은 경우에 스크립트를 외운 것으로 간주합니다.

- 질문에 대한 답변이 계속 비슷하고, 반복되는(repetitive) 대답 패턴, 단어, 표현, 문장을 사용할 때
 (반복되는 소재나 표현은 경험을 묻는 질문에서 엄격하게 체크하기 때문에 시중의 뻔한 답변이나 책에
 나온 예시 답변을 똑같이 암기하면 안 됩니다.)
- 대답의 편차가 너무 클 때 (외운 스크립트는 랩처럼 속사포로 내뱉고, 즉석 발화는 제대로 말하지 못할 때)

결국 답변 키워드와 자주 사용하는 표현을 미리 준비하고 현장에서 꺼내 조립하는 식으로 응용할 줄 알아야 합니다.

6 질문 다시 듣기(Replay) 버튼은 꼭 눌러야 하나요?

질문이 끝난 후에는 5초 이내에만 리플레이 버튼을 누를 수 있기 때문에 놓치지 않도록 주의하세요. 이 5초와 질문
을 다시 듣는 약 30초의 시간 동안 어떻게 대답할지 키워드를 생각하는 겁니다. 그러니 질문을 한 번에 알아 들었어
도 다시 듣기 버튼을 무조건 누르세요! 다시 들어도 감점은 없습니다.

벨라쌤의 OPIc 고득점 전략

실제 시험에 효율적으로 적용할 수 있는 고득점 전략을 한눈에 살펴봅시다.
PART 1 '고득점 전략 & 해설'에서 각 전략에 대해 자세하게 설명해 두었으니 참고하세요.

IMF 전략	INTRO-MAIN-FINISH(서론-본론-결론)의 문단 구조를 항상 지키세요. IL/IM 기준으로 1-3-1문장, IH/AL 기준으로 2-6-2문장을 추천합니다.
리액션 전략	Oh, Ah, Wow 같은 감탄사를 사용해 질문이 끝나고 바로 답변을 시작하세요. 아이디어가 즉시 떠오르지 않아도 답변을 쉽게 시작할 수 있습니다.
질문 되묻기 전략	들은 질문의 키워드를 활용해 곧장 질문을 되물으세요. 공백을 피하고 아이디어를 떠올리는 시간을 벌 수 있습니다. 질문을 잘 이해했다는 것도 채점자에게 드러낼 수 있습니다.
여유 전략	"시간 좀 주세요", "생각해 볼게요", "생각나는 게 너무 많아요"처럼 여유를 부리며 아이디어를 떠올릴 시간을 벌 수 있습니다.
당연한 말 전략	비교나 경험 유형에서 활용하기 좋은 전략입니다. "당연히 차이점이 많죠", "물론, 저도 비슷한 경험이 있어요"처럼 당연한 말을 하며 여유를 벌 수 있습니다.
연결 전략	앞서 답변한 내용과 현재 답변을 연결 짓는 전략입니다. 나만의 색깔을 드러내고 즉석 발화 효과를 줍니다.
기억 안 나 전략	답변 아이디어가 잘 떠오르지 않거나 말이 막힐 때, 공백을 만드는 대신 "아, 지금 생각이 안 나요", "그게 뭐였더라?"처럼 말을 자연스럽게 이어 가세요.
그런 적 없어 전략	경험 유형에서 질문을 듣고 막막할 때, 그런 경험이 없다고 말하며 시간을 벌 수 있는 전략입니다. 이왕이면 그런 경험이 있다고 지어내는 것이 좋으니 급할 때만 사용해서 아이디어를 떠올리세요.
아마도 그때 전략	경험 유형에서 과거 시기나 사건이 정확하게 생각이 안 날 때 고민하지 말고 "아마도 그때, 이랬을 거야"라고 말하세요. 사실대로 말하는 게 중요한 게 아니니 빠르게 둘러대세요.
두괄식 전략	핵심 아이디어를 두괄식으로 내세우면 횡설수설을 피할 수 있습니다. 앞으로 내가 이야기할 내용을 통합하는 역할을 합니다.
원픽 전략	핵심 아이디어를 하나 정해 구체적으로 말하는 전략입니다. 이것저것 사실(fact)만 나열하면 결국 아이디어가 고갈되고 깊이가 없어지니, 하나에 집중해 이야기하세요.
육하원칙 전략	'언제, 어디서, 무엇을, 누구와, 어떻게, 왜'를 포함해 답변을 구성하면 내용이 깊어집니다. 질문 키워드를 까먹었을 때도 발화량을 채우기에 유용합니다.

나열 전략	문장 나열은 구체적인 예시를 들어 채점자의 이해를 돕는 수준으로 사용하면 좋습니다.
초딩 조카 전략	채점자가 초등학교 1~2학년 조카라고 생각하세요. 답변하기 쉬운 아이디어를 골라 친절하게 설명을 덧붙이면 내용이 명확하게 전달됩니다. 순간 떠오르지 않는 어려운 단어도 쉽게 풀어서 설명하세요.
생생 묘사 전략	장소 설명에 유용한 전략입니다. 듣는 사람의 머릿속에 장면이 그려질 정도로 디테일하게 특징을 나열하면 됩니다.
다 가져다 붙이기 전략	'기억에 남는', '인상 깊은', '특별한'이라는 질문 키워드에 유용한 전략입니다. 여기저기서 본 특징들을 합치세요. 부족한 기억력을 보완하기 좋습니다.
1:1 비교 전략	핵심 아이디어를 하나 정하고, 예전과 지금의 차이를 명확하게 드러내세요.
유창성 전략	말이 끊기지 않고 유창한 흐름을 만드는 고등급 전략입니다. 같은 의미의 말, 연관된 생각을 덧붙이면 이야기가 시냇물처럼 부드럽게 흘러갈 수 있습니다.
임기응변 전략	경험 유형에 적용하기 좋은 전략입니다. 다친 경험, 연인과의 다툼이나 특별했던 경험, 반려동물 등의 이야기를 미리 만들어 놓고 아이디어가 필요할 때 활용하세요.
내 생각 말하기 전략	사실(fact) 나열에서 끝내지 말고 내 생각과 느낀 점을 담아야 답변 퀄리티가 높아집니다. 높은 등급을 노릴수록 필수로 사용해야 할 전략입니다.
감정 형용사 전략	질문에서 '좋아하는', '인상 깊은', '기억에 남는'이라는 키워드가 나오면 MAIN의 끝부분과 FINISH 초입에 감정 형용사를 적극적으로 사용하세요. 높은 등급을 받으려면 답변하는 틈틈이 감정 형용사를 활용하는 것이 필수입니다.
키워드 찰떡 전략	질문의 핵심 키워드를 활용해 채점자가 듣고 싶은 답변을 찰떡같이 하고 있다고 강조하세요. 답변 끝까지 키워드를 확실히 기억해 두었다가 사용해야 합니다.
마무리 전략	더 이상 할 말이 없으면 답변을 흐지부지 끝내지 말고 확실하게 마무리 지으세요. 마무리까지 확실하게 해서 논리 구조를 완성하세요.
너도 해 봐 전략	"너도 해 봐", "너도 가 봐"처럼 채점자에게 행동을 권유하며 마무리할 수 있습니다. FINISH에서 친근하고 자연스럽게 마무리하는 전략 중 하나입니다.
말 걸기 전략	"너도 궁금하면 나에게 물어봐"처럼 친근하게 채점자에게 말을 걸며 마무리할 수 있습니다.

PART 소개
동영상 강의

PART
1

설문 주제

01

사는 곳

✔ 이렇게
준비하세요

사는 곳은 높은 확률로 출제되는 **빈출 주제**입니다. 미리 본인만의 스토리 라인을 짜서 막힘없이 답변할 수 있게 준비하세요. 설문 조사에서 '가족과 함께 주택이나 아파트에 거주'를 선택하면 **가족 구성원, 집안일**과 관련된 질문이 출제되므로 **'개인주택이나 아파트에 홀로 거주'**를 선택하는 것이 좋습니다. '홀로 거주'를 선택하고 가족과 같이 살고 있다고 답변해도 괜찮습니다.

⭐ 자주 출제되는 문제

문제	유형	시제
내가 사는 집 묘사 You indicated in the survey that you live in an apartment. Tell me about your home. What does it look like? And how many rooms do you have? Please describe it in detail. 당신은 설문 조사에서 아파트에 거주한다고 했습니다. 당신의 집에 대해 알려 주세요. 어떤 모습인가요? 그리고 방이 몇 개 있나요? 자세히 설명해 주세요.	설명/묘사	현재
과거와 현재의 집 비교 Tell me about the house or apartment you lived in when you were a child. How was it different from the house you live in now? Provide me with as many details as possible. 어렸을 때 살았던 집이나 아파트에 대해 말해 주세요. 지금 살고 있는 집과 어떻게 달랐나요? 가능한 한 자세히 알려 주세요.	비교	과거 + 현재

문제	유형	시제
주중/주말에 집에서 하는 일 What is your normal routine at home? What do you usually do on weekdays? What kinds of things do you do on weekends? 집에서의 평소 일과는 어떻게 되나요? 평일에는 주로 무엇을 하나요? 주말에는 어떤 일들을 하나요?	경향/습관	현재
집에서 문제가 생긴 경험 Have you ever had any problems with your home? What was the problem, and how did you deal with it? How did the problem turn out? Give me as many details as possible. 집에서 문제를 겪은 적이 있나요? 어떤 문제였고 어떻게 처리했나요? 그 문제는 어떻게 해결되었나요? 가능한 한 자세히 설명해 주세요.	경험	과거
집에 변화를 준 경험 Have you made any changes to your house within the last few years? If so, what kinds of changes did you make to your home? Are you satisfied with the changes? 최근 몇 년 안에 집에 변화를 준 적이 있나요? 만약 그렇다면, 집에 어떤 변화를 주었나요? 그 변화에 만족하나요?	경험	과거
집에서 있었던 가족 관련 기억에 남는 일 Tell me about a special memory you had with your family members at home. Maybe it was something funny, surprising, or important. Please describe it in detail. 가족과 함께 집에서 보낸 특별한 기억에 대해 이야기해 주세요. 재미있었거나, 놀라웠거나, 중요했던 일이요. 자세하게 설명해 주세요.	경험	과거

⭐ 빈출 세트 구성

세트 예시 **1**	❶ 내가 사는 집 묘사 ❷ 과거와 현재의 집 비교 ❸ 집에서 문제가 생긴 경험
세트 예시 **2**	❶ 내가 사는 집 묘사 ❷ 집에 변화를 준 경험 ❸ 집에서 문제가 생긴 경험

내가 사는 집 묘사

You indicated in the survey that you live in an apartment. Tell me about your home. What does it look like? And how many rooms do you have? Please describe it in detail.

당신은 설문 조사에서 아파트에 거주한다고 했습니다. 당신의 집에 대해 알려 주세요. 어떤 모습인가요? 그리고 방이 몇 개 있나요? 자세히 설명해 주세요.

답변 가이드

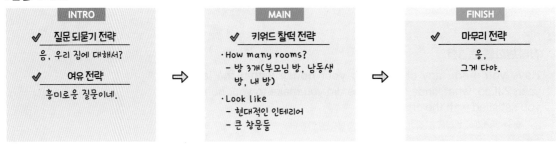

INTRO
✔ 질문 되묻기 전략
음, 우리 집에 대해서?
✔ 여유 전략
흥미로운 질문이네.

MAIN
✔ 키워드 찰떡 전략
· How many rooms?
- 방 3개(부모님 방, 남동생 방, 내 방)
· Look like
- 현대적인 인테리어
- 큰 창문들

FINISH
✔ 마무리 전략
음,
그게 다야.

🏆 예시 답변

INTRO　¹Well, umm, about my house? ²Hmm, that's an interesting question.

MAIN　³Okay, you know, I'm currently living in an apartment with my parents. ⁴We have three rooms: my parents' room, my brother's room, and mine. ⁵We also have a living room, a kitchen, and two bathrooms. ⁶Yeah. And, you know, the interior is very modern. ⁷There are also these really big windows, so I can see the clouds. ⁸It's so nice.

FINISH　⁹Yep, that's it.

INTRO　¹저기, 음, 우리 집에 대해서요? ²흠, 흥미로운 질문이군요.

MAIN　³그래요, 알다시피 저는 현재 부모님과 함께 아파트에 살고 있어요. ⁴우리는 방이 세 개 있는데, 부모님 방, 남동생 방, 그리고 제 방이에요. ⁵또한 거실, 주방, 그리고 화장실이 두 개 있어요. ⁶네. 그리고 인테리어가 매우 현대적입니다. ⁷또한 정말 큰 창문들도 있어서 구름이 잘 보여요. ⁸아주 좋습니다.

FINISH　⁹네, 그게 다예요.

---

currently 현재, 지금　apartment 아파트　parents 부모님　interior 내부, 인테리어　modern 현대적인　cloud 구름

설명/묘사 유형 중 하나인 장소 묘사 유형입니다. 집에 대한 묘사는 가장 기본적인 질문인 만큼 제대로 준비해 두는 것이 좋습니다. 질문의 키워드인 방의 개수(how many rooms), 집의 생김새(look like)를 기반으로 답변하세요. IL/IM 등급을 받기 위해서는 너무 길게 말할 필요는 없지만, 40초에서 1분 동안 답변을 끊김 없이 말할 수 있어야 합니다. 예시 답변의 흐름을 참고해 본인의 집에 대한 이야기를 비슷하게 풀어 보세요.

Ⅰ 1-2 **Well, umm, about my house? Hmm, that's an interesting question.**

✔️ **질문 되묻기 전략**으로 '우리 집에 대해서요?' 하며 말문을 열었습니다. 이어서 ✔️ **여유 전략**을 써서 '흥미로운 질문이네요' 하면서 아이디어를 떠올릴 시간을 벌었습니다. 둘 다 INTRO에서 유용한 전략입니다. 어떤 질문이 나오더라도 사용할 수 있는 전략이므로 영어 말하기가 어색한 분일수록 꼭 익혀야 합니다. 마음을 가다듬고 답변 아이디어를 떠올리는 시간을 벌 수 있죠.

다만 계속 나오는 표현이 동일하면 외운 것으로 채점자가 판단하고 점수를 낮게 줄 수도 있습니다. 따라서 그때그때 다양한 표현을 사용해 다르게 답변하는 스킬이 필요합니다. 다른 예시 답변의 INTRO 표현을 참고해 사용 가능한 다양한 표현을 익혀 두세요.

Ⅿ 3-5 **Okay, you know, I'm currently living in an apartment with my parents. We have three rooms: my parents' room, my brother's room, and mine. We also have a living room, a kitchen, and two bathrooms.**

✔️ **키워드 찰떡 전략**으로 현재 살고 있는 아파트를 언급하면서, 방의 개수(three rooms)를 설명했습니다. 이어서 우리 집에 있는 방의 종류(거실, 주방, 화장실)도 이야기했죠. 방의 종류를 나타내는 단어들을 외워 두세요.

💡 **방의 종류를 나타내는 단어**

- living room 거실
- kitchen 주방
- bedroom 침실
- bathroom 욕실
- utility room 다용도실
- balcony 베란다
- laundry room 세탁실
- dressing room 옷방
- study 서재

단어를 쭉 나열하는 ✔️ **나열 전략**은 큰 노력이 들지 않으므로, 차후 답변을 떠올릴 시간을 벌기 좋습니다. 다만 이렇게 단어 나열만 반복하면 내 영어 실력이 유창한지 채점자가 판단하기 힘들어요. 그러니 적당히 듣는 이의 이해를 돕는 수준에서만 사용하세요. 높은 등급을 노린다면 명사를 나열하는 것보다는 감정을 나타내는 형용사의 활용을 늘리는 것이 훨씬 효과적입니다.

6-8 **Yeah. And, you know, the interior is very modern. There are also these really big windows, so I can see the clouds. It's so nice.**

이번에는 질문 키워드 look like(~처럼 생기다)에 대해 답변하며 집 내부 모습을 묘사했습니다. 단순히 묘사에서 그치지 않고 큰 창문이 구름을 볼 수 있어서 좋다는 내 개인적인 감상(It's so nice.)도 덧붙였습니다.

참고로 단수/복수의 알맞은 활용은 IL/IM 단계에서 중점적으로 체크하는 부분이니 실수하지 않게 주의하세요. 지시 대명사 these는 특정한 복수의 대상을 지목할 때 사용되는데, windows가 복수형이기 때문에 앞에 these를 썼습니다. 하나의 대상을 지목할 때는 this를 써야 하죠.

F   9   **Yep, that's it.**

초급 단계의 학생들 답변을 듣다 보면 말이 언제 끝나는 건지 파악하기 힘든 경우가 많습니다. 답변 막바지에 가면 대부분의 학생들이 '더 말해야 하나?' 하고 고민하다가 결국 포기하고 다음 답변으로 어정쩡하게 넘어가는데, 이렇게 공백이 생기면 앞에서 잘한 답변을 망치게 됩니다. 그러므로 빨리 판단해서 끝에 마무리 표현인 That's it.(그게 다예요.)을 써 주세요.

한편 일상 대화에서 많이 쓰는 Yep은 Yes의 비격식적인 표현인데, 친근한 사이의 가벼운 대답에 사용합니다. 오픽에서 사용해도 좋은 표현이에요. 다만 That's it. 앞에 항상 Yep만 쓰면 너무 외운 티가 나므로 Okay, Well, Hmm, You know 같은 다양한 필러를 문장 앞에 넣어 말해 주세요.

> ### 🔆 유용한 마무리 표현
>
> - Okay, that's it. 자, 그게 다예요.
> - Hmm, this is it. 음, 그게 다예요.
> - That's all. 그게 전부예요.
> - That's everything. 그게 다예요.
> - Yeah, I'm done. 네, 다 끝났어요.
>
> - Well, that's it. 음, 그게 다예요.
> - You know, this is it. 있잖아요, 그게 다예요.
> - That's about it. 대충 그게 다예요.
> - All done. 다 끝났어요.
> - The end. 끝.

003

Q2 과거와 현재의 집 비교

Tell me about the house or apartment you lived in when you were a child. How was it different from the house you live in now? Provide me with as many details as possible.

어렸을 때 살았던 집이나 아파트에 대해 말해 주세요. 지금 살고 있는 집과 어떻게 달랐나요? 가능한 한 자세히 알려 주세요.

┃ 답변 가이드 ┃

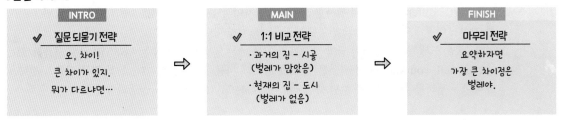

INTRO	MAIN	FINISH
✔ 질문 되묻기 전략	✔ 1:1 비교 전략	✔ 마무리 전략
오, 차이! 큰 차이가 있지. 뭐가 다르냐면…	·과거의 집 - 시골 (벌레가 많았음) ·현재의 집 - 도시 (벌레가 없음)	요약하자면 가장 큰 차이점은 벌레야.

🏆 예시 답변

INTRO
¹Oh… Well, the differences! ²Hmm, yes, there are big differences. ³Hmm, well, you know…

MAIN
⁴When I was a child, I lived in a house in the countryside. ⁵So naturally, there were lots of insects like ants, bees, and caterpillars and tons of cockroaches. ⁶Yeah, disgusting, isn't it? ⁷Some of them were really big, like the size of my thumb. ⁸Uggggg… I hate bugs. ⁹However, now I'm living in the city, and it's very clean. ¹⁰There are no bugs. Hahaha.

FINISH
¹¹So in summary, the biggest difference is the bugs.

INTRO ¹오… 음, 차이점이요! ²흠, 네, 큰 차이점이 있지요. ³흠, 저, 있잖아요…

MAIN ⁴어렸을 때 저는 시골에 있는 집에 살았어요. ⁵그래서 당연히 곤충이 많았어요. 개미, 벌, 그리고 애벌레와 엄청 많은 바퀴벌레처럼요. ⁶네, 징그러워요, 그렇죠? ⁷어떤 것들은 제 엄지손가락 크기만큼 정말 컸어요. ⁸으으으… 전 벌레가 싫어요. ⁹하지만 지금은 도시에 살고 있어서 아주 깨끗해요. ¹⁰벌레가 없어요. 하하하.

FINISH ¹¹그래서 요약하자면, 가장 큰 차이점은 벌레예요.

---

difference 차이점   countryside 시골   naturally 물론, 당연히   insect 곤충   caterpillar 애벌레   tons of 아주 많은   cockroach 바퀴벌레
disgusting 역겨운, 혐오스러운   thumb 엄지손가락   summary 요약

과거와 현재의 차이를 묻는 비교 유형입니다. 이 유형에서는 시제가 중요합니다. 과거의 일은 과거 시제, 현재의 일은 현재 시제로 말하고 과거(when I was a child)와 현재(now)가 드러나는 표현도 꼭 사용하세요.

어린 시절의 집과 지금의 집을 비교하는 이 질문은 크게 두 가지 방향으로 답변할 수 있습니다. 첫 번째로는 '집' 자체를 비교하는 것입니다. 큰 집, 작은 집 등 직관적으로 눈에 띄는 외형에 대해 답변하는 것으로, 가장 무난하고 일반적인 대답입니다. 두 번째로는 예시 답변처럼 '사는 곳'의 특성을 비교하는 것입니다. 여기서는 시골과 도시 생활을 비교했습니다.

1-3 Oh... Well, the differences! Hmm, yes, there are big differences. Hmm, well, you know...

질문 키워드 different(다른)의 명사형 difference(차이점)를 활용해 ✔ **질문 되묻기 전략**으로 답변을 시작했습니다. 이렇게 키워드를 살짝 변형해서 사용해도 좋습니다.

이때 할 말이 부족하고 답변이 금방 떠오르지 않을 때는 공백을 채워 주는 필러(filler)를 사용하세요. Hmm, well, you know처럼 필러를 여러 개 동시에 사용해도 괜찮습니다. 특히 질문 되묻기 전략을 쓸 때에는 필러를 함께 사용해 주면 즉석에서 대응하는 느낌을 주므로 금상첨화입니다.

> 💡 **유용한 필러**
>
> - 말의 시작을 미뤄 주거나 시간을 벌기 위해 사용하는 표현
>   Oh / Um / Uh / Hmm / Well / So
>
> - 대화를 부드럽게 이어가거나 의견을 표현할 때 사용하는 표현
>   You know / I guess / Actually

4-5 When I was a child, I lived in a house in the countryside. So naturally, there were lots of insects like ants, bees, and caterpillars and tons of cockroaches.

이제는 '과거와 현재의 사는 곳'을 대조해 줄 순서입니다. 이때는 ✔ **1:1 비교 전략**으로 '작은 집 vs. 큰 집', 또는 '시골 집 vs. 도시 집'처럼 명확하게 대비되는 답변이 말하기 쉽습니다. 여기서는 '시골(벌레 많음)'과 '도시(벌레 없음)'을 1:1로 대응해 직관적으로 비교했습니다.

먼저 과거 시점을 드러내는 말로 When I was a child(내가 아이였을 때)를 사용했고 과거의 집에 대해 '시골에 있었고 벌레가 많았다'라는 점을 설명했습니다. 과거의 일이므로 lived, were 같은 과거 시제를 사용한 점에 주의하세요.

6 Yeah, disgusting, isn't it?

문장 끝에 붙은 isn't it?은 '그렇지 않나요?', '그렇죠?' 하고 상대방의 동의를 구할 때 쓰는 부가의문문입니다. 이렇게 말하면 직접 대화하는 것 같은 생생한 효과를 줄 수 있어요. 완전한 문장은 It is disgusting, isn't it?인데, 구어체에서 It is는 흔히 생략하고 말할 수 있습니다.

- It is amazing, **isn't it?** 놀라워요. 그렇지 않나요?

- It is too difficult, **isn't it?** 너무 어려워요. 그렇지 않나요?

7-8 **Some of them were really big, like the size of my thumb. Uggggg... I hate bugs.**

추가적으로 벌레에 대한 부연 설명을 덧붙이면서 내 생각도 함께 말했습니다. 과거에 벌레가 '컸던' 일은 과거 시제 were를 썼지만, hate(싫어하다)는 현재 벌레에 대해 느끼는 내 감정을 말하기 때문에 과거 시제가 아닌 현재 시제로 썼습니다.

9-10 **However, now I'm living in the city, and it's very clean. There are no bugs. Hahaha.**

현재 시점의 이야기로 전환하기 위해 however(하지만)와 시간을 나타내는 부사 now(지금)를 사용했습니다. 여기부터는 현재 시점이기 때문에 현재진행 시제와 현재 시제를 사용했어요. 오픽에서 높은 등급을 받으려면 동사의 과거 시제와 현재 시제를 잘 구분해서 사용해야 합니다. 시제는 연습을 많이 할수록 실력이 향상되니 지금부터 항상 신경 쓰면서 연습해 보세요.

F **11** **So in summary, the biggest difference is the bugs.**

마지막으로 과거와 현재 집의 차이를 한 문장으로 요약하며 답변을 마무리했습니다. in summary는 '요약하자면'이라는 뜻으로, 전체적인 답변 내용을 간략하게 정리할 때 쓰는 표현입니다. 요약하며 마무리를 지을 때 활용하면 좋은 표현도 다양하게 익혀 두세요.

💡 **요약할 때 쓰는 마무리 표현**

- **to summarize** 요약하자면
- **to sum up** 요약하자면
- **in short** 요약하자면
- **in brief** 간단히 말하면

- **to conclude** 결론적으로
- **in conclusion** 결론적으로
- **overall** 전반적으로 말하면
- **in a nutshell** 간단히 말하면

여기서 '큰 차이'는 big difference라고 해도 되지만, 앞에서 이미 big differences라는 표현을 사용했으므로 형용사 big(큰) 대신 최상급 the biggest(가장 큰)를 썼습니다. 이처럼 조금이라도 기존 단어를 변형해서 내가 다양한 단어를 사용할 수 있음을 채점자에게 어필하는 것이 좋습니다. 만약 계속 같은 단어만 사용해서 말하는 경향이 있다면 유의어를 찾아서 암기하는 학습법을 써 보세요. 어휘력을 늘릴 수 있는 최고의 방법입니다.

경험 ◆ 과거 시제

🎧 004

Q3 집에서 문제가 생긴 경험

Have you ever had any problems with your home? What was the problem, and how did you deal with it? How did the problem turn out? Give me as many details as possible.

집에서 문제를 겪은 적이 있나요? 어떤 문제였고 어떻게 처리했나요? 그 문제는 어떻게 해결되었나요? 가능한 한 자세히 설명해 주세요.

▌답변 가이드▐

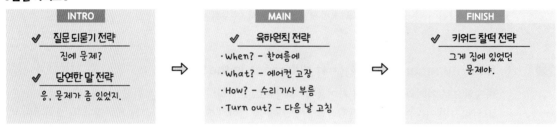

INTRO
- ✔ **질문 되묻기 전략**
  집에 문제?
- ✔ **당연한 말 전략**
  응, 문제가 좀 있었지.

MAIN
- ✔ **육하원칙 전략**
  · When? – 한여름에
  · What? – 에어컨 고장
  · How? – 수리 기사 부름
  · Turn out? – 다음 날 고침

FINISH
- ✔ **키워드 찰떡 전략**
  그게 집에 있었던 문제야.

🏆 예시 답변

INTRO ¹Hmm… Problems with my home? ²Yeah, there were some, of course.

MAIN ³Well… There was this one time the air conditioner broke in the middle of summer. ⁴It was, like, so hot. ⁵So, um, I called a repair guy right away, but he was busy and couldn't come immediately. ⁶He came over the next day and fixed it pretty quickly. ⁷Thankfully, it's been working just fine so far.

FINISH ⁸So that was a problem with my home. ⁹This is it.

INTRO ¹ 흠… 집에 문제요? ² 네, 물론 좀 있었죠.

MAIN ³ 음… 한번은 한여름에 에어컨이 고장 난 적이 있었어요. ⁴ 날씨가 뭐랄까, 아주 더웠어요. ⁵ 그래서, 음, 바로 수리 기사를 불렀는데 바빠서 바로 오지 못했어요. ⁶ 다음 날 수리 기사가 왔고 아주 빨리 고쳐 줬어요. ⁷ 다행히 지금까지는 그냥 잘 작동하고 있어요.

FINISH ⁸ 그러니까 그게 집에 있었던 문제예요. ⁹ 그게 다예요.

---

air conditioner 에어컨 break 고장 나다 repair guy 수리 기사(= repairman, technician) immediately 즉시 come over (집에) 오다 fix 고치다, 수리하다 thankfully 다행히도 so far 지금까지

🚀 고득점 전략 & 해설

경험 유형은 과거 시제를 사용하는 것이 기본 원칙입니다. 특히 문제 해결 경험은 과정과 결과를 자세히 말할수록 좋습니다. 문제가 생겨서 힘들었던 상황을 설명하면서 중간중간 내 감정을 섞어서 말해 주세요. 나의 진솔한 이야기처럼 느껴지므로 즉석 발화 느낌이 살아납니다.

한편 질문에 키워드가 많을 때는 답변하다 보면 무엇을 물어봤는지 헷갈릴 수 있습니다. 이때는 '육하원칙 전략'에 따라 '누가', '언제', '어디서', '무엇을', '어떻게', '왜' 했는지 자세하게 말해 주세요. 이런 식으로 말하면 키워드에 나온 대부분의 내용을 답변할 수 있습니다.

W   1   **Hmm… Problems with my home?**

✔ **질문 되묻기 전략**으로 질문에 나온 problems with your home을 활용해 공백 없이 가볍게 발화를 시작했습니다. 단순히 질문만 되묻는 것보다는 앞에 Hmm 같은 필러를 넣어 주면 훨씬 자연스러워요.

2   **Yeah, there were some, of course.**

✔ **당연한 말 전략**으로 '물론 문제가 있었다'라고 말하며 여유를 만들었습니다. 여기서 there were some은 there were some problems에서 problems를 생략한 구어체 표현입니다. 과거에 문제들이 '있었다'라는 의미이기 때문에 과거 시제를 썼습니다. 또한 some 뒤에 복수형 명사가 생략된 형태이므로 was가 아닌 were로 말했습니다.

M   3   **Well… There was this one time the air conditioner broke in the middle of summer.**

MAIN 도입부에서 어떤 일이 있었는지 두괄식으로 이야기를 꺼냈습니다. 이렇게 ✔ **두괄식 전략**을 쓰면 앞으로 말할 주제에 대해 구체적인 윤곽을 잡을 수 있습니다. 듣는 채점자도 앞으로 어떤 주제로 이야기가 전개될지 훨씬 쉽게 이해할 수 있고요.

여기서 There was this one time은 '한번은 이런 적이 있어요'라는 뜻인데, 이야기를 시작할 때 적합한 표현이에요.

- **There was this one time** I lost the house keys.
  한번은 집 열쇠를 잃어버렸던 적이 있어요.

- **There was this one time** the kitchen sink got blocked.
  한번은 주방 싱크대가 막혔던 적이 있어요.

- **There was this one time** the washing machine broke down.
  한번은 세탁기가 고장 났던 적이 있어요.

- **There was this one time** the power went out in the middle of the night.
  한번은 한밤중에 정전이 되었던 적이 있어요.

이렇게 과거에 있었던 일을 말할 때는 in the middle of summer(한여름에)처럼 언제 있었던 일인지 구체적인 시기도 함께 언급하면 좋습니다. 진실성이 올라가서 진짜 내 경험처럼 들리는 효과가 있거든요. 과거의 시기를 나타내는 표현을 몇 개 외워 두었다가 그때그때 활용하세요.

- **last weekend** 지난 주말에

  It happened **last weekend**. 지난 주말에 있었던 일이에요.

- **last month** 지난달에

  It happened **last month**. 지난달에 있었던 일이에요.

- **in + 연도** ~년에

  It happened **in 2009**. 2009년에 있었던 일이에요.

- **ago** ~전에

  It occurred two years **ago**. 2년 전에 발생했던 일이에요.

- **when I + 과거 동사** 제가 ~였을 때/~했을 때

  It happened **when I was** in middle school. 제가 중학생이었을 때 일어난 일이에요.

  It took place **when I was** a child. 제가 아이였을 때 일어난 일이에요.

  It happened **when I lived** in Seoul. 제가 서울에 살았을 때 일어난 일이에요.

- **in my childhood** 제가 어렸을 때

  Something strange happened **in my childhood**. 제가 어렸을 때 이상한 일이 있었어요.

4 **It was, like, so hot.**

할 말이 잘 생각나지 않을 때 '뭐랄까, 있잖아'라는 의미로 like를 쓸 수 있습니다. 다음에 할 말을 생각해 내며 뜸을 들일 때 쓸 수 있는 일종의 필러예요.

- I was, **like**, really surprised. 저는 뭐랄까, 정말 놀랐어요.

- It took me, **like**, five minutes to get there. 거기 가는 데 뭐랄까, 5분 정도 걸렸어요.

- I felt, **like**, really awkward in that situation. 저는 뭐랄까, 그 상황에 아주 거북함을 느꼈어요.

5-6 **So, um, I called a repair guy right away, but he was busy and couldn't come immediately. He came over the next day and fixed it pretty quickly.**

사건에 대한 설명은 구체적일수록 좋습니다. ✔ **육하원칙 전략**에 따라 어떤 일이 있었는지 자세하게 말해 주세요. 과거의 일이므로 전부 과거 시제를 사용했습니다.

여기서는 더위로 인한 고생의 정도를 고조시키기 위해 수리기사가 다음 날에 왔다고 말했지만, 이야기를 길게 하는 것이 어렵다면 수리기사가 당일 바로 와서 에어컨을 고쳤고 문제가 해결됐다고 단순하게 말해도 괜찮습니다. 있었던 일을 그대로 말하려고 하는 분들이 많은데, 말하기 버거운 내용은 깔끔하게 포기하세요. 답변의 난이도를 스스로 높일 필요는 없습니다.

7 **Thankfully, it's been working just fine so far.**

여기서 it's는 it is가 아니라 it has의 줄임말입니다. 말할 때는 이렇게 줄임말을 쓰면 자연스러운 느낌을 줄 수 있어요. 과거에 수리했을 때부터 지금 이 순간까지 에어컨이 멀쩡하게 작동되고 있다는 사실을 설명하기 위해 현재완료 진행 시제(has been -ing)를 썼습니다.

현재완료 진행은 과거에 시작된 행동이 현재까지 계속되고 있거나, 방금 끝난 경우 사용하는 시제입니다. 'have/has been + 동사ing' 형태로 씁니다.

● 행동이 과거에서 현재까지 계속되는 경우

I **have been studying** English for two hours. 저는 2시간 동안 영어를 공부해 오고 있어요.

● 행동이 방금 끝난 경우

She **has been running**, so she is out of breath. 그녀는 뛰었기 때문에 숨이 차요.

F 8-9 So that was a problem with my home. **This is it.**

✔ **키워드 찰떡 전략**으로 질문 키워드인 problems with one's home을 강조하면서 답변을 마무리했습니다. 또는 So that was an issue with my home.이라고 말해도 좋습니다. issue는 problem보다 넓은 의미의 '문제'를 나타낼 때 쓰는 단어예요. 대신에 difficulty(어려움), challenge(도전), trouble(문제), obstacle(장애물) 같은 다양한 유의어를 활용해도 좋습니다.

또는 '그게 집에서 겪었던 문제예요'를 나타내는 아래 문장으로 답변을 마무리해도 됩니다.

· So that was the **trouble** I had at home.

· So that's the **problem** I had at home.

· So that's the **issue** I experienced at home.

UNIT

02

카페/커피 전문점에 가기

✔ 이렇게
준비하세요

카페/커피 전문점(café/coffee shop) 주제에서는 카페에 대한 **장소 묘사**와 카페에서 **하는 일, 경험**을 확인하는 질문이 출제됩니다. 이 주제는 특히 **술집/바(pub/bar)** 주제와 함께 준비하면 좋습니다. 출제되는 질문 유형이 유사하기 때문에 준비한 아이디어를 질문에 맞춰 응용하면, 한 가지 주제만 준비해도 두 주제를 모두 대비할 수 있습니다.

⭐ 자주 출제되는 문제

문제	유형	시제
좋아하는 카페/커피 전문점 You indicated in the survey that you go to coffee shops. Describe one of your favorite coffee shops that you often go to. Please tell me everything about that coffee shop in detail. 설문 조사에서 카페에 간다고 했습니다. 자주 가는 가장 좋아하는 카페 중 한 곳을 설명해 주세요. 그 카페에 대한 모든 것을 자세히 알려 주세요.	설명/묘사	현재
카페/커피 전문점에서 하는 일 I would like to know what you usually do when you go to coffee shops. When do you usually go to coffee shops? Who do you usually go with? What do you do there? 카페에 가면 주로 무엇을 하는지 알고 싶습니다. 주로 언제 카페에 가나요? 주로 누구와 함께 가나요? 그곳에서 무엇을 하나요?	경향/습관	현재

문제	유형	시제
카페/커피 전문점에서 겪은 기억에 남는 경험 Have you ever had any experience that stands out at a café? Was it something nice, or were there any problems? 카페에서 특별히 기억에 남는 경험을 해 본 적이 있었나요? 좋은 일이었나요, 아니면 문제가 있었나요?	경험	과거
카페/커피 전문점에 처음 간 경험 Tell me about the first time you went to a coffee shop. What did it look like? What was the atmosphere like? Give me as many details as possible. 카페에 처음 갔던 때에 대해 알려 주세요. 그곳은 어떻게 생겼나요? 어떤 분위기였나요? 가능한 한 자세히 알려 주세요.	경험	과거
카페/커피 전문점에 최근에 간 경험 Tell me about your last visit to a coffee shop. When was it? Who did you go with? What happened when you were there? Tell me about that experience in detail from beginning to end. 마지막으로 카페를 방문했을 때를 알려 주세요. 언제였나요? 누구와 함께 갔나요? 그곳에서 어떤 일이 있었나요? 그 경험에 대해 처음부터 끝까지 자세히 설명해 주세요.	경험	과거
예전에 방문한 카페/커피 전문점 묘사 Tell me about a coffee shop you visited in another city or in another part of your city. What does it look like? Please tell me everything about that coffee shop in detail. 다른 도시나 당신이 사는 도시의 다른 지역에서 방문했던 카페에 대해 이야기해 주세요. 어떤 모습이었나요? 그 카페에 대한 모든 것을 자세히 알려 주세요.	경험 + 설명/묘사	과거

⭐ 빈출 세트 구성

세트 예시 **1**	❶ 좋아하는 카페/커피 전문점 ❷ 카페/커피 전문점에서 하는 일 ❸ 카페/커피 전문점에 처음 간 경험
세트 예시 **2**	❶ 좋아하는 카페/커피 전문점 ❷ 카페/커피 전문점에서 겪은 기억에 남는 경험 ❸ 카페/커피 전문점에 처음 간 경험

좋아하는 카페/커피 전문점

You indicated in the survey that you go to coffee shops. Describe one of your favorite coffee shops that you often go to. Please tell me everything about that coffee shop in detail.

설문 조사에서 카페에 간다고 했습니다. 자주 가는 가장 좋아하는 카페 중 한 곳을 설명해 주세요. 그 카페에 대한 모든 것을 자세히 알려 주세요.

답변 가이드

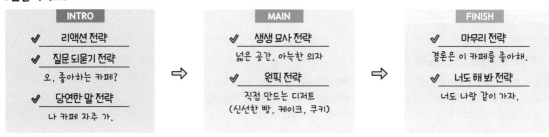

INTRO	MAIN	FINISH
✔ 리액션 전략	✔ 생생 묘사 전략	✔ 마무리 전략
✔ 질문 되묻기 전략	넓은 공간, 아늑한 의자	결론은 이 카페를 좋아해.
오, 좋아하는 카페?	✔ 원픽 전략	✔ 너도 해봐 전략
✔ 당연한 말 전략	직접 만드는 디저트	너도 나랑 같이 가자.
나 카페 자주 가.	(신선한 빵, 케이크, 쿠키)	

🏆 예시 답변

INTRO ¹Oh, my favorite coffee shop? ²Well, you know, I love coffee, so I visit coffee shops quite often.

MAIN ³Actually, my go-to café is located near my work. ⁴This place is quite spacious. ⁵It has many cozy chairs. ⁶But you know, the dessert is the best! ⁷The workers bake fresh bread every morning. ⁸The cakes, breads, and all the cookies are truly amazing.

FINISH ⁹So to conclude, I love this café, and I hope you can go there with me someday. ¹⁰Thank you for listening.

INTRO ¹ 오, 제가 가장 좋아하는 카페요? ² 글쎄요, 저는 커피를 좋아해서 카페에 꽤 자주 가는 편이에요.

MAIN ³ 사실 제가 자주 가는 카페는 직장 근처에 위치해 있어요. ⁴ 이곳은 꽤 넓습니다. ⁵ 아늑한 의자가 많아요. ⁶ 하지만 디저트가 정말 최고입니다! ⁷ 직원들이 매일 아침마다 신선한 빵을 구워요. ⁸ 케이크, 빵, 그리고 모든 쿠키가 정말 굉장해요.

FINISH ⁹ 그래서 결론적으로 말하면, 저는 이 카페를 정말 좋아하고 당신도 언젠가 저와 함께 거기에 가면 좋겠어요. ¹⁰ 들어 주셔서 감사합니다.

---

favorite 가장 좋아하는   actually 사실은   go-to 선호하는, 자주 가는   spacious (공간이) 넓은   cozy 아늑한   dessert 디저트   bake (빵을) 굽다
fresh 신선한, (음식을) 갓 만든   amazing 굉장한, 놀라운   conclude 결론을 내리다

🚀 고득점 전략 & 해설

장소 묘사 유형입니다. 카페의 위치와 생김새, 특징을 설명하면서 차근차근 이야기를 풀어 가면 됩니다. 평소에 자주 가는 장소에 대한 묘사이므로 현재 시제를 사용해 답하세요.

1 Oh, my favorite coffee shop?

✔ **리액션 전략**과 ✔ **질문 되묻기 전략**으로 여유를 가지고 답변을 시작합니다. 곧장 질문 키워드인 my favorite coffee shop만 말하는 것보다는, 실제 대화처럼 Oh라는 감탄사를 앞에 넣어 주면 즉석 발화의 느낌을 살릴 수 있습니다. 질문이 끝나자마자 이렇게 바로 Oh 하고 반응이 튀어나올 수 있게 연습해 두세요.

2 Well, you know, I love coffee, so I visit coffee shops quite often.

질문을 되물은 다음에는 ✔ **당연한 말 전략**으로 한 문장 정도를 더 추가해 주면 답변 아이디어를 생각할 여유를 가질 수 있습니다. 앞 문장과 끊기는 느낌 없이 흐름을 이어가고 싶을 때는 well, you know 같은 필러를 넣어 말하세요.

3 Actually, my go-to café is located near my work.

장소 묘사 유형에서 필수로 들어가야 할 '위치'에 대해 먼저 답변했습니다. is located는 '위치해 있다'라는 뜻인데, 수동태로 쓰는 점에 유의하세요. 구체적인 위치를 말하지 않아도 되니까 near(~근처에)를 활용해 '어디 근처에 있다' 정도로 쉽게 말하세요.

- The coffee shop **is located near** my home. 그 카페는 우리 집 근처에 위치해 있어요.
- My favorite café **is located near** my office. 제가 가장 좋아하는 카페는 제 사무실 근처에 위치해 있어요.

4 This place is quite spacious.

✔ **생생 묘사 전략**으로 장소의 생김새를 자세히 묘사하세요. 여기서는 먼저 spacious(넓은)로 장소의 크기를 설명했습니다. 앞에 강조하는 부사 quite(꽤)를 넣어 말해도 좋아요. 장소의 크기를 나타내는 표현도 함께 익혀 두세요.

> 💡 **장소의 크기를 나타내는 표현**
>
> - **small** 작은
>   Even though the café is **small**, it has great coffee.
>   그 카페는 작지만, 커피가 정말 맛있어요.
>
> - **big** 큰
>   The café is **big** and can hold many people.
>   그 카페는 크고 많은 사람을 들일 수 있어요.
>
> - **spacious** (공간이) 넓은
>   The café is **spacious**, and there are lots of seats.
>   그 카페는 넓고 자리가 많아요.

5 It has many cozy chairs.

장소의 크기에 이어 cozy chairs(아늑한 의자)로 카페의 내부 모습을 묘사했습니다. 장소를 묘사할 때 자주 쓰는 유용한 표현을 아래에 정리해 두었으니 답변할 때 활용해 보세요.

> 🔆 **장소 묘사 핵심 표현**
>
> * **cozy** 아늑한
>   The café is **cozy**, so it's great for chatting with friends.
>   그 카페는 아늑해서 친구들과 이야기하기 좋아요.
>
> * **quiet** 조용한
>   I like working in **quiet** cafés where I can focus.
>   저는 집중할 수 있는 조용한 카페에서 일하는 것을 좋아해요.
>
> * **noisy** 시끄러운
>   This café gets **noisy** during busy times.
>   이 카페는 바쁜 시간대에는 시끄러워져요.
>
> * **comfortable** 편안한 (구어체 comfy)
>   The café has **comfortable** couches.
>   그 카페에는 편안한 소파가 있어요.
>
>   The café has **comfy** couches, so it's perfect for relaxing.
>   그 카페에는 편안한 소파가 있어서 휴식하기에 딱 좋아요.
>
> * **soft** 푹신한
>   The café's sofas are so **soft** that it's hard to leave once I sit down.
>   그 카페의 소파는 너무 푹신해서 앉으면 떠나기 힘들어요.
>
> * **welcoming** 친절하게 맞아주는
>   The staff is always **welcoming**, so I want to visit often.
>   직원이 항상 친절해서 자주 방문하고 싶어요.
>
> * **vibe / atmosphere** 분위기
>   The café has a relaxed **vibe**. 그 카페는 편안한 분위기를 가지고 있어요.
>
>   The café has a great **atmosphere**. 그 카페는 멋진 분위기를 가지고 있어요.

6-8 But you know, the dessert is the best! The workers bake fresh bread every morning. The cakes, breads, and all the cookies are truly amazing.

장소의 위치와 생김새만 말하면 시중의 모범 답변을 그대로 암기한 느낌이 나서 별로입니다. 따라서 ✔**원픽 전략**으로 장소의 특징 중 하나를 주제로 택해 이야기를 진행해 보세요. 위 답변은 dessert(디저트)를 주제로 잡아 구체적으로 이야기를 풀며 내 생각도 추가했습니다. '디저트'에 대해 사람마다 가진 생각이 다르므로 나만의 개성 있는 답변을 완성할 수 있고 발화량도 늘릴 수 있습니다.

F 9 **So to conclude, I love this café, and I hope you can go there with me someday.**

✔ **마무리 전략**으로 '결론적으로 말하면'이라는 뜻의 to conclude를 사용해 답변을 요약하고 마무리하는 느낌을 살렸습니다. 이어서 ✔ **너도 해 봐 전략**으로 나중에 같이 카페에 가자는 소망을 내비치며 친근하게 대화를 마무리했습니다. 오픽 시험에서는 이렇게 채점자에게 직접 말하는 것처럼 이야기해도 좋습니다.

참고로 여기서 'I hope (that) + 주어 + 동사'는 '~가 …하기를 바라다'라는 뜻입니다. 미래에 대한 소망을 말할 때 사용합니다.

10 **Thank you for listening.**

할 말을 모두 끝낸 후, 들어 줘서 고맙다는 종결 표현을 사용하는 것도 훌륭한 마무리 방법입니다. 다만 같은 표현만 반복해 쓰면 너무 암기한 티가 나므로 마무리 표현은 최소 5개 이상 외워서 돌려 쓰는 것이 좋습니다. 답변 마지막에는 마무리 표현을 써서 IMF 구조(Intro-Main-Finish)를 완성하세요.

Q2 카페/커피 전문점에서 하는 일

I would like to know what you usually do when you go to coffee shops. When do you usually go to coffee shops? Who do you usually go with? What do you do there?

카페에 가면 주로 무엇을 하는지 알고 싶습니다. 주로 언제 카페에 가나요? 주로 누구와 함께 가나요? 그곳에서 무엇을 하나요?

답변 가이드

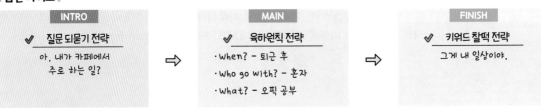

INTRO
✔ 질문 되묻기 전략
아, 내가 카페에서 주로 하는 일?

➡

MAIN
✔ 육하원칙 전략
· When? – 퇴근 후
· Who go with? – 혼자
· What? – 오픽 공부

➡

FINISH
✔ 키워드 찰떡 전략
그게 내 일상이야.

🏆 예시 답변

INTRO ¹Oh, you're asking what I usually do at coffee shops?

MAIN ²Well, okay, so I guess I just order a beverage and find a seat. ³I usually go to a coffee shop alone after work. ⁴And you know, I mostly check my smartphone first. ⁵But that's not really the main focus. ⁶I quickly get back to what I have to do. ⁷And that is studying. ⁸My boss told me I have to earn a good grade on the OPIc test. ⁹So I have been studying quite hard lately.

FINISH ¹⁰Yeah, that's my usual routine at the café. ¹¹I think that's pretty much everything.

INTRO ¹ 아, 제가 카페에서 주로 무엇을 하는지 물어보는 건가요?

MAIN ² 글쎄요, 알겠어요, 그러니까 제 생각에는 그냥 음료를 주문하고 자리를 찾는 것 같아요. ³ 보통 퇴근 후에 혼자 카페에 가요. ⁴ 그리고 주로 스마트폰을 먼저 확인하죠. ⁵ 하지만 사실 그게 주된 목적은 아니에요. ⁶ 곧바로 제가 해야 할 일로 돌아가죠. ⁷ 그리고 그건 바로 공부예요. ⁸ 제 상사가 오픽 시험에서 좋은 성적을 받아야 한다고 했어요. ⁹ 그래서 저는 요즘 상당히 열심히 공부하고 있어요.

FINISH ¹⁰ 네, 그게 카페에서의 제 평소 일상이에요. ¹¹ 그게 거의 전부인 것 같아요.

beverage 음료   focus 중점, 초점   earn 얻다, 획득하다   grade 등급   routine 일상, 일상적인 행동   pretty much 거의

🚀 고득점 전략 & 해설

주로 어떤 일을 하는지 묻는 질문은 경향/습관 유형입니다. 이 유형도 설명/묘사와 더불어 IL/IM 등급 달성을 위한 기본 관문입니다. 이 유형에서 필수 체크 항목은 현재 시제입니다. 초급 단계에서는 알맞은 시제를 사용하는 것보다는 완전한 문장으로 말하는 것이 더 먼저지만, 결국 높은 등급을 받으려면 시제 실수를 줄여 나가야 합니다. 따라서 항상 올바른 시제를 사용하도록 연습하세요.

Ⅰ 1 **Oh, you're asking** what I **usually do** at **coffee shops**?

✔ **질문 되묻기 전략**으로 질문의 키워드 usually do와 coffee shops를 활용해 답변을 시작했습니다. 질문을 되물을 때 쓰는 표현 You're asking…?(~을 물어보는 건가요?)도 함께 익혀 두세요.

M 2 **Well, okay, so I guess** I just **order** a beverage and **find** a seat.

일반적으로 카페에서 매번 하는 행동을 말하므로 현재 시제(order, find)를 사용했습니다.

한편 문장 사이사이에는 자연스럽게 공백을 메울 수 있는 well, okay, so, I guess 같은 필러를 사용하면 좋아요. 이 중에서 I guess는 불확실하게 '~인 것 같다'라고 추측할 때 쓰는 필러입니다.

3 **I usually** go to a coffee shop **alone after work**.

경향/습관 유형은 ✔ **육하원칙 전략**으로 언제, 어디서, 무엇을, 어떻게, 누구와, 왜 하는지 차근차근 답변하는 것이 좋습니다. 여기서는 우선 '언제'라는 키워드에는 after work(퇴근 후에), '누구와'라는 키워드에는 alone(혼자)으로 답했습니다.

참고로 여기 쓰인 usually는 '일반적으로, 보통, 평소에'라는 뜻의 빈도부사입니다. 나의 일반적인 습관에 대해 말할 때는 아래와 같은 다양한 빈도부사를 함께 사용해 보세요.

> 💡 **자주 쓰는 빈도부사**
>
> - **usually** 보통, 대개
>   I **usually** find a seat in the corner when I go to cafés.
>   저는 카페에 갈 때 보통 구석 자리를 찾아요.
>
> - **typically** 일반적으로
>   I **typically** go to cafés to work on my laptop.
>   저는 일반적으로 노트북으로 작업하러 카페에 가요.
>
> - **normally** 보통
>   I **normally** order a latte.
>   저는 보통 라떼를 주문해요.
>
> - **commonly** 흔히, 보통
>   I **commonly** order decaf coffee.
>   저는 보통 디카페인 커피를 주문해요.
>
> - **generally** 보통, 일반적으로, 대체로
>   I **generally** use a coupon to get a discount when I visit cafés.
>   저는 일반적으로 카페에 갈 때 쿠폰을 사용해서 할인을 받아요.

4-7 And you know, I mostly check my smartphone first. But that's not really the main focus. I quickly get back to what I have to do. And that is studying.

이어서 카페에서 하는 일을 구체적으로 설명했습니다. 앞에서도 강조했지만, 습관처럼 하는 행동을 설명하기 때문에 현재 시제(check, get)를 사용해 답변해야 합니다.

8-9 My boss told me I have to earn a good grade on the OPIc test. So I have been studying quite hard lately.

카페에서 공부하는 이유를 설명했습니다. 행동의 이유까지 덧붙이면 발화량을 채우는 동시에 나만의 독창적인 색깔을 드러낼 수 있습니다.

여기서 have been studying은 '요즘도 계속 열심히 공부하고 있다'라는 뜻을 전달하기 위해 현재 시제가 아닌 현재완료 진행 시제를 사용했습니다.

F **10-11** Yeah, that's my usual routine at the café. I think that's pretty much everything.

✔ **키워드 찰떡 전략**을 사용해 질문의 핵심인 usually와 연관된 단어 usual로 답변을 마무리했습니다. 습관과 경향을 설명할 때는 usual routine이란 표현을 사용해 보세요. '일상, 일상적인 행동'이라는 뜻입니다.

Q3 카페/커피 전문점에 처음 간 경험

Tell me about the first time you went to a coffee shop. What did it look like? What was the atmosphere like? Give me as many details as possible.

카페에 처음 갔던 때에 대해 알려 주세요. 그곳은 어떻게 생겼나요? 어떤 분위기였나요? 가능한 한 자세히 알려 주세요.

▌답변 가이드 ▌

INTRO
- ✔ 질문 되묻기 전략
  처음을 말하는 거야?
- ✔ 아마도 그때 전략
  너무 오래 전인데…
  음, 아마도 중학생 때야.

⇨

MAIN
- ✔ 다 가져다 붙이기 전략
  · Look like
  　- 소박한 인테리어
  　- 따뜻한 나무 색
  · Atmosphere
  　- 따뜻하고 환영하는 분위기

⇨

FINISH
- ✔ 마무리 전략
  그게 다야.

🏆 예시 답변

INTRO
¹Well, you mean the first time? ²That's a really long time ago. Haha! ³Umm, maybe it was when I was in middle school.

MAIN
⁴My friend asked me to study together at a café. ⁵So we went to the nearest one and studied. ⁶Actually, we mainly chatted. Hahaha. ⁷The interior was quite simple. ⁸It had a warm, wooden color, and it sold coffee and hot chocolate. ⁹I ordered a hot chocolate and loved it. ¹⁰The staff was very kind. ¹¹I enjoyed the peaceful background music and warm welcoming atmosphere. ¹²Since then, I still go to that café.

FINISH
¹³So, yeah, that's about it.

INTRO   ¹음, 처음을 말하는 거예요? ²그건 정말 오래 전 일이에요. 하하! ³음, 아마 제가 중학생 때였을 거예요.

MAIN   ⁴친구가 카페에서 같이 공부하자고 했어요. ⁵그래서 가장 가까운 곳에 가서 공부했어요. ⁶사실 우리는 주로 수다를 떨었죠. 하하하. ⁷내부는 꽤 소박했어요. ⁸따뜻한 나무 색이었고 카페에서는 커피와 핫초코를 팔고 있었어요. ⁹저는 핫초코를 주문했는데 정말 맛있었어요. ¹⁰직원들은 매우 친절했어요. ¹¹평온한 배경 음악과 따뜻하고 환영하는 분위기가 좋았어요. ¹²그 후로도 여전히 그 카페에 가요.

FINISH   ¹³네, 그래서 대충 이 정도입니다.

---

middle school 중학교   mainly 주로   chat 수다를 떨다, 이야기를 나누다   wooden 나무로 된   background music 배경 음악
welcoming 환영하는, 따뜻하게 맞이하는   atmosphere 분위기

🚀 고득점 전략 & 해설

질문에서 first time(처음)이란 단어가 들리면 대다수의 학생들은 당황합니다. 솔직히 맨 처음 카페 간 날을 기억하는 사람이 누가 있겠어요? 쉬운 일상 소재라도 처음 본 영화, 처음 간 식당, 처음 간 해외여행처럼 첫 경험은 기억이 잘 안 나는 게 당연합니다. 이런 상황에서 진짜 첫 경험을 떠올리려고 하면 시간이 많이 소요되고, 불필요한 공백이 생깁니다. 그래서 '아마도 그때 전략'이 필요하죠. '처음'이란 단어에 집착하지 말고 '아마 이랬던 것 같아' 하면서 이야기를 지어내세요. 오픽은 즉석에서 답변을 만들어 내는 임기응변 능력이 아주 중요합니다. 그래서 미리 여러 소재를 떠올리고 관련 표현을 준비해 놓으면 좋습니다.

1 **Well, you mean the first time?**

You mean...?은 '~을 말하는 건가요?'라는 뜻으로, 상대방이 말한 내용을 다시 확인할 때 쓰는 말입니다. ✔ **질문 되묻기 전략**을 쓸 때 아주 유용한 표현이니 꼭 익혀 두세요. 이 뒤에 질문 키워드인 the first time을 넣어 답변을 시작했습니다.

2 **That's a really long time ago. Haha!**

첫 경험을 물어보면 기억을 애써 되짚기보다, 너무 오래전이라 기억이 안 난다고 말하며 자연스럽게 답변할 여유를 만들어 보세요. 이 뒤에는 답변을 지어내기 위해 시간을 좀 달라는 말을 자연스럽게 덧붙여도 좋습니다.

💡 기억 안 날 때 쓰는 표현

- It's been too long, so I can't recall. 너무 오래돼서 기억이 나지 않아요.
- It's been ages. I can't recall. (수 년이 지난 것처럼) 오래됐어요, 기억이 안 나요.
- I don't remember because it's been too long. 너무 오래돼서 기억이 나지 않아요.
- My memory is fuzzy because it's from a long time ago. 너무 오래된 일이라서 기억이 흐릿해요.
- It's been ages, so it's slipped my mind. 오래돼서 기억에서 사라졌어요.

💡 시간을 더 달라고 부탁하는 표현

- Can you give me a second? 잠시만 기다려 줄래요?
- Give me a sec. 잠시만 기다리세요.
- Let me think for a second. 잠시만 생각 좀 해 볼게요.
- Hold on for a moment, please. 잠시만 기다려 주세요.
- Hang on a sec. Let me gather my thoughts. 잠깐만 기다려요. 생각을 정리해 볼게요.

3 **Umm, maybe it was when I was in middle school.**

✔ **아마도 그때 전략**으로 '언제쯤이었던 것 같다'라고 대략적인 시기를 추측해 말했습니다. maybe(아마도) 대신 비슷한 뜻의 단어 probably(아마)를 쓰거나 I think, I guess, It feels like, It must have been 같은 표현을 활용해도 좋습니다. 첫 경험은 잘 생각나지 않는 게 당연하기 때문에 정확히 '언제였어요'라고 말하는 것보다 이렇게 추측해서 말하는 게 더 이야기의 진실성이 돋보입니다.

M 4-6 My friend asked me to study together at a café. So we went to the nearest one and studied. Actually, we mainly chatted. Hahaha.

카페에 가게 된 과정을 먼저 설명한 뒤 카페에 가서 한 일에 대해 말했습니다. 과거에 한 경험이기 때문에 과거 시제 asked, went, studied, chatted를 사용했죠.

여기서 마지막 문장 앞에 쓰인 actually는 '실은, 사실은'이라는 뜻의 부사입니다. 답변의 진실성을 높일 수 있기 때문에 본인의 이야기를 좋아하는 오픽에서 아주 유용한 표현이죠.

7-11 The interior was quite simple. It had a warm, wooden color, and it sold coffee and hot chocolate. I ordered a hot chocolate and loved it. The staff was very kind. I enjoyed the peaceful background music and warm welcoming atmosphere.

질문 키워드인 카페의 모습(look like)과 분위기(atmosphere)를 차례대로 설명했습니다. 여기 나온 문장들은 모두 과거에 있었던 일이기 때문에 과거 시제를 사용했습니다. 카페의 인테리어를 묘사할 때도 과거의 일이므로 is 대신 was를 썼죠.

참고로 경험 유형 중 인상 깊은 경험이나 기억에 남는 경험을 말할 때는 '원픽 전략'이 유용하지만, 여기서는 사용하지 않았습니다. 핵심 키워드가 first time일 때에는 한 가지 주제에 집중해서 말하는 것보다는 처음 기억에 대해 쭉 나열하는 ✔ **나열 전략**이 더 말하기 쉽기 때문이죠. 첫날 엄청 인상 깊은 일이 있었다면 그 이야기를 해도 괜찮겠지만, 잘 떠오르지 않으면 ✔ **다 가져다 붙이기 전략**으로 기억 나는 경험을 모두 이야기하세요.

12 Since then, I still go to that café.

그 이후에도 계속 그 카페에 간다고 하며 자연스럽게 답변을 마무리 지었습니다. 앞의 내용은 과거의 일이기 때문에 전부 과거 시제를 썼지만, 여기서는 '지금도 그 카페에 가고 있다'는 의미이므로 현재 시제 go를 썼습니다.

F 13 So, yeah, that's about it.

마무리 표현으로 That's about it.(대충 이 정도입니다.)을 사용했습니다. 이 문장은 별 거 아닌 것처럼 보이지만, 듣는 채점자에게 답변이 완전히 끝났음을 드러내므로 훌륭한 마침표 역할을 합니다.

UNIT
03

공원 가기

✔ 이렇게
준비하세요

좋아하는 공원 하나를 정해 **공원의 특징**을 미리 정리해 두면 답변하기 편합니다. 질문에서 **공원의 위치**를 물어보는 경우가 많으니 위치를 설명하는 표현도 꼭 익혀 두세요. 더불어 공원과 관련된 답변 아이디어는 **자전거**를 주제로 한 답변에도 활용할 수 있습니다. 다만, 두 주제가 **동시에 출제**될 수도 있으니 내용이 중복되지 않도록 여러 소재를 준비해 두세요.

★ 자주 출제되는 문제

문제	유형	시제
좋아하는 공원 You indicated in the survey that you like to go to the park. What makes that place so special? Describe your favorite park in as much detail as possible. 당신은 설문 조사에서 공원에 가는 것을 좋아한다고 했습니다. 그 장소가 특별한 이유는 무엇인가요? 가장 좋아하는 공원에 대해 가능한 한 자세히 설명해 주세요.	설명/묘사	현재
공원에서 주로 하는 일 Tell me about what you usually do at the park. Please describe your day from beginning to end. 당신이 공원에서 주로 무엇을 하는지 이야기해 주세요. 당신의 하루를 처음부터 끝까지 설명해 주세요.	경향/습관	현재

문제	유형	시제
공원에 가는 빈도, 같이 가는 사람, 하는 일 How often do you go to the park? Who do you usually go with? What do you like to do there? Tell me in as much detail as possible. 공원에 얼마나 자주 가나요? 주로 누구와 함께 가나요? 거기서 무엇을 하는 것을 좋아하나요? 가능한 한 자세히 알려 주세요.	경향/습관	현재
최근 공원에 간 경험 When was the last time you went to the park? Which park did you go to, and what did you do there? Who did you go with? Tell me in as much detail as possible 마지막으로 공원에 간 게 언제였나요? 어떤 공원에 갔고 거기서 무엇을 했나요? 누구와 함께 갔나요? 가능한 한 자세히 알려 주세요.	경험	과거
공원에서 겪은 인상 깊은 경험 Please tell me about a time when something interesting or unexpected happened at the park. When and where did it occur? What were you doing at the time? 공원에서 흥미롭거나 예상치 못한 일이 발생했던 때에 대해 알려 주세요. 언제 어디서 그 일이 일어났나요? 당시에 무엇을 하고 있었나요?	경험	과거
어릴 때와 지금 공원의 차이 Compare the park you went to as a child to the park today. What differences and similarities do you see? Tell me how the park has changed over the years. 어렸을 때 갔던 공원과 오늘날의 공원을 비교해 보세요. 어떤 차이점과 유사점이 있나요? 지난 몇 년 동안 공원이 어떻게 변했는지 알려 주세요.	비교	과거 + 현재

⭐ 빈출 세트 구성

세트 예시 **1**	❶ 좋아하는 공원 ❷ 공원에서 주로 하는 일 ❸ 최근 공원에 간 경험
세트 예시 **2**	❶ 좋아하는 공원 ❷ 어릴 때와 지금 공원의 차이 ❸ 공원에서 겪은 인상 깊은 경험

설명/묘사 • 현재 시제 008

좋아하는 공원

You indicated in the survey that you like to go to the park. What makes that place so special? Describe your favorite park in as much detail as possible.

당신은 설문 조사에서 공원에 가는 것을 좋아한다고 했습니다. 그 장소가 특별한 이유는 무엇인가요? 가장 좋아하는 공원에 대해 가능한 한 자세히 설명해 주세요.

| 답변 가이드 |

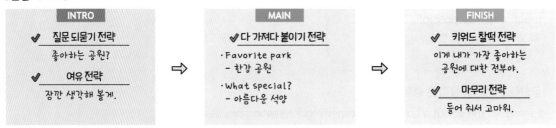

🏆 예시 답변

INTRO ¹Well, my favorite park? ²Hmm… Let me think for a second.

MAIN ³So, um, my favorite park is Han River Park. ⁴You know, it's located in Seoul, Korea. ⁵And it's actually pretty close to my place. ⁶It's just a five-minute walk away. ⁷At the park, you can see, like, lots of trees, flowers, water, and many people. Haha. ⁸And, oh, one special thing about this park is, like, the beautiful sunsets.

FINISH ⁹Yeah, I think that's everything I can tell you about my favorite park. ¹⁰Thanks for listening.

INTRO ¹글쎄요, 제가 가장 좋아하는 공원이요? ²흠… 잠깐 생각해 볼게요.

MAIN ³그러니까, 음, 제가 가장 좋아하는 공원은 한강 공원이에요. ⁴그곳은 한국의 서울에 위치해 있어요. ⁵그리고 사실은 우리 집에서 꽤 가까워요. ⁶걸어서 5분 거리입니다. ⁷공원에서는 많은 나무, 꽃, 물, 그리고 많은 사람도 볼 수 있어요. 하하. ⁸그리고 아, 이 공원의 가장 특별한 점은 아름다운 석양이에요.

FINISH ⁹네, 제가 가장 좋아하는 공원에 대해 말씀드릴 건 이게 전부인 것 같아요. ¹⁰들어 주셔서 감사합니다.

be located 위치해 있다   close 가까운   special 특별한   sunset 석양, 일몰

50

🚀 고득점 전략 & 해설

장소 묘사 유형입니다. 공원의 이름과 위치, 공원에 있는 사물과 시설을 설명하면서 내가 그 공원을 좋아하는 이유를 이야기하면 됩니다. 장소에 대해 묘사할 때는 현재 시제로 답변하세요.

1 1-2 **Well, my favorite park? Hmm… Let me think for a second.**

> ✔ **질문 되묻기 전략**으로 쉽고 빠르게 답변을 시작했습니다. 질문 키워드 favorite park를 활용했어요.
>
> 한편 Let me think for a second.는 '잠깐 생각해 볼게요'라는 뜻인데, ✔ **여유 전략**으로 생각을 떠올릴 수 있는 시간을 벌고 싶을 때 Hmm 같은 필러와 함께 사용하면 좋습니다.

M 3-4 **So, um, my favorite park is Han River Park. You know, it's located in Seoul, Korea.**

> 두괄식으로 Han River Park라고 좋아하는 공원 이름부터 제시했습니다. 딱히 좋아하는 공원이 없을 때에도 공원 이름을 아무거나 순발력 있게 던지세요. 안 가 본 공원도 괜찮습니다. 오픽 답변은 사실을 기반으로 하지 않아도 상관없으니 ✔ **다 가져다 붙이기 전략**으로 유연하게 내용을 갖다 붙이세요.
>
> 한편 Han River Park처럼 특정한 장소 이름을 언급할 때는 추가 설명으로 간단한 위치를 말해 주면 좋습니다. It's located...(그곳은 ~에 위치해 있다)를 활용해 위치를 말해 보세요.
>
> · **It's located** in the center of the city. 그곳은 도심에 위치해 있어요.
>
> · **It's located** next to the river. 그곳은 강 옆에 위치해 있어요.
>
> · **It's located** near the subway station. 그곳은 지하철역 근처에 위치해 있어요.

5-6 **And it's actually pretty close to my place. It's just a five-minute walk away.**

> 공원의 위치와 관련해 우리 집과의 거리도 설명했습니다. away는 '(거리상으로) ~만큼 떨어져 있는'이란 뜻인데, a five-minute walk away는 '걸어서 5분 거리에 있는'이라는 뜻이 됩니다.
>
> 거리를 나타내는 표현은 장소를 묘사할 때 활용하면 좋으니 꼭 익혀 두세요. 거리가 '가깝다(near, close)', '멀다(far)'처럼 단순하게 표현해도 되고, 위의 문장처럼 가는 데 걸리는 시간을 추가해 줘도 좋습니다.

> 💡 **거리를 나타내는 표현**
>
> • It's near my home. 우리 집에서 가까워요.
>
> • It's far from my home. 우리 집에서 멀어요.
>
> • It's very close to my work[university]. 제 회사[대학교]와 아주 가까워요.
>
> • It's so close that I go there every day. 아주 가까워서 매일 가요.
>
> • It takes about ten minutes by bus. 버스를 타면 10분 정도 걸려요.
>
> • It takes only ten minutes to get there. 거기 가는 데 10분밖에 안 걸려요.

7 **At the park, you can see, like lots of trees, flowers, water, and many people. Haha.**

공원의 모습을 묘사할 때는 분수, 벤치, 꽃, 운동 시설 등 공원에 있는 사물이나 시설에 대해 나열하면 됩니다. You can see...(~을 볼 수 있어요) 뒤에 다양한 명사를 넣어서 말해 보세요.

🔆 공원에서 흔히 볼 수 있는 것

- plant 식물
- lake 호수
- bike / bicycle 자전거
- playground 놀이터
- pond 연못
- bench 벤치
- bike path 자전거 도로
- fountain 분수
- flower garden 꽃밭
- grass 잔디
- walking path 산책로
- picnic areas 피크닉 장소

만약 이런 단어가 잘 떠오르지 않는 경우에는 It's just a typical park.(그냥 전형적인 공원이에요.)라는 말을 끝으로, 더 이상 말을 늘이지 않고 유연하게 넘어가는 것도 방법입니다.

8 **And, oh, one special thing about this park is, like, the beautiful sunsets.**

질문에서 What makes that place so special?이라고 공원을 특별하게 생각하는 이유를 물어봤습니다. 따라서 ✔ **키워드 찰떡 전략**으로 답변에도 special이란 단어를 사용했습니다. 공원이 특별한 이유를 '아름다운 석양' 때문이라고 답변했죠. special 대신 unforgettable(잊을 수 없는), impressive(인상적인), memorable(기억에 남는), precious(소중한) 같은 단어를 넣어 말해도 좋습니다. 딱히 특별한 이유가 없어도 특별하다고 말하세요. 키워드를 활용해 항상 채점자가 듣고 싶은 말을 해야 합니다.

F 9-10 **Yeah, I think that's everything I can tell you about my favorite park. Thanks for listening.**

FINISH에서도 ✔ **키워드 찰떡 전략**으로 질문 키워드인 favorite park를 한 번 더 언급하면서 질문에 찰떡같이 대답을 했다는 것을 강조했습니다. 이 뒤에는 ✔ **마무리 전략**으로 Thanks for listening.(들어 주셔서 감사합니다.)을 넣어 답변이 완전히 끝났다는 느낌을 살렸습니다.

Q2 공원에서 주로 하는 일

Tell me about what you usually do at the park. Please describe your day from beginning to end.

당신이 공원에서 주로 무엇을 하는지 이야기해 주세요. 당신의 하루를 처음부터 끝까지 설명해 주세요.

▌답변 가이드 ▌

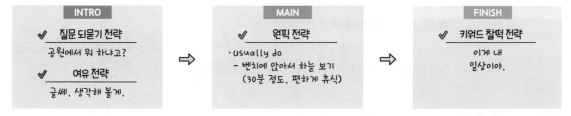

INTRO	MAIN	FINISH
✔ 질문 되묻기 전략	✔ 원픽 전략	✔ 키워드 찰떡 전략
공원에서 뭐 하냐고?	·usually do	이게 내
✔ 여유 전략	- 벤치에 앉아서 하늘 보기	일상이야.
글쎄, 생각해 볼게.	(30분 정도, 편하게 휴식)	

🏆 예시 답변

INTRO
¹Oh, what do I do at the park? ²Hmm… Well, let me think for a moment.

MAIN
³Well, I usually go to the park after work on my way home. ⁴Uh, I sit on a bench and, you know, watch the sky. ⁵I enjoy seeing the clouds change. ⁶I spend about 30 minutes there. ⁷I use that time to clear my mind and relax. ⁸It really helps me unwind and, like, reduce my stress.

FINISH
⁹Yeah, so that's my daily routine at the park.

INTRO ¹아, 공원에서 제가 뭐 하냐고요? ²흠… 글쎄요, 잠깐만 생각해 볼게요.

MAIN ³저기, 저는 보통 퇴근하고 집에 가는 길에 공원에 가요. ⁴음, 벤치에 앉아서 하늘을 보죠. ⁵구름이 변하는 걸 보는 것을 즐겨요. ⁶거기서 약 30분 정도 시간을 보내죠. ⁷그 시간을 이용해서 머리를 맑게 하고 쉬어요. ⁸이게 정말 긴장을 풀고 스트레스를 푸는 데 도움이 되거든요.

FINISH ⁹네, 그래서 그게 제가 공원에서 매일 하는 일상이에요.

spend (시간을) 보내다　**clear** (마음을) 맑게 하다, 정리하다　**relax** 쉬다　**unwind** 긴장을 풀다, 휴식을 취하다　**reduce** 줄이다　**stress** 스트레스
daily 매일의, 매일 일어나는　**routine** 루틴, 일상

🚀 고득점 전략 & 해설

주로 하는 일은 경향과 습관을 묻는 질문 유형입니다. 평상시 습관을 말할 때는 현재 시제를 써서 답변하는 점에 주의하세요. '원픽 전략'으로 공원에서 하는 활동을 설명하면 됩니다.

H   1 **Oh, what do I do at the park?**

✔ **질문 되묻기 전략**을 사용할 때는 앞의 답변에서 사용한 표현과는 조금씩이라도 다르게 변형하는 것이 좋습니다. 오픽은 같은 표현을 반복적으로 사용하면 암기했다고 여기고 점수를 낮게 주는 경향이 있습니다.

2 **Hmm... Well, let me think for a moment.**

✔ **여유 전략**으로 생각할 시간을 달라고 하면서 아이디어를 떠올릴 시간을 벌었습니다. for a moment 는 '잠깐만'이라는 뜻인데 대신 for a second라고 해도 좋아요.

M   3 **Well, I usually go to the park after work on my way home.**

먼저 언제 공원에 가는지부터 설명했습니다. 일반적으로 반복되는 습관이기 때문에 현재 시제(go)로 말했어요. 반복되는 습관을 말할 때는 동사 앞에 usually(보통), frequently(자주), regularly(규칙적으로), often(종종) 같은 부사를 넣어 말해도 좋습니다.

- **I usually exercise in the morning before starting my day.**
  저는 보통 아침에 하루를 시작하기 전에 운동을 해요.

- **I frequently visit the park to enjoy nature.**
  저는 자연을 즐기기 위해 자주 공원을 방문해요.

- **I regularly go for a jog in the mornings.**
  저는 아침마다 규칙적으로 조깅하러 가요.

- **I often meet my friends for a picnic in the park.**
  저는 종종 공원에서 친구들과 소풍을 가기 위해 만나요.

4 **Uh, I sit on a bench and, you know, watch the sky.**

마찬가지로 현재 시제(sit, watch)를 써서 답했습니다. 공원에서 할 수 있는 많은 일 중에 '하늘 보기'를 원픽 주제로 골랐습니다. 단순 나열보다는 ✔ **원픽 전략**으로 한 가지 주제를 골라 생각과 감정을 디테일하게 드러내는 발화 방식을 꼭 습득하세요. 더 높은 점수를 받을 수 있습니다.

5 **I enjoy seeing the clouds change.**

'I like/enjoy + 동사ing'는 '~하는 것을 좋아한다/즐긴다'라는 뜻입니다. 둘 다 내가 하기 좋아하는 일을 표현할 때 쓰죠.

- **I like walking in the park.** 저는 공원에서 걷는 것을 좋아해요.

- **I like playing soccer with my friends.** 저는 친구들과 축구 하는 것을 좋아해요.

- **I enjoy riding my bike in the park.** 저는 공원에서 자전거 타는 것을 즐겨요.

- **I enjoy looking at flowers.** 저는 꽃을 보는 것을 즐겨요.

6-8 **I spend** about 30 minutes there. **I use** that time to clear my mind and relax. It really **helps** me unwind and, like, reduce my stress.

매일 하는 일이기 때문에 전부 현재 시제(spend, use, helps)를 썼습니다. It really helps에서는 주어가 3인칭 단수인 it이고 현재 시제이기 때문에 helps를 썼어요. 현재 시제에서 주어가 3인칭 단수일 때는 이처럼 동사 끝에 -s/es를 붙여야 하니, 말할 때 빼먹지 않게 주의하세요.

F **9** **Yeah**, so that's my **daily routine** at the park.

질문에서 묻고 있는 핵심 내용인 daily routine을 활용해 마무리를 지었습니다. 내가 채점자가 원하는 내용의 답변을 하고 있다는 점을 강조하는 장치입니다.

이때 문장 앞에 Yeah 같은 필러를 넣어 주면 더욱 자연스럽게 느껴집니다. FINISH에서 마무리 문장 앞에 쓸 수 있는 필러를 몇 가지 알아 두세요.

> 💡 **자연스러움을 더해 주는 필러**
>
> - **Okay** 알겠어요
> - **So** 그래서
> - **Okay, so** 알겠어요, 그래서
>
> - **Well** 글쎄요
> - **Well, you know** 그, 당신도 알다시피
> - **All right** 알겠어요, 좋아요

Q3 최근 공원에 간 경험

When was the <u>last time</u> you went to the park? <u>Which park</u> did you go to, and **what** did you do there? **Who** did you go with? Tell me in as much detail as possible.

마지막으로 공원에 간 게 언제였나요? 어떤 공원에 갔고 거기서 무엇을 했나요? 누구와 함께 갔나요? 가능한 한 자세히 알려 주세요.

▌답변 가이드 ▌

INTRO	MAIN	FINISH
✔ 리액션 전략 오, 알았어. ✔ 질문 되묻기 전략 마지막으로 공원 간 거? ✔ 여유 전략 언제더라…? 생각해 볼게.	✔ 육하원칙 전략 · When? - 지난주에 · Which park? - 한강 공원 · What? - 자전거 탔음 · Who go with? - 친구랑	✔ 마무리 전략 간단히 말해서 ✔ 키워드 찰떡 전략 그게 내 마지막 공원 경험이야.

🏆 예시 답변

INTRO | ¹Oh, I got it. ²So, like, the last time I went to the park? ³Hmm… When was it…? ⁴Uh, let me think.

MAIN | ⁵Well, you know, I think it was last week. ⁶Yeah, I went to my favorite park, Han River Park. ⁷And I, um, rode bikes with a friend. ⁸The park has got, like, such nice bike paths there. ⁹It was a lot of fun. ¹⁰Honestly, I love biking.

FINISH | ¹¹So, yeah, in a nutshell, that was my last trip to the park. ¹²That's it.

INTRO | ¹아, 알겠어요. ²그러니까, 제가 마지막으로 공원에 갔던 때 말이죠? ³흠… 언제였더라…? ⁴어, 생각 좀 해 볼게요.

MAIN | ⁵음, 지난주였던 것 같아요. ⁶네, 제가 제일 좋아하는 공원인 한강 공원에 갔어요. ⁷그리고 음, 친구랑 자전거를 탔어요. ⁸그 공원에는 멋진 자전거 도로가 있어요. ⁹진짜 재있었어요. ¹⁰솔직히 말하면, 자전거 타는 거 정말 좋아하거든요.

FINISH | ¹¹네, 그러니까, 간단히 말해서 그게 제가 마지막으로 다녀온 공원이었어요. ¹²그게 다예요.

---

last time 지난번, 마지막 때   ride (자전거를) 타다 (과거형 rode)   bike path 자전거 도로   fun 재미   honestly 솔직히   in a nutshell 간단히 말해서
trip 여행, 소풍

🚀 고득점 전략 & 해설

경험을 묻는 문제는 과거의 일이므로 당연히 과거 시제로 답해야 합니다. 최근 경험을 묻는 문제에서 중요한 질문 키워드는 last time(마지막), recent(최근의) 같은 단어이므로 답변에도 녹여서 말해 보세요. 한편 인상 깊은 경험과 뜻밖의 경험을 묻는 문제에서는 impressive(인상 깊은), memorable(기억에 남는), special(특별한), unforgettable(잊을 수 없는), unexpected(예상치 못한), unusual(일상적이지 않은) 같은 단어로 응용해서 말하면 됩니다.

I   1 **Oh, I got it.**

✔ **리액션 전략**으로 먼저 질문에 반응을 보이며 답변을 시작했습니다. 상대방의 질문에 대해 '알았다, 이해했다'라는 의미로 I got it.이라고 했습니다. got은 get의 과거형인데, get에는 '알다, 이해하다'라는 뜻이 있습니다.

2 **So, like, the last time I went to the park?**

이어서 ✔ **질문 되묻기 전략**으로 질문에서 들은 키워드 last time을 활용하면 쉽고 빠르게 대답할 수 있습니다.

3-4 **Hmm… When was it…? Uh, let me think.**

✔ **여유 전략**은 아이디어를 떠올릴 시간을 벌거나 긴장된 마음을 풀고 싶을 때 사용하면 됩니다. 답변 시작에 여유를 만들어 주는 INTRO 문장이므로 언제든지 입 밖으로 나올 수 있게 연습해 두세요.

M   5-7 **Well, you know, I think it was last week. Yeah, I went to my favorite park, Han River Park. And I, um, rode bikes with a friend.**

질문에서 물어본 내용이 많다고 당황하지 마세요. ✔ **육하원칙 전략**으로 '언제', '어디서', '무엇을', '누구와', '어떻게', '왜'에 대해 답변하면 질문에서 원하는 요소를 모두 채우고도 남습니다.

- 언제: last week 지난주에
- 어디서: Han River Park 한강 공원
- 무엇을: rode bikes 자전거를 탔다
- 누구와: with a friend 친구와

8 **The park has got, like, such nice bike paths there.**

공원이 어떤 곳인지 간략하게 특징을 설명했습니다. 앞의 답변에서 자전거를 타는 것을 좋아한다고 했으므로, 자전거와 관련된 공원의 특징인 '자전거 도로(bike paths)'를 특징으로 내세웠습니다. ✔ **연결 전략**으로 답변 흐름을 연관되게 가져가면 새롭게 아이디어를 떠올리지 않아도 되고 말이 막힐 일도 줄일 수 있습니다.

참고로 have[has] got은 have[has]와 같은 의미입니다. 비격식적인 구어체로 더욱 친근하고 자연스러운 느낌을 주지요. 여기서는 주어가 3인칭 단수인 The park이므로 has를 썼습니다. 이 뒤에 공원에 있는 사물이나 시설을 넣어서 말해 보세요.

- The park **has got**, like, a convenience store right there.
  그 공원에는 편의점이 있어요.

- The park **has got**, like, some cool exercise equipment.
  그 공원에는 멋진 운동 시설이 있어요.

- The park **has got**, like, lots of flowers everywhere.
  그 공원에는 어디에나 꽃들이 많아요.

- The park **has got**, like, a nice big lake.
  그 공원에는 멋진 큰 호수가 있어요.

여기서 문장 중간중간에 like가 들어간 게 보이죠? 이런 식으로 말하면 지금 막 떠올려서 말하는 듯한 느낌이 살아납니다. 바로 ✔ **즉석발화 전략**이죠. 실제 미국인들이 말하는 것을 듣다 보면 이렇게 중간에 like가 들어가는 것을 확인할 수 있습니다. 문어체에서 쓰는 방식이 아니라 일상 대화에서 자주 쓰는 발화 방식입니다. 일종의 필러이므로 말이 막힐 때는 like를 활용해 보세요. 진짜 미국인처럼 말하는 효과를 준답니다. 아래 예문을 보면서 like가 문장 중간에 어떤 식으로 활용되는지 확인해 보세요.

- And, **like**, something interesting happened? Well, it was, **like**, when we saw this really awesome live performance in the park. It was, **like**, such a surprise and totally cool!
  그리고, 재미있는 일이요? 음, 그건 공원에서 정말 멋진 라이브 공연을 봤을 때였어요. 정말 놀라웠고, 진짜 멋졌어요!

9-10 **It was a lot of fun. Honestly, I love biking.**

팩트를 나열한 뒤에는 '재미있었다', '자전거 타는 것을 좋아한다'처럼 내 감정과 느낌도 추가해 주세요. 부족한 발화량을 채우고 고득점으로 나아갈 수 있습니다. 감정을 표현하지 않으면 답변이 딱딱하고 로봇 같아서 어디서 본 스크립트를 그대로 암기한 느낌을 주거든요. 따라서 내가 느낀 점을 한 개 이상 꼭 추가하는 연습을 해 주세요.
한편 I love -ing로 아주 좋아하는 일을 표현할 수 있습니다.

- **I love** walking in the park in the early morning.
  저는 아침 일찍 공원에서 걷는 것을 아주 좋아해요.

- **I love** having picnics at the park on weekends.
  저는 주말마다 공원에 소풍 가는 것을 아주 좋아해요.

- **I love** watching the birds in the park.
  저는 공원에서 새들을 보는 것을 아주 좋아해요.

- **I love** spending time with my friends at the park.
  저는 공원에서 친구들과 시간 보내는 것을 아주 좋아해요.

11-12 **So, yeah, in a nutshell, that was my last trip to the park. That's it.**

✔ **마무리 전략**으로 답변을 끝낸다는 티를 확실히 내세요. 여기서는 또한 ✔ **키워드 찰떡 전략**으로 last와 park를 사용해 채점자가 원하는 답변으로 깔끔하게 마무리 지었습니다.

한편 in a nutshell은 '간단히 말해서', '한 마디로'라는 뜻인데 미국 사람들이 일상 대화에서 정말 많이 사용하는 표현이에요. 영화나 미드에서도 자주 들을 수 있는 구어체 표현이죠. 답변을 마무리할 때 사용해 보세요.

- So, **in a nutshell**, my last visit to the park was amazing.
  그러니까 간단히 말해서, 지난번 공원 방문은 정말 멋졌어요.

- So, **in a nutshell**, the park was fun and full of unexpected surprises.
  그러니까 간단히 말해서, 공원은 재밌었고 예상치 못한 놀라움이 가득했어요.

- So, **in a nutshell**, it was a perfect day to spend outside.
  그러니까 간단히 말해서, 야외에서 보내기 완벽한 날이었어요.

UNIT 04

쇼핑하기

✔ 이렇게
준비하세요

쇼핑은 아주 일상적인 활동이라 소재를 떠올리기 쉬우니, 이야기할 만한 몇 가지 **소재**를 생각해 놓으세요. 답변할 때 유용하게 사용할 수 있습니다. 최근에 **물건을 구매한 경험**을 떠올리면서 생생한 이야기를 전달해 보세요. **장소 묘사, 경향/습관** 유형이 자주 출제되니 쭉쭉 거침없이 말할 수 있도록 충분히 연습하세요.

⭐ 자주 출제되는 문제

문제	유형	시제
사는 지역의 쇼핑 장소 묘사 You indicated in the survey that you go shopping. Tell me about stores or shopping centers in your area. What are these places like? 설문 조사에서 쇼핑을 한다고 했습니다. 사는 지역의 상점이나 쇼핑 센터에 대해 알려 주세요. 그곳은 어떤 곳인가요?	설명/묘사	현재
평소 쇼핑 습관 Can you describe your shopping habits? How often do you go shopping? Where do you usually go, and what do you buy? Who do you usually go with? 당신의 쇼핑 습관을 설명해 주시겠어요? 얼마나 자주 쇼핑을 하나요? 주로 어디에 가서 무엇을 구매하나요? 주로 누구와 함께 가나요?	경향/습관	현재

문제	유형	시제
평소 쇼핑하는 날 Tell me about a typical shopping day for you. What do you usually do from the moment you leave home until you return? 평소 쇼핑하는 날에 대해 이야기해 주세요. 집을 나서는 순간부터 돌아올 때까지 보통 무엇을 하는지 알려 주세요.	경향/습관	현재
최근에 한 쇼핑 경험 When was the last time you went shopping? Where did you go, and what did you buy? Who did you go with? 마지막으로 쇼핑을 하러 간 것이 언제였나요? 어디로 가서 무엇을 샀나요? 누구와 함께 갔나요?	경험	과거
기억에 남는 쇼핑 경험 Can you describe your most memorable shopping experience? Where and when did it happen, what exactly occurred, and why was it so unforgettable? Provide as many details as possible. 가장 기억에 남는 쇼핑 경험을 설명해 주시겠어요? 어디서 언제 일어났고, 정확히 어떤 일이 있었고, 왜 그토록 잊을 수 없는 경험이었나요? 가능한 한 자세히 설명해 주세요.	경험	과거

⭐ 빈출 세트 구성

세트 예시 1	❶ 사는 지역의 쇼핑 장소 묘사 ❷ 평소 쇼핑 습관 ❸ 최근에 한 쇼핑 경험
세트 예시 2	❶ 사는 지역의 쇼핑 장소 묘사 ❷ 평소 쇼핑 습관 ❸ 기억에 남는 쇼핑 경험

Q1 사는 지역의 쇼핑 장소 묘사

You indicated in the survey that you go shopping. Tell me about stores or shopping centers in your area. What are these places like?

설문 조사에서 쇼핑을 한다고 했습니다. 사는 지역의 상점이나 쇼핑 센터에 대해 알려 주세요. 그곳은 어떤 곳인가요?

‖ 답변 가이드 ‖

🏆 예시 답변

INTRO ¹Oh, shopping! ²I love shopping. ³That's a great question. Haha.

MAIN ⁴I usually go to the big store near my place, which is E-mart. ⁵It's a really big grocery store, something like Walmart. ⁶I just buy some fresh fruits and veggies. ⁷It has all kinds of food, so it's super easy to find what I want there. ⁸And it also gives me lots of coupons, so that's why I love this place.

FINISH ⁹So, yeah, that's everything about my shopping place.

INTRO ¹오, 쇼핑이요! ²저는 쇼핑을 아주 좋아해요. ³좋은 질문이네요. 하하.

MAIN ⁴저는 보통 집 근처에 있는 대형 마트에 자주 가는데, 이마트예요. ⁵그곳은 월마트와 비슷한 정말 큰 식료품점이에요. ⁶저는 신선한 과일과 채소를 사요. ⁷그곳에는 모든 종류의 식품이 있어서 거기서 제가 원하는 것을 아주 쉽게 찾을 수 있어요. ⁸그리고 쿠폰도 많이 주는데, 그게 제가 이곳을 좋아하는 이유예요.

FINISH ⁹네, 맞아요, 그게 제 쇼핑 장소에 대한 모든 거예요.

grocery store 식료품점   fresh 신선한   veggie 채소 (vegetable의 줄임말)   super 엄청, 아주 (강조하는 말)   coupon 쿠폰

쇼핑 장소에 대한 묘사는 부담 없이 가볍게 답변하면 됩니다. 장소가 어디에 있는지, 어떤 물건을 파는지만 나열해도 충분히 괜찮은 답변입니다. 하지만 누구나 할 수 있는 답변은 교과서적이고 암기한 것처럼 들리니, 마무리로 그 장소를 좋아하는 이유나 관련 경험을 짧게라도 덧붙여서 나만의 색깔을 추가해 주세요.

1 Oh, shopping!

방금 들은 질문에 대해 Oh 같은 감탄사로 답변을 시작하면 매우 자연스러운 느낌을 줍니다. ✔ **리액션 전략**으로 질문에 대한 답을 바로 하지 않고 일단 반응(리액션)을 보이면서 답변을 시작해 보세요.

2-3 I love shopping. That's a great question. Haha.

✔ **여유 전략**으로 '쇼핑 아주 좋아해요', '그거 좋은 질문이에요' 같이 쉬운 문장을 덧붙이는 동안 아이디어를 떠올릴 여유를 벌 수 있습니다.

4 I usually go to the big store near my place, which is E-mart.

쇼핑 관련 소재 중에 만만하게 말할 수 있는 '대형 마트'를 주제로 선정했습니다.
near my place(우리 집 근처에 있는)라는 표현도 질문 키워드에 적절하니 답변에 사용하세요. 동네에 있는 장소를 묘사할 때 많이 쓰는 표현도 함께 익혀 두세요.

💡 **동네에 있는 장소 묘사 표현**

- There is a pharmacy **nearby**.
  근처에 약국이 있어요.

- There's a new coffee shop **close to my school**.
  우리 학교 근처에 새로운 카페가 있어요.

- There's a great park **in my neighborhood** where I often go for a walk.
  우리 동네에 제가 자주 산책하러 가는 멋진 공원이 있어요.

- There are many restaurants **around my area** that serve delicious food.
  제가 사는 지역 주변에는 맛있는 음식을 제공하는 식당이 많이 있어요.

- There's a gym **within walking distance** of my office.
  회사에서 걸어서 갈 수 있는 거리에 헬스장이 있어요.

- The grocery store is just **a short distance** from my house.
  그 식료품점은 우리 집에서 가까운 거리에 있어요.

5 It's a really big grocery store, something like Walmart.

미국인 채점자는 고유명사인 '이마트'가 뭔지 잘 모를 수 있습니다. 따라서 이해를 돕기 위해 something like Walmart라는 추가 설명을 덧붙였습니다. something like는 '~와 비슷한 것'이라는 뜻으로, 예시를 들어 설명할 때 쓰는 표현입니다. 이런 식으로 조금씩 정보를 추가하면서 문장을 길게 만들어 보세요.

6-7 I just buy some fresh fruits and veggies. It has all kinds of food, so it's super easy to find what I want there.

✔ **초딩 조카 전략**으로 마트에서 구입하는 일반적인 물건에 대해 쉽게 설명했습니다. 초등학생 조카에게 친절히 설명하듯 굳이 어려운 단어를 쓰지 않고 쉬운 단어(fruits, veggies, food)를 나열했어요. 오픽 시험에서 '나는 꼭 이런 말을 하고 싶은데.' 하면서 어려운 단어를 쓰겠다고 욕심을 부리지 마세요. 예를 들어 "시식 코너의 바삭바삭한 군만두 냄새를 맡자 입에 군침이 고였다. 결국 내 쇼핑 카트는 만두로 가득 찼다." 같은 말을 하고 싶다고 해 봅시다. 물론 '시식 코너'는 tasting area, '침이 고이는'은 mouthwatering, '가득 차다'는 be full of 같은 단어를 쓸 수 있죠. 하지만 이런 단어들이 바로 떠오를 수준이라면 IH 이상 등급을 노려도 충분합니다. 초급 수준에서는 '하고 싶은 말'이 아닌 '할 수 있는 말'을 하는 데 집중하세요.

'초딩 조카 전략'으로 위의 문장을 "마트에서 먹은 만두가 맛있었다. 그래서 많이 사왔다."처럼 간단하게 풀어서 설명할 수 있습니다. 단어가 잘 떠오르지 않을 때 적극 활용할 수 있는 전략이죠. 물론 일부러 쉬운 단어를 쓰라는 의미는 아닙니다. 이 전략은 단어가 생각 안 나서 말문이 막힐 때 쉽게 풀어 말하는 임기응변 기법입니다. 연습할 때는 모르는 단어를 찾고 암기해서 사용할 수 있는 단어 폭을 늘려 보세요.

8 And it also gives me lots of coupons, so that's why I love this place.

장소를 좋아하는 나만의 이유를 추가하면 개성 있는 답변이 됩니다. 여기서는 쿠폰을 많이 준다는 내용을 덧붙인 후, that's why…로 그게 그 장소를 좋아하는 이유임을 설명했습니다.

F **9** So, yeah, that's everything about my shopping place.

✔ **키워드 찰떡 전략**으로 질문 키워드 shopping place(쇼핑 장소)를 다시 한 번 강조하며 답변을 마무리했습니다.

✔ **마무리 전략**으로 사용하기 좋은 That's everything about…(그게 ~에 대한 모든 것이에요.)도 잘 익혀 두세요. 해당 주제에 대해 결론을 지을 때 쓰는 표현입니다.

· **That's everything about** my shopping trip last weekend.
그게 지난 주말에 쇼핑 간 일에 대한 모든 거예요.

· **That's everything about** why I love shopping.
그게 제가 쇼핑을 좋아하는 이유에 대한 모든 거예요.

경향/습관 ◆ 현재 시제

🎧 012

평소 쇼핑 습관

Can you describe your shopping habits? How often do you go shopping? Where do you usually go, and what do you buy? Who do you usually go with?

당신의 쇼핑 습관을 설명해 주시겠어요? 얼마나 자주 쇼핑을 하나요? 주로 어디에 가서 무엇을 구매하나요? 주로 누구와 함께 가나요?

▌답변 가이드 ▌

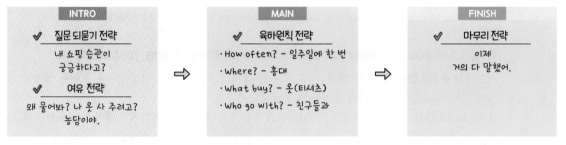

INTRO
✔ 질문 되묻기 전략
내 쇼핑 습관이
궁금하다고?

✔ 여유 전략
왜 물어봐? 나 옷 사 주려고?
농담이야.

⇨

MAIN
✔ 육하원칙 전략
· How often? – 일주일에 한 번
· Where? – 홍대
· What buy? – 옷(티셔츠)
· Who go with? – 친구들과

⇨

FINISH
✔ 마무리 전략
이제
거의 다 말했어.

🏆 예시 답변

INTRO ▶ ¹Oh, you're curious about my shopping habits? ²Why? Are you planning to buy me some clothes? ³Haha, just kidding.

MAIN ▶ ⁴So you know, I buy clothes really often, like once a week? ⁵I usually go shopping on Hongdae Street with my friends because there are tons of pretty things. ⁶And my wallet always ends up thin. Haha. ⁷I buy a lot of fancy t-shirts.

FINISH ▶ ⁸Hmm… I think I told you pretty much everything. Yep.

INTRO ¹아, 제 쇼핑 습관이 궁금하다고요? ²왜요? 저한테 옷이라도 사 주려고요? ³하하, 농담입니다.

MAIN ⁴그러니까, 저는 옷을 진짜 자주 사요. 일주일에 한 번 정도? ⁵저는 보통 홍대 거리에 친구들이랑 쇼핑하러 갑니다. 왜냐하면 예쁜 것들이 많거든요. ⁶그리고 항상 지갑이 얇아져요. 하하. ⁷저는 화려한 티셔츠를 많이 사요.

FINISH ⁸흠… 이 정도면 거의 다 말한 것 같아요. 네.

curious 궁금한, 호기심 있는   habit 습관   kid 농담하다   wallet 지갑   end up (~하게) 끝나다, (~하게) 결과가 되다   thin 얇은   fancy 화려한

65

🚀 고득점 전략 & 해설

습관을 묻는 질문 유형은 현재 시제를 사용하는 것이 핵심입니다. 시제에 주의하면서 육하원칙에 입각해 답변하세요. 언제 어디서 누구와 쇼핑을 하는지 이야기하면 됩니다.

Ⅰ 1 **Oh, you're curious about my shopping habits?**

먼저 질문 키워드 shopping habits를 활용해 ✔ **질문 되묻기 전략**으로 답변을 시작했습니다. 상대방의 질문을 되물을 때 쓰는 You're curious about...?(~가 궁금한가요?)도 함께 익혀 두세요.

- Oh, **you're curious about** my shopping place? 아, 제 쇼핑 장소가 궁금한가요?
- Oh, **you're curious about** my weekend plans? 아, 제 주말 계획이 궁금한가요?

2-3 **Why? Are you planning to buy me some clothes? Haha, just kidding.**

이번에는 ✔ **여유 전략**으로 '나한테 옷 사 주려고 물어봐요?' 하고 농담을 던졌습니다. 오픽은 딱딱한 시험이 아니므로 이처럼 친근하게 유머를 담아 말해도 괜찮습니다.
(I'm) Just kidding은 '농담이에요', '장난이에요'라는 뜻인데, 가벼운 대화에서 많이 쓰는 표현이에요.

> 💡 **여유를 만드는 농담 표현**
> - Just joking. 그냥 농담일 뿐이에요.
> - I'm joking. 농담이에요.
> - You know, I'm just kidding. 있잖아요, 농담이에요.
> - I'm just messing around, you know. 그냥 좀 장난친 거예요.

M 4 **So you know, I buy clothes really often, like once a week?**

MAIN에서는 ✔ **육하원칙 전략**으로 질문에서 물어본 내용을 구체적으로 답하면 됩니다. 이때 물건을 사는 습관에 대한 내용이므로 현재 시제(buy)를 사용합니다.
참고로 질문에 how often(얼마나 자주)이라는 표현이 나오면 once a week(일주일에 한 번)처럼 빈도를 나타내는 표현을 사용해 답하세요. once(한 번), twice(두 번), three/four/five times(세/네/다섯 번) 같은 표현을 활용하면 됩니다.

> 💡 **빈도를 나타내는 표현**
> - I shop for books **once** a month. 저는 한 달에 한 번 책을 사요.
> - I order groceries online **twice** a week. 저는 일주일에 두 번 온라인으로 식료품을 주문해요.
> - I go grocery shopping **three times** a week. 저는 일주일에 세 번 장을 봐요.
> - I buy fresh bread from the bakery **four times** a week. 저는 일주일에 네 번 빵집에서 갓 구운 빵을 사요.

5-6 I usually go shopping on Hongdae Street with my friends because there are tons of pretty things. And my wallet always ends up thin. Haha.

이어서 어디서 누구와 쇼핑을 하는지 답변했습니다. 질문 키워드 Where(어디서)에는 on Hongdae Street(홍대 거리에서), Who(누구)에는 with my friends(친구들과)로 답했습니다. 질문 키워드에는 Why(왜)가 없었지만 because를 사용해 홍대 거리에서 쇼핑하는 이유도 '예쁜 물건들이 많기 때문'이라고 설명했죠.

7 I buy a lot of fancy t-shirts.

앞에서 clothes(옷)를 산다고 이미 말했지만, 좀 더 구체적으로 fancy t-shirts(화려한 티셔츠)를 많이 산다고 설명을 덧붙였습니다.

F **8** Hmm... I think I told you pretty much everything. Yep.

pretty much는 '거의, 대부분'이라는 의미입니다. ✔ **마무리 전략**으로 거의 모든 것을 말한 것 같다고 하면서 답변을 마무리 지었습니다. 위의 문장은 통째로 암기해서 마지막에 할 말이 애매할 때 사용하세요. 이처럼 끝 부분에는 답변을 끝낸다는 표시를 확실히 해야 합니다.

Q3 기억에 남는 쇼핑 경험

Can you describe your most memorable shopping experience? Where and when did it happen, what exactly occurred, and why was it so unforgettable? Provide as many details as possible.

가장 기억에 남는 쇼핑 경험을 설명해 주시겠어요? 어디서 언제 일어났고, 정확히 어떤 일이 있었고, 왜 그토록 잊을 수 없는 경험이었나요? 가능한 한 자세히 설명해 주세요.

답변 가이드

INTRO
✔ 두괄식 전략
기억에 남는 쇼핑 경험은 부모님께 선물 사드린 거야.

MAIN
✔ 육하원칙 전략
· Where? – 현대 백화점에서
· When? – 작년에
· What? – 부모님 지갑 구입
· Why? – 특별한 선물을 하고 싶어서

FINISH
✔ 내 생각 말하기 전략
한 번쯤 가장 비싸고 좋은 걸 사드리고 싶었어.
돈 쓸 만한 가치가 있었지.

🏆 예시 답변

INTRO
[1] Well... Okay, you know, one of my most memorable shopping experiences was buying a gift for my parents on Parents' Day.

MAIN
[2] It was last May at the Hyundai Department Store in Yeouido. [3] I worked part time and saved up to buy expensive wallets—one for my mom and another for my dad. [4] Even though it tightened my budget for a while, I really wanted to give them something special. [5] Oh, you wanna know what brands they were? [6] Haha, that's a secret. [7] Anyway, when they saw the gifts, they were super surprised, and I was truly satisfied.

FINISH
[8] Overall, it was worth spending money because I wanted to buy the most expensive and nicest things for once. [9] That's the end of my story.

INTRO [1] 음… 알겠어요, 그러니까, 제가 가장 기억에 남는 쇼핑 경험 중 하나는 부모님께 어버이날 선물을 사드렸던 거예요.

MAIN [2] 그건 작년 5월에 여의도의 현대백화점에서였어요. [3] 저는 아르바이트를 하며 돈을 모아서 비싼 지갑을 어머니 것과 아버지 것 하나씩 샀어요. [4] 한동안 예산을 조여야 했지만, 부모님께 특별한 선물을 하고 싶었어요. [5] 오, 그 브랜드가 뭔지 알고 싶다고요? [6] 하하, 비밀이에요. [7] 어쨌든 부모님이 선물을 보고 엄청 놀라셨고 그래서 저도 아주 만족스러웠습니다.

FINISH [8] 전반적으로, 한 번쯤 가장 비싸고 좋은 걸 사드리고 싶었기 때문에 돈 쓸 만한 가치가 있었어요. [9] 이제 제 이야기는 끝입니다.

---

memorable 기억에 남는   Parents' Day 어버이날   work part time 아르바이트를 하다   save up (돈을) 모으다   tighten 조이다, 강화하다
budget 예산   satisfied 만족한   overall 전반적으로   worth -ing ~할 만한 가치가 있다

경험은 언제나 과거 시제로 답해야 한다는 점에 유의하세요. 기억에 남는 일이 뭐가 있었는지 '원픽 전략'으로 하나를 콕 집은 다음 '육하원칙 전략'으로 상황이 머릿속에 그려지듯이 자세히 설명해 주면 됩니다. 특히 질문에 memorable(기억에 남는), stand out(두드러지다) 같은 키워드가 있을 때는 왜 그 경험이 기억에 남는지 이유를 말해 주세요.

1 **Well... Okay, you know, one of my most memorable shopping experiences was buying a gift for my parents on Parents' Day.**

✔ **두괄식 전략**으로 질문의 키워드 most memorable shopping experiences를 바로 언급하며 답변을 시작했습니다. 질문을 들으며 떠올린 하나의 주제(어버이날 선물 구입)를 두괄식으로 제시했어요. 기억에 남는 경험을 말할 때는 누가 들어도 의미 있는 소재일수록 좋습니다. 딱히 대단한 일이 아니어도 의미 있는 일처럼 포장하면 됩니다.

2 **It was last May at the Hyundai Department Store in Yeouido.**

✔ **육하원칙 전략**의 핵심인 '언제', '어디서', '무엇을'에 대해서는 키워드를 뽑아 초반에 빠르게 답변하는 것이 좋습니다. 여기서는 '언제'와 '어디서'에 대해서 한꺼번에 답했습니다. '언제'는 last May, '어디서'는 at The Hyundai Department Store in Yeouido로 답했습니다. '여의도'처럼 구체적인 지명을 이야기하면 진실성을 더욱 높여 줍니다

3 **I worked part time and saved up to buy expensive wallets—one for my mom and another for my dad.**

물건을 사게 된 과정에 대해 자세히 설명했습니다. 구입한 물건인 expensive wallets가 어떤 사람을 위한 선물이었는지도 밝혔습니다.

4 **Even though it tightened my budget for a while, I really wanted to give them something special.**

발화량을 늘리고 싶다면 '특별한 선물을 하고 싶었다'처럼 이유를 덧붙여 보세요. 간단히 한두 문장 정도 더 추가해 주면 됩니다.

여기서 tighten one's budget은 '예산을 조이다, 예산을 더 엄격하게 관리하다'라는 뜻인데, 돈 관리에 대한 이야기를 하고 싶을 때 쓸 수 있습니다.

· I need to **tighten my budget** if I want to save more money.
  저는 더 많은 돈을 저축하고 싶다면 예산을 조여야 해요.

· During the pandemic, many people had to **tighten their budgets**.
  팬데믹 동안 많은 사람들이 자신의 예산을 조여야 했어요.

· The unexpected expenses **tightened my budget** last month.
  지난달 예상치 못한 지출로 인해 예산을 조이게 되었어요.

그 밖에도 쇼핑 경험을 이야기할 때 쓸 수 있는 돈 관리와 관련된 다양한 표현을 알아 두세요.

💡 돈 관리와 관련된 표현

- **save money** 돈을 모으다, 돈을 절약하다

  I **saved money** for a new bike.

  저는 새 자전거를 사기 위해 돈을 모았어요.

- **cut back on spending** 지출을 줄이다

  I needed to **cut back on spending** until I saved enough for my vacation.

  저는 휴가를 위해 충분히 저축할 때까지 지출을 줄여야 했어요.

- **stick to a budget** 예산을 지키다

  I was able to **stick to a budget** for my shopping trip.

  저는 쇼핑할 때 예산을 지킬 수 있었어요.

5-6 **Oh, you wanna know what brands they were? Haha, that's a secret.**

이런 식으로 농담을 추가하면 답변이 더 친근하고 자연스럽게 들립니다. 답변에 여유를 더하고 인간적인 느낌도 줄 수 있어요.

여기서 wanna는 want to의 구어체 발음입니다. 공식적인 글이나 문서에서는 want to를 사용하는 것이 맞지만 일상 대화에서는 wanna도 자연스럽게 많이 사용합니다.

7 **Anyway, when they saw the gifts, they were super surprised and I was truly satisfied.**

단순히 사건을 설명하는 데 그치지 않고, ✔ **감정 형용사 전략**으로 surprised(놀란), satisfied(만족한) 같은 다양한 감정 형용사를 활용해 이야기에 생동감을 더했습니다. 사람의 감정이나 상태를 나타내는 형용사 중에는 이처럼 -ed로 끝나는 형태가 많습니다. 암기해 두었다가 상황에 맞게 활용하세요.

💡 -ed로 끝나는 형용사

- bored 지루한
- excited 신나는
- amazed 놀라운
- frightened 겁에 질린
- concerned 염려하는

- interested 관심 있는
- disappointed 실망한
- shocked 충격 받은
- scared 겁먹은
- confused 혼란스러운

- pleased 기쁜, 만족스러운
- embarrassed 당황스러운
- annoyed 짜증 난, 성가신
- worried 걱정되는
- relaxed 편안한

8 **Overall, it was worth spending money because I wanted to buy the most expensive and nicest things for once.**

마지막으로 개인적인 감상을 덧붙이는 ✔ **내 생각 말하기 전략**을 사용했습니다. '돈을 쓸 가치가 있었다' 처럼 나만의 생각을 말하며 그 경험이 기억에 남는 이유를 강조했어요. 내 생각을 표현하면 진짜 영어 실력을 드러낼 수 있으므로, 오픽에서 높은 등급을 받고 싶다면 내 생각도 꼭 추가해 주세요.

여기 쓰인 'worth + 동사ing'는 '~할 가치가 있는'이라는 뜻입니다. 어떤 행동이 의미 있다는 내 생각 을 표현할 때 쓸 수 있죠. worth it(그만한 가치가 있는)도 많이 씁니다.

· I believe that movie is **worth watching**.
  그 영화는 볼 만한 가치가 있다고 생각해요.

· The long hike was tough, but the view at the top was **worth it**.
  긴 등산이 힘들었지만, 정상에서의 경치는 그만한 가치가 있었어요.

9 **That's the end of my story.**

That's the end of my story.는 직역하면 '그게 내 이야기의 끝이에요'라는 뜻인데, 미국 사람들이 본 인의 이야기를 끝낼 때 흔히 사용하는 표현입니다. ✔ **마무리 전략**으로 이러한 마무리 표현을 답변 맨 마 지막에 넣어 주면 이야기의 완결성이 높아집니다.

UNIT

05

영화 보기

✔ 이렇게
준비하세요

좋아하는 **영화를 관람한 경험**을 친구에게 말한다고 생각하며 준비해 보세요. 꼭 극장에서 본 영화
가 아니더라도 상관없습니다. 예고편만 본 영화라도 질문에 맞춰 직접 본 것처럼 이야기하면 됩니
다. **영화관**과 **영화배우**와 관련된 질문도 함께 출제되므로 아이디어를 정리해 두세요.

⭐ 자주 출제되는 문제

문제	유형	시제
좋아하는 영화 장르 In your background survey, you indicated that you like to watch movies. What is your favorite type of movie and why? Please provide as much detail as possible. 설문 조사에서 당신은 영화를 보는 것을 좋아한다고 했습니다. 가장 좋아하는 영화 종류는 무엇이고 이유는 무엇인가요? 가능한 한 자세히 제시해 주세요.	설명/묘사	현재
좋아하는 영화배우 Who is one of your favorite actors? What movies has this actor starred in? What do you like about him or her? 가장 좋아하는 배우는 누구인가요? 어떤 영화에 출연했나요? 그 배우의 어떤 점이 좋나요?	설명/묘사	현재

문제	유형	시제
좋아하는 영화관 Tell me about the movie theater you typically go to. What is it like? Describe a movie theater you often visit in as much detail as possible. 일반적으로 가는 영화관에 대해 이야기해 주세요. 어떤 모습인가요? 가능한 한 자세히 자주 방문하는 영화관에 대해 설명해 주세요.	설명/묘사	현재
영화 보기 전후에 하는 일 Tell me about your usual routine when you go to the theater. What do you usually do before watching a movie? And what about after the movie is over? Please describe everything in detail. 영화관에 갈 때 평소에 하는 일을 알려 주세요. 영화를 보기 전에 보통 무엇을 하나요? 그리고 영화가 끝난 후에는 무엇을 하나요? 모든 일을 자세히 설명해 주세요.	경향/습관	현재
기억에 남는 영화 Tell me about the most memorable movie you have seen. What was it about? Who was in it? How did you feel when watching it? 당신이 봤던 가장 기억에 남는 영화에 대해 이야기해 주세요. 무엇에 대한 영화였나요? 누가 출연했나요? 그 영화를 볼 때 어떤 느낌이 들었나요?	경험	과거
과거와 현재의 영화 비교 Compare the movies made today to the movies you watched when you were young. What are the differences and similarities? Tell me how movies have changed over the years. 요즘 제작된 영화와 어렸을 때 본 영화를 비교해 보세요. 차이점과 유사점은 무엇인가요? 영화가 세월이 지나면서 어떻게 변했는지 알려 주세요.	비교	과거 + 현재

⭐ 빈출 세트 구성

세트 예시 **1**	❶ 좋아하는 영화 장르 ❷ 영화 보기 전후에 하는 일 ❸ 기억에 남는 영화
세트 예시 **2**	❶ 좋아하는 영화 장르 ❷ 좋아하는 영화배우 ❸ 좋아하는 영화관

설명/묘사 ◆ 현재 시제

Q1 좋아하는 영화 장르

In your background survey, you indicated that you like to watch movies. What is your favorite type of movie and why? Please provide as much detail as possible.

설문 조사에서 당신은 영화를 보는 것을 좋아한다고 했습니다. 가장 좋아하는 영화 종류는 무엇이고 이유는 무엇인가요? 가능한 한 자세히 제시해 주세요.

┃답변 가이드┃

INTRO
- ✔ **질문 되묻기 전략**
  내가 좋아하는 영화 종류?
- ✔ **여유 전략**
  잠시만 생각 좀 해 볼게.

⇨

MAIN
- ✔ **두괄식 전략**
- ·Favorite Type
  - 로맨틱한 영화
- ·Why?
  - 감동적이고 따뜻한 기분이야.
  - 나도 그런 사랑을 하고 싶어.

⇨

FINISH
- ✔ **마무리 전략**
  들어 줘서 고마워.

🏆 예시 답변

INTRO ¹Oh, well… You mean my favorite movie type? ²Umm… Okay, let me think for a moment.

MAIN ³Well, you know, I really like romantic movies. ⁴In these movies, people fall in love, and it's so touching. ⁵It gives me such a warm feeling. ⁶Sometimes there are troubles, but love always wins. ⁷Honestly, I hope to have that kind of love soon. ⁸That's why I love watching romantic movies.

FINISH ⁹So, yeah! ¹⁰Haha, thank you for listening.

INTRO ¹아, 저기… 제가 가장 좋아하는 영화 종류를 말하는 건가요? ²음… 좋아요, 잠깐 생각 좀 해 볼게요.

MAIN ³음, 있잖아요, 저는 로맨틱한 영화를 정말 좋아합니다. ⁴이런 영화에서는 사람들이 사랑에 빠지는데, 그게 아주 감동적이에요. ⁵정말 따뜻한 기분이 들어요. ⁶때로는 문제가 생기기도 하지만 결국 사랑이 항상 이기죠. ⁷솔직히 말하면 저도 그런 사랑을 빨리 하길 바랍니다. ⁸그게 로맨틱한 영화를 보는 걸 좋아하는 이유예요.

FINISH ⁹음, 그렇네요! ¹⁰하하, 들어 줘서 고마워요.

---

mean 의미하다 　 type 종류, 유형 　 moment 순간, 잠깐 　 romantic 로맨틱한, 사랑과 관련된 　 fall in love 사랑에 빠지다 　 touching 감동적인
feeling 느낌, 감정 　 trouble 문제 　 hope to ~하길 바라다, ~하길 희망하다

🚀 고득점 전략 & 해설

대상 설명은 가장 기초적인 유형입니다. 대부분의 질문 세트에서 가장 첫 번째로 출제되죠. 좋아하는 영화 장르를 먼저 '두괄식'으로 제시한 뒤, 좋아하는 이유를 설명하세요. 좋아하는 감정을 듬뿍 담을수록 좋은 답변이 됩니다. IL/IM 등급 달성을 위해서는 띄엄띄엄 단어만 내뱉지 말고 문장 단위로 말하는 연습을 해야 합니다. 세련된 내용을 말하겠다는 욕심을 버리고, 일단 쉽고 유치하더라도 할 수 있는 말을 하는 것이 우선입니다.

1-2 Oh, well... You mean my favorite movie type? Umm... Okay, let me think for a moment.

> ✔ **질문 되묻기 전략**으로 질문에서 들은 키워드(favorite type of movie)를 활용해 favorite movie type? 이라고 되물었습니다. 무엇에 대해서 이야기할지 아이디어가 바로 떠오르지 않았다면 ✔ **여유 전략**으로 생각할 시간을 좀 달라고 말해 보세요.

3 Well, you know, I really like romantic movies.

> ✔ **두괄식 전략**으로 앞으로 이야기할 주제, 즉 내가 좋아하는 영화 종류인 romantic movies를 제시했습니다. 두괄식으로 말하면 채점자에게 답변을 명확하게 전달할 수 있으며, 내 답변도 이 틀 안에서 벗어나지 않으므로 횡설수설하는 것을 피할 수 있습니다.
>
> 만약 좋아하는 장르가 없더라도 한 장르를 엄청 좋아한다고 말하며 유연하게 대처하는 것이 말하기 쉽습니다. 아래 정리한 영화 장르 중 말하기 쉬운 내용을 골라 준비해 두세요.

> 💡 **영화 장르를 나타내는 표현**
>
> - action movies 액션 영화
> - fantasy movies 판타지 영화
> - science-fiction[sci-fi] movies 공상 과학(SF) 영화
> - animation movies 애니메이션 영화
> - mystery movies 추리 영화
> - horror movies 공포 영화
> - romantic comedy movies 로맨틱 코미디 영화
> - family movies 가족 영화
> - sports movies 스포츠 영화
> - musical movies 뮤지컬 영화

4-5 In these movies, people fall in love, and it's so touching. It gives me such a warm feeling.

영화 장르에 대한 간략한 소개는 필수로 들어가야 합니다. 여기서는 로맨틱한 영화이므로 fall in love(사랑에 빠지다)라는 설명을 넣었어요. 여기서 더 발화량을 늘리고 싶다면 영화 장르를 소개한 후, '감동적이다', '따뜻한 기분이 든다'처럼 내 감정을 덧붙여 주는 것도 좋습니다. 감정이 많이 들어갈수록 암기하지 않은 내 이야기 같고 점수도 올라갑니다. 여기서는 touching(감동적인), warm(따뜻한) 같은 형용사를 활용했죠.

영화 장르를 소개하는 표현

- In action movies, there are lots of exciting fight scenes.
  액션 영화에서는 흥미진진한 싸움 장면들이 많이 있어요.

- In horror movies, scary things like ghosts and monsters appear.
  공포 영화에서는 유령과 괴물 같은 무서운 것들이 나와요.

- In fantasy movies, you can see magical worlds and amazing creatures.
  판타지 영화에서는 마법 같은 세계와 놀라운 생물들을 볼 수 있어요.

- Science-fiction movies show cool future technologies.
  공상 과학 영화에서는 멋진 미래 기술들이 나와요.

- In family movies, the stories are fun for everyone to watch together.
  가족 영화에서는 모두 함께 볼 수 있는 재미있는 이야기가 나와요.

- In animation movies, the characters are really cute.
  애니메이션 영화에서는 등장인물들이 정말 귀여워요.

- In sports movies, players work hard to win games.
  스포츠 영화에서는 운동선수들이 경기에서 이기려고 열심히 훈련해요.

- In mystery movies, people try to solve crimes like Sherlock Holmes.
  추리 영화에서는 사람들이 셜록 홈즈처럼 범죄를 해결하려고 해요.

- In musical movies, characters sing and dance. They're very cheerful.
  뮤지컬 영화에서는 등장인물들이 노래하고 춤을 춰요. 아주 흥겹죠.

- In biography movies, you learn about the real lives of famous people.
  전기 영화에서는 유명한 사람들의 실제 삶에 대해 배울 수 있어요.

6-7 **Sometimes there are troubles, but love always wins. Honestly, I hope to have that kind of love soon.**

Honestly는 '솔직히 말하면'이란 뜻의 부사로, 이 뒤에 나만의 솔직한 생각을 담을 수 있습니다. 이처럼 ✔ **내 생각 말하기 전략**은 IM2 이상 등급을 달성하고 싶다면 꼭 사용해야 할 전략입니다. 팩트에 더해 내 생각과 감정을 덧붙이는 것은 고득점으로 넘어가는 첫번째 열쇠입니다.

8 **That's why I love watching romantic movies.**

✔ **키워드 찰떡 전략**으로 질문의 요지(좋아하는 영화 종류)인 romantic movies를 다시 강조했습니다. That's why...는 '그게 ~한 이유입니다'란 뜻입니다. 질문에 Why가 들어가 있으면 이유를 설명하면서 이 표현을 써 보세요.

F 9-10 **So, yeah! Haha, thank you for listening.**

✔ **마무리 전략**으로 '들어 줘서 고맙다'라는 쉬운 표현을 사용해 답변을 끝내는 느낌을 내세요. IMF 구조를 충실히 챙겨야 높은 등급을 받을 수 있습니다.

Q2 영화 보기 전후에 하는 일

Tell me about your usual routine when you go to the theater. What do you usually do before watching a movie? And what about after the movie is over? Please describe everything in detail.

영화관에 갈 때 평소에 하는 일을 알려 주세요. 영화를 보기 전에 보통 무엇을 하나요? 그리고 영화가 끝난 후에는 무엇을 하나요? 모든 일을 자세히 설명해 주세요.

┃ 답변 가이드 ┃

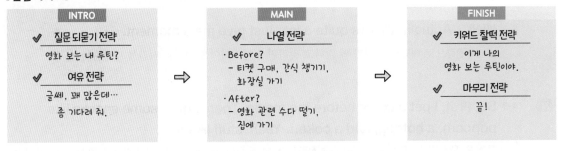

🏆 예시 답변

INTRO　¹Oh, okay, so you want to know about my usual movie routine? ²Well… Actually, there's quite a lot. ³Just give me a moment.

MAIN　⁴So, first, I get a ticket before the movie. ⁵Then, I grab some snacks like popcorn, a hotdog, and a coke… ⁶Yeah, stuff like that. ⁷And while waiting for my order, I quickly go to the restroom. ⁸You know, I can't miss anything during a movie, right? ⁹So that's pretty much everything I do before watching the movie. ¹⁰Afterward, I usually chat with my friends about the story. ¹¹Maybe at a café or over a meal. ¹²And then, I head home.

FINISH　¹³Yeah, that's my usual movie routine. ¹⁴Done!

INTRO　¹아, 알겠어요. 제 평소 영화 관람 일상을 알고 싶으시군요? ²글쎄요… 사실 꽤 많아요. ³잠시만 기다려 주세요.

MAIN　⁴그러니까, 우선, 영화를 보기 전에 저는 티켓을 구매합니다. ⁵그 다음에는 간식을 챙겨요. 팝콘, 핫도그, 콜라 같은… ⁶네, 뭐 그런 것이요. ⁷그리고 주문을 기다리는 동안 빠르게 화장실에 가요. ⁸알다시피 영화 중에 아무것도 놓칠 수 없잖아요? ⁹그래서 이게 영화 보기 전에 제가 하는 거의 모든 일이에요. ¹⁰그 후에는 보통 친구들과 줄거리에 대해 대화를 나눠요. ¹¹카페에서 또는 식사하면서요. ¹²그리고 나서 집으로 가요.

FINISH　¹³네, 이게 제 평소 영화 관람 일상이에요. ¹⁴끝!

---

usual 평소의, 보통의　grab 잡다, 가져오다　snack 간식　coke 콜라　stuff 물건, 것들　order 주문; 주문하다　restroom 화장실　miss 놓치다
afterward 그 후에, 나중에　head (어디로) 가다

🚀 고득점 전략 & 해설

질문에 routine이란 단어가 나오면 일정한 순서로 반복되는 일상에 대해 묻는 질문입니다. 따라서 반복적으로 하는 활동과 습관을 나타내는 현재 시제를 활용해야 합니다. 물론 IL/IM 등급을 받기 위해서는 모든 시제에 목숨 걸 필요는 없지만, 이 유형은 현재 시제를 제대로 잘 쓰는지 확인하기 위한 유형이므로 시제에 주의하면서 답변하세요.

1 Oh, okay, so **you want to know about** my usual movie routine?

✔ **질문 되묻기 전략**으로 You want to know about...?(~에 대해 알고 싶어요?)으로 물으며 답변을 시작했습니다. 문장 앞에는 필러를 넣어 자연스러움을 살렸죠.
앞에서도 설명했지만 want to(~하기 원하다)는 일상에서는 흔히 wanna라고 줄여서 말합니다. You want to know 대신 You wanna know라고 하면 좀 더 구어체적이고 친근한 느낌을 줄 수 있습니다.

2-3 Well... Actually, there's quite a lot. Just give me a moment.

✔ **여유 전략**으로 대답할 거리가 꽤 많다고 말하면서 아이디어를 정리할 시간을 벌었습니다.

4-6 So, first, I get a ticket before the movie. Then, I grab some snacks like popcorn, a hotdog, and a coke... Yeah, stuff like that.

루틴을 묻는 질문 유형에서는 ✔ **나열 전략**을 쓰면 좋습니다. 하는 일을 구체적으로 말할 필요 없이 '이거 하고 저거 한다'는 식으로 쭉 늘어 놓기만 하면 되죠. 이렇게 하는 일을 나열할 때는 행동의 순서를 나타내는 표현을 활용해 문장을 자연스럽게 연결할 수 있어요. 문장 사이사이에 넣어서 말해 주세요.

> 💡 **행동의 순서를 나타내는 표현**
>
> - **First** 첫째로, 먼저
>   **First**, I buy a ticket at the box office. 첫째로, 저는 매표소에서 티켓을 사요.
>
> - **Then** 그 다음에
>   **Then**, I get some popcorn and a drink. 그 다음에, 저는 팝콘과 음료를 사요.
>
> - **Next** 다음으로
>   **Next**, I find my seat in the theater. 다음으로, 저는 영화관에서 제 자리를 찾아요.
>
> - **After that** 그 후에
>   **After that**, I wait for the movie to start. 그 후에, 저는 영화가 시작되기를 기다려요.
>
> - **Finally** 마지막으로
>   **Finally**, I leave the theater after the credits roll. 마지막으로, 엔딩 크레디트가 올라간 후 영화관을 떠나요.
>
> - **Afterward** 그 후에
>   **Afterward**, I discuss the movie with my friends. 그 후에, 저는 친구들과 영화에 대해 의견을 나눠요.

7-8 **And while** waiting for my order, I quickly go to the restroom. You know, I can't miss anything **during** a movie, right?

✔ **내 생각 말하기 전략**으로 영화 중에 아무것도 놓치고 싶지 않다는 내 생각도 덧붙였습니다. 여유가 되면 단순히 내가 하는 일만 이야기하지 말고 내 개인적인 생각도 추가해 보세요.

한편 while(~하는 동안)과 during(~동안)은 둘 다 비슷한 뜻이지만 쓰임새가 서로 달라요. while은 접속사이므로 뒤에 동명사나 '주어 + 동사'가 올 수 있고, during은 전치사라서 뒤에 명사 형태가 옵니다.

- **While** (I was) waiting for the movie, some ads were shown.
  영화를 기다리는 동안, 광고가 상영돼요.
- **During** the movie, I watch the screen and enjoy the story.
  영화가 상영되는 동안, 저는 화면을 보고 이야기를 즐겨요.

9 **So that's pretty much everything I do** before watching the movie.

질문 키워드 before watching a movie를 활용해 영화 보기 전에 한 행동에 대한 답변을 여기서 끝냈습니다. 전후에 한 일을 나타낼 때는 before(~전에)와 after(~후에)를 활용해 말해 보세요.

- **Before** watching a movie, I check my phone to make sure it's on silent mode.
  영화를 보기 전에 저는 휴대폰이 무음 모드인지 확인해요.
- **After** watching a movie, I like to stay and watch the credits.
  영화를 본 후에 저는 남아서 엔딩 크레디트 보는 것을 좋아해요.

10-12 **Afterward**, I usually chat with my friends about the story. Maybe at a café or over a meal. **And then**, I head home.

Afterward(그 후에)라는 부사로 주제를 전환하면서, 영화가 끝난 후 하는 행동에 대해 이야기를 이어 나갔습니다. 친구들과 이야기를 나눈 후 집에 가는 행동도 And then(그리고 그 다음에)으로 자연스럽게 연결했어요.

F 13 Yeah, that's my usual movie routine.

✔ **키워드 찰떡 전략**으로 마지막까지 주제(usual movie routine)를 강조하며 답변을 마무리했습니다.

14 **Done!**

말할 거리가 다 떨어졌는데도 답변을 더 길게 끌고 나가려다 앞에서 잘한 답변을 망치는 분들이 많습니다. 욕심을 내려 놓고 ✔ **마무리 전략**으로 답변을 완전히 끝내세요. Done!은 '완료했어요', '끝냈어요'라는 의미인데, FINISH에 이런 마무리 표현을 넣으면 논리적인 말하기 구조를 만들 수 있습니다.

016

기억에 남는 영화

Tell me about the most memorable movie you have seen. What was it about? Who was in it? How did you feel when watching it?

당신이 봤던 가장 기억에 남는 영화에 대해 이야기해 주세요. 무엇에 대한 영화였나요? 누가 출연했나요? 영화를 볼 때 어떤 느낌이 들었나요?

답변 가이드

예시 답변

INTRO [1]Oh, my most memorable movie? [2]Hmm, like I said, I like romantic ones. [3]So let me choose from one of them.

MAIN [4]Well, how about *About Time*? [5]It's my all-time favorite. [6]You know, this movie is about love of course, and it's also about time travel. [7]There was a famous actress. [8]I can't remember her name right now, but her beautiful smile was unforgettable. [9]After seeing the movie, I thought, "I want to find the love of my life!" [10]So now I'm looking for one. Hahaha.

FINISH [11]You should really watch this. [12]It's so lovely. [13]Yeah, that's it.

INTRO [1]아, 가장 기억에 남는 영화요? [2]음, 말했듯이 저는 로맨틱한 영화들을 좋아합니다. [3]그래서 그 중에서 하나를 골라 볼게요.

MAIN [4]음, 〈어바웃 타임〉은 어때요? [5]이 영화는 제 인생 최고의 영화예요. [6]음, 이 영화는 물론 사랑에 대한 건데, 또한 시간 여행에 대한 것이기도 해요. [7]유명한 여배우가 나왔어요. [8]지금은 이름이 기억나지 않는데 그녀의 아름다운 미소를 잊을 수가 없어요. [9]그 영화를 보고 나서 '내 인생의 사랑을 찾고 싶어!'라고 생각했어요. [10]그래서 지금 그런 사랑을 찾고 있는 중이에요. 하하하.

FINISH [11]당신도 이 영화를 꼭 봐야 해요. [12]정말 사랑스럽거든요. [13]네, 그게 전부예요.

---

choose 선택하다   all-time 전에 없는, 역대급의   time travel 시간 여행   actress 여배우   remember 기억하다   unforgettable 잊을 수 없는
look for ~을 찾다   lovely 사랑스러운, 멋진

🚀 고득점 전략 & 해설

질문에 memorable(기억에 남는)이 나올 때는 진짜 기억에 남는 경험을 떠올리기 위해 시간을 끌지 마세요. 그냥 쉽게 말할 수 있는 경험을 가져오면서 그 경험이 기억에 남았다고 강조하기만 하면 됩니다. 임기응변이 뛰어날수록 오픽에서 고득점을 받을 수 있습니다. 이왕이면 누가 들어도 기억에 남는 영화라고 납득하기 쉽게 이야기를 풀어 가세요.

1 Oh, my most memorable movie?

먼저 ✔ **질문 되묻기 전략**으로 키워드를 활용해 간단하게 질문을 되물으며 답변을 시작했습니다.

2-3 Hmm, like I said, I like romantic ones. So let me choose from one of them.

오픽에서는 동일 주제에서 비슷한 질문이 연달아 세트로 나옵니다. ✔ **연결 전략**으로 앞 답변에서 말한 내용을 언급하면서 현재 답변과 연결 지으면 즉석 발화 능력을 드러낼 수 있어요. 여기서는 like I said(내가 말했던 것처럼)를 사용해, '좋아하는 영화 장르'에서 답변한 내용을 언급했습니다.

4-5 Well, how about *About Time*? It's my all-time favorite.

✔ **원픽 전략**으로 기억에 남는 영화 제목(*About Time*)을 하나 콕 집어 이야기했습니다. 참고로 all-time은 '전에 없는, 역대급의'라는 뜻입니다.

- He's the **all-time** best singer in the music industry. 그는 음악 업계에서 역대 최고의 가수예요.
- She's my **all-time** favorite actress. 그녀는 제가 역대급으로 가장 좋아하는 배우예요.
- This book is an **all-time** bestseller. 이 책은 역대 베스트셀러예요.

6 You know, this movie is about love of course, and it's also about time travel.

질문에서 무엇에 대한 영화인지 물어봤으므로 about을 써서 영화 내용을 짤막하게 설명했습니다. 어렵게 줄거리를 설명할 필요 없이 간단하게 무엇에 대한 영화인지만 언급해도 충분합니다.

7-8 There was a famous actress. I can't remember her name right now, but her beautiful smile was unforgettable.

〈어바웃 타임〉에 출연한 여배우는 레이첼 맥아담스이지만, 막상 이야기하다 보면 배우 이름이 바로 생각 안 날 수도 있습니다. 오픽에서는 꼭 정확한 정보를 이야기하지 않아도 괜찮습니다. 배우 이름을 기억해내기 위해 쓸데없이 공백을 만들지 말고 ✔ **기억 안 나 전략**을 활용해 I can't remember...로 말해 보세요. 정확한 단어가 잘 기억이 안 날 때도 이 전략을 써서 답변을 계속 이어가면 됩니다.

> 💡 **단어가 기억 안 날 때 쓰는 표현**
>
> - I can't remember the exact word right now, but it's something like…
>   지금 정확한 단어가 생각나지 않는데, ~같은 거예요.
>
> - I can't think of the exact word at the moment, but it's something similar to…
>   지금 정확한 단어가 생각나지 않는데, ~랑 비슷한 단어예요.
>
> - I don't remember the word exactly, but it's close to…
>   정확하게 단어는 기억이 안 나는데, ~랑 비슷한 거예요.

참고로 기억이 잘 안 날 때는 ✔ **그런 적 없어 전략**도 아주 유용합니다. "그런 경험이 없어서 이야기를 못 하겠어요"라고 뻔뻔하게 대처하는 거죠. 위기 상황 시 모든 질문에 적용 가능합니다. 예를 들어 기억에 남는 영화를 묻는 질문에 아래처럼 대꾸하는 식이죠.

· Movies? Well... I haven't seen any recently. I don't really remember anything special. Hmm... Give me a moment.
  영화요? 음… 최근에 본 게 없는데요. 특별한 영화가 정말 기억이 안 나요. 흠… 잠시 시간 좀 주세요.

이 전략을 사용하면 아이디어를 떠올릴 충분한 시간을 벌 수 있습니다. 물론 '기억 안 나' 전략과 '그런 적 없어' 전략은 임시방편이므로 계속 사용하면 곤란합니다. 누가 영화에 출연했는지 말할 때 쓸 수 있는 표현도 함께 알아 두세요.

🔅 영화에 출연한 배우를 나타내는 표현

- Rachel McAdams is the lead actress in the movie. 레이첼 맥아담스는 그 영화의 주연입니다.
- Tom Cruise stars in the movie. 톰 크루즈는 그 영화에서 주연을 맡았어요.
- She was cast in the role of a detective. 그녀는 탐정 역할을 맡았어요.
- He took part in the film as a supporting actor. 그는 조연으로 그 영화에 출연했어요.

9-10 **After seeing the movie, I thought, "I want to find the love of my life!" So now I'm looking for one. Hahaha.**

✔ **내 생각 말하기 전략**으로 영화에 대한 내 생각을 이야기했습니다. 여기서는 I thought 뒤에 과거에 한 내 생각을 직접 인용해서 말했습니다. 간접 인용과 직접 인용의 차이는 아래와 같습니다. 예시를 참고 해 내 생각을 말할 때 활용해 보세요.

🔅 문법 이것만! – 직접 인용과 간접 인용

직접 인용은 당시의 내 생각을 그대로 표현하지만 간접 인용은 생각한 내용을 간접적으로 표현합니다. 아래 예문 에서 직접 인용에서는 현재 시제(is), 간접 인용에서는 과거 시제(was)를 쓴 점에 주의하세요.

- **직접 인용**
  I thought, "Wow, she **is** really pretty!" 저는 '와, 그녀는 정말 예뻐!'라고 생각했어요.

- **간접 인용**
  I thought she **was** really pretty. 저는 그녀가 정말 예쁘다고 생각했어요.

F 11-12 **You should** really watch this. It's so lovely.

✔ **너도 해 봐 전략**으로 영화를 보라고 추천하면서 마무리를 지었습니다. You should...는 상대방에게 뭔가를 권유하거나 추천할 때 쓰는 표현입니다.

13 **Yeah,** that's it.

✔ **마무리 전략**으로 마무리도 확실하게 맺어 줍니다. That's it.은 발표하거나 인터뷰할 때 가장 흔히 쓰는 종결 표현이니 꼭 암기했다가 사용하세요. 문장 앞에 다양한 필러나 표현을 넣어 약간씩 변형할 수도 있습니다.

💡 **유용한 마무리 전략 표현**

- **So** that's it. 그래서 그게 전부입니다.
- **Well,** that's it. 음, 그게 전부입니다.
- **All right,** that's it. 알겠어요, 그게 전부입니다.
- **And** that's it. 그리고 그게 전부입니다.
- **To sum up,** that's it. 요약하자면, 그게 전부입니다.
- **In summary,** that's it. 요약하자면, 그게 전부입니다.
- **Basically,** that's it. 기본적으로, 그게 전부입니다.

UNIT

06

콘서트 보기

✔ 이렇게
준비하세요

이 주제에서는 콘서트를 본 **경험**과 관련된 문제가 많이 출제됩니다. 기억에 남는 콘서트에 대해 아이디어를 정리해 두세요. **좋아하는 감정**을 듬뿍 실으면 진정성 있는 대답이 됩니다. 따로 기억에 남는 경험이 없다면 유튜브에서 영상을 찾아보고 직접 다녀온 콘서트처럼 말해도 됩니다. 특히 콘서트 보기는 **공연 보기**와 **주제가 유사**하므로, 답변 아이디어를 함께 준비하면 효율적입니다.

⭐ 자주 출제되는 문제

문제	유형	시제
좋아하는 콘서트 종류 You indicated in the survey that you often go to concerts. What kinds of concerts do you enjoy, and why do you like going to them? Please describe it in detail. <small>설문 조사에서 당신은 콘서트에 자주 간다고 했습니다. 어떤 종류의 콘서트를 즐기며, 왜 그 콘서트에 가는 것을 좋아하나요? 자세히 설명해 주세요.</small>	설명/묘사	현재
자주 가는 콘서트 장소 In your background survey, you indicated that you enjoy going to concerts. Tell me about the concert venue you often visit. Where is it located? What does it look like? Please describe it in detail. <small>설문 조사에서 당신은 콘서트에 가는 것을 즐긴다고 했습니다. 자주 방문하는 콘서트 장소에 대해 이야기해 주세요. 그곳은 어디에 있나요? 어떤 모습인가요? 자세히 설명해 주세요.</small>	설명/묘사	현재

문제	유형	시제
처음 갔던 콘서트 경험 Tell me about the first time you went to a concert. When was it? Where did you go? How was the concert? Please describe it in detail. 처음 콘서트에 갔던 경험에 대해 이야기해 주세요. 언제였나요? 어디로 갔나요? 콘서트는 어땠나요? 자세히 설명해 주세요	경험	과거
최근 다녀온 콘서트 경험 Tell me about the most recent concert you have been to. Whose concert was it? Where did you go? And who did you go with? Please describe it in detail. 가장 최근에 콘서트에 갔던 경험에 대해 말해 주세요. 누구의 콘서트였나요? 어디로 갔나요? 그리고 누구와 함께 갔나요? 자세히 설명해 주세요.	경험	과거
기억에 남는 콘서트 경험 Please tell me about the most memorable or impressive concert you have been to. When and whose concert was it? What made it so special? Please describe it in detail. 당신이 갔던 가장 기억에 남거나 인상 깊었던 콘서트에 대해 이야기해 주세요. 언제였고 누구의 콘서트였나요? 콘서트를 특별하게 만든 부분은 무엇이었나요? 자세히 설명해 주세요.	경험	과거

⭐ 빈출 세트 구성

세트 예시 1	❶ 좋아하는 콘서트 종류 ❷ 자주 가는 콘서트 장소 ❸ 기억에 남는 콘서트 경험
세트 예시 2	❶ 좋아하는 콘서트 종류 ❷ 최근 다녀온 콘서트 경험 ❸ 기억에 남는 콘서트 경험

좋아하는 콘서트 종류

You indicated in the survey that you often go to concerts. What kinds of concerts do you enjoy, and why do you like going to them? Please describe it in detail.

설문 조사에서 당신은 콘서트에 자주 간다고 했습니다. 어떤 종류의 콘서트를 즐기며, 왜 그 콘서트에 가는 것을 좋아하나요? 자세히 설명해 주세요.

▌답변 가이드 ▌

♔ 예시 답변

INTRO ¹ Well, you see, I love going to K-pop concerts.

MAIN ²Do you know K-pop? ³It's super popular all around the world. ⁴I enjoy seeing all the, you know, cool idols and dancers. ⁵My favorite group is BTS, and I often go to their concerts. ⁶They are really stunning. ⁷Plus, their songs are so catchy. ⁸Actually, they're extremely addictive, almost like drugs. Hahaha.

FINISH ⁹Yeah, so that's why I love going to K-pop concerts.

INTRO ¹음, 있잖아요, 저는 케이팝 콘서트에 가는 걸 아주 좋아해요.

MAIN ²케이팝을 아시나요? ³그건 전 세계적으로 아주 인기 있어요. ⁴저는 멋진 아이돌과 댄서들을 보는 걸 좋아합니다. ⁵제가 가장 좋아하는 아이돌은 BTS인데 저는 종종 그들의 콘서트에 가요. ⁶그들은 정말 멋져요. ⁷게다가 그들의 노래는 정말 머릿속에 맴돕니다. ⁸사실은 거의 마약 같이 엄청 중독적이에요. 하하하.

FINISH ⁹네, 그래서 그게 제가 케이팝 콘서트 가는 것을 좋아하는 이유예요.

popular 인기 있는   cool 멋진   idol 아이돌, 스타   stunning 굉장히 멋진   catchy 외우기 쉬운, 머릿속에 맴도는   extremely 매우, 굉장히 addictive 중독적인   drug 마약, 약물

86

🚀 고득점 전략 & 해설

가장 기본적인 대상 설명 유형입니다. 이 유형은 3개로 구성된 세트 문제에서 첫 번째 질문으로 가장 많이 출제됩니다. 이어지는 나머지 2개의 문제에서도 연관된 질문이 나오므로, 너무 많은 소재를 여기서 다 털어 버리면 뒤쪽에서 말할 이야기가 떨어집니다. 따라서 묻는 말에만 가볍게 답변하고 넘어가세요.

콘서트 종류 중에서 딱 하나를 골라 답변하고, 감정 형용사를 활용해 좋아하는 이유를 설명하면 훌륭한 답변이 됩니다.

Ⅰ   1   **Well, you see, I love going to K-pop concerts.**

✔ **두괄식 전략**으로 INTRO 시작 부분에 바로 '케이팝 콘서트에 가는 것을 좋아한다'라고 말했습니다. 듣는 이에게 앞으로 어떤 주제로 답변이 이어질지 안내하는 거죠.

참고로 좋아하는 콘서트 종류는 말하기 쉬운 주제를 택하세요. 예를 들어 트로트 콘서트를 주제로 선택하면, 트로트가 무엇인지 설명을 늘어 놓아야 하므로 말을 이어 가기 어렵습니다. 내가 하고 싶은 말보다는 할 수 있는 말에 포커스를 맞추세요.

> 💡 **다양한 콘서트 종류**
>
> - pop concert 팝 콘서트
> - rock concert 록 콘서트
> - classical music concert 클래식 음악 콘서트
> - indie concert 인디 음악 콘서트
> - K-pop concert 케이팝 콘서트
> - jazz concert 재즈 콘서트
> - hip-hop concert 힙합 콘서트
> - R&B concert 알앤비 콘서트

한편 '콘서트에 가다'는 go to a concert라고 합니다. 말할 때 실수로 to를 빼먹지 않게 주의하세요. go to는 '~에 가다'라는 뜻으로 특정 장소나 행사에 방문한다는 의미를 가집니다.

- I will **go to** a classical music concert this weekend. 저는 이번 주말에 클래식 음악 콘서트에 갈 거예요.
- I **go to** a jazz concert every Saturday night. 저는 토요일 밤마다 재즈 콘서트에 갑니다.
- I **went to** a rock concert festival in Incheon last summer.
  저는 지난 여름에 인천에서 열린 록 콘서트 페스티벌에 갔어요.

M   2-3   **Do you know K-pop? It's super popular all around the world.**

케이팝에 대해 간단한 부연 설명을 넣었습니다. 화두를 제시한 다음에는 듣는 이의 이해를 돕기 위해 필수로 부연 설명을 해 주세요. 발화량도 자연스럽게 늘어납니다.

4-5   **I enjoy seeing all the, you know, cool idols and dancers. My favorite group is BTS, and I often go to their concerts.**

케이팝의 특징인 아이돌(idols)과 댄서(dancers)에 대해 언급했습니다. BTS처럼 특정한 가수 이름을 거론해도 괜찮습니다.

6 They are really stunning.

높은 점수를 받기 위해서는 ✔ **감정 형용사 전략**으로 형용사를 틈틈이 사용하는 것이 아주 중요합니다. stunning은 '굉장히 멋진, 숨막히게 매력적인'이라는 뜻입니다. 감탄을 표현할 때는 단순하게 They are nice.라고 말할 수도 있지만, nice 대신 쓸 수 있는 다양한 형용사를 익혀 두세요. 어휘력을 점차적으로 늘려 나가야 높은 등급을 받을 수 있습니다. 형용사 앞에 really, so 같은 부사를 추가해 강조해도 좋습니다.

> ☀ **일상에서 쓰는 감탄 표현**
>
> - They are really **gorgeous**. 정말 멋져요.
> - They are so **beautiful**. 아주 아름다워요.
> - They are **breathtaking**. 숨이 멎을 정도로 멋져요.
> - They are **amazing**. 정말 놀라워요.
> - They are **incredible**. 정말 믿기 어려울 만큼 대단해요.
> - They are **awesome**. 정말 대단해요.

7-8 Plus, their songs are so catchy. Actually, they're extremely addictive, almost like drugs. Hahaha.

almost like는 '마치 ~와 같이'란 뜻입니다. 이렇게 비유 표현을 쓰면 단순한 문장에 생동감을 불어넣을 수 있습니다.

· Their songs are **almost like** poetry set to music.
그들의 노래는 마치 음악으로 옮겨 놓은 시 같아요.

· Their songs are **almost like** a conversation between old friends.
그들의 노래는 마치 오랜 친구들 간의 대화 같아요.

F

9 Yeah, so that's why I love going to K-pop concerts.

질문 키워드 why를 활용해 ✔ **키워드 찰떡 전략**으로 답변을 마무리 지었습니다. That's why...(그것이 ~한 이유이다)를 써서 지금까지 말한 내용이 케이팝 콘서트 가는 것을 좋아하는 이유라고 한 번 더 강조했습니다.

Q2 자주 가는 콘서트 장소

In your background survey, you indicated that you enjoy going to concerts. Tell me about the concert venue you often visit. Where is it located? What does it look like? Please describe it in detail.

설문 조사에서 당신은 콘서트에 가는 것을 즐긴다고 했습니다. 자주 방문하는 콘서트 장소에 대해 이야기해 주세요. 그곳은 어디에 있나요? 어떤 모습인가요? 자세히 설명해 주세요.

┃ 답변 가이드 ┃

INTRO
✔ 질문 되묻기 전략
아, 콘서트 장소 말이야?
✔ 연결 전략
내가 아까 BTS 콘서트 자주 간다고 했잖아. 그 장소 이야기할게.

MAIN
✔ 생생 묘사 전략
· Concert venue
－ 월드컵 경기장
· Located － 서울
· Look like
－ 돔 모양 지붕, 대형 스크린

FINISH
✔ 내 생각 말하기 전략
난 그 장소를 정말 좋아해.

🏆 예시 답변

INTRO | ¹Oh, you mean the concert venue? ²Like I mentioned earlier, I often go to BTS concerts. ³So, I can tell you about the location.

MAIN | ⁴BTS concerts are quite popular, so they are usually held at the World Cup Stadium in Seoul. ⁵It's got this domed roof and can hold over 60,000 people. ⁶It's massive, right? ⁷Plus, there's this huge screen, so you get a great view of the performers. ⁸The transportation there is also nice. ⁹It's super accessible.

FINISH | ¹⁰I just love that place. Yeah.

INTRO | ¹아, 콘서트 장소 말인가요? ²앞에서 언급했듯이 저는 BTS 콘서트를 자주 보러 갑니다. ³그래서 그 장소에 대해서 이야기해 줄게요.

MAIN | ⁴BTS 콘서트는 꽤 인기가 많아서 서울에 있는 월드컵 경기장에서 주로 열려요. ⁵거기에는 돔 모양의 지붕도 있고, 6만 명이 넘게 들어갈 수 있어요. ⁶엄청 크죠? ⁷게다가 대형 스크린도 있어서 공연자들을 잘 볼 수 있어요. ⁸거기는 교통편도 좋아요. ⁹접근성이 아주 좋죠.

FINISH | ¹⁰저는 그 장소를 정말 좋아합니다. 네.

---

venue 장소　**location** 장소, 위치　**stadium** 경기장　**domed** 돔 모양의　**roof** 지붕　**hold** (특정 수량이) 들어가다　**massive** 거대한
performer 공연자, 연주자　**transportation** 교통, 교통수단　**accessible** 접근 가능한, 접근성이 좋은

🚀 고득점 전략 & 해설

오픽에서는 한 주제에 대해 세 가지 질문이 연속으로 나옵니다. 시험을 진행하다 보면 질문이 서로 비슷하게 느껴질 때가 많아요. 이때는 '연결 전략'으로 앞서 한 대답과 연결해서 답변해 보세요. 틀에 박힌 암기 답변과 차별화할 수 있습니다.
장소 묘사 유형은 '생생 묘사 전략'으로 듣는 사람이 머릿속에 상상할 수 있을 정도로 자세히 장소를 묘사하세요. 공연장의 규모와 시설을 눈앞에 그려지듯 설명하면 됩니다.

W   1   **Oh, you mean the concert venue?**

먼저 ✔ **질문 되묻기 전략**으로 답변을 시작했습니다. 상대방의 말을 확인하는 You mean...?(~라는 말인가요?) 뒤에 질문 키워드인 the concert venue를 넣으면 문장을 쉽게 만들 수 있어요.

2-3   **Like I mentioned earlier, I often go to BTS concerts. So, I can tell you about the location.**

앞 질문의 답변과 연결해 말하는 ✔ **연결 전략**을 사용했습니다. 전에 언급한 BTS 콘서트를 언급하며, 그 콘서트가 열리는 공연장에 대해 말하겠다고 연결했어요. 단, 앞 답변과 내용이 동일하면 외운 것으로 판단될 가능성이 높으므로, 앞에서 이야기하지 않은 내용을 말해야 합니다.
참고로 아래 표현들은 이전에 언급한 것을 다시 강조하거나 반복할 때 사용할 수 있습니다. mention (언급하다)은 주로 공식적인 맥락에서 쓰이지만, 일상 대화에서도 자주 사용되는 동사입니다. mentioned 대신 said를 쓰면 조금 더 직설적인 느낌을 줄 수 있죠. 한편 earlier는 현재 시점보다 앞선 시간을 의미하며, 이미 말했다는 것을 강조합니다. 대신 before를 써도 됩니다.

> 💡 **전에 언급한 것을 나타내는 표현**
>
> - Like I mentioned before 전에 언급한 것처럼
> - Like I mentioned earlier 이전에 언급한 것처럼
> - Like I said before 전에 말했던 것처럼
> - Like I said earlier 이전에 말한 것처럼
> - As I mentioned before 전에 언급했듯이
> - As I mentioned earlier 이전에 언급했듯이
> - As I said before 전에 말했듯이
> - As I said earlier 이전에 말했듯이

M   4   **BTS concerts are quite popular, so they are usually held at the World Cup Stadium in Seoul.**

먼저 콘서트가 열리는 장소가 어디인지 언급했습니다. be held는 '열리다'라는 뜻인데, 공연이나 행사가 열리는 장소를 설명할 때 쓰는 표현입니다. 여기서는 일반적인 사실을 나타내기 때문에 현재 시제로 썼지만, 과거의 경험을 이야기하면서 '열렸다'라고 할 때에는 과거형을 써서 was/were held라고 하면 됩니다.

- The exhibition **was held** at the museum last month.
  지난달에 박물관에서 전시회가 열렸어요.

- Last year's conference **was held** at the convention center downtown.
  작년 컨퍼런스는 시내의 컨벤션 센터에서 열렸어요.

- The awards ceremony **was held** in the grand ballroom of the hotel.
  시상식은 호텔 그랜드 볼룸에서 열렸어요.

5 **It's got** this domed roof and can **hold** over 60,000 people.

✔ **생생 묘사 전략**으로 공연장의 특징(시설, 규모)에 대해 구체적으로 설명했습니다. domed roof(돔 지붕) 같은 공연장의 시설에 대해서도 언급했죠. 여기 쓰인 It's got은 It has got의 줄임말인데 주로 구어체에서 많이 사용됩니다. got은 have의 의미를 강조하는 표현으로 '(어떤 시설이나 특징을) 가지고 있다'라는 의미가 됩니다.

- **It's got** a great view. 멋진 전망을 가지고 있어요.

- **It's got** plenty of space for a standing crowd. 스탠딩 관객들을 위한 넉넉한 공간을 가지고 있어요.

한편 hold는 '(특정 수량을) 수용할 수 있다'라는 뜻입니다. 장소의 수용 인원을 설명할 때 사용합니다.

- The stadium **holds** 50,000 spectators.
  그 경기장은 5만 명의 관중을 수용해요.

- The conference room can **hold** up to 100 attendees.
  그 회의실은 최대 100명의 참석자를 수용할 수 있어요.

6 **It's massive, right?**

문장 끝에 right?를 넣으면 '그렇죠?', '맞죠?' 하고 듣는 사람에게 앞에 한 말에 대한 공감을 유도할 수 있습니다. 채점자에게 직접 말을 거는 느낌을 주는 자연스러운 표현이에요.

7 **Plus, there's this huge screen, so you get a great view of the performers.**

추가로 공연장의 시설인 huge screen(대형 스크린)에 대해서도 언급했습니다. 그 외에도 음향 시설, 좌석, 입구 등에 대해 묘사할 수 있어요.

🔆 콘서트 장소를 묘사하는 표현

- The concert hall has great sound. 그 콘서트 홀은 음향이 훌륭해요.
- VIP seats are very close to the stage. VIP 좌석이 무대에서 아주 가까워요.
- The seats are comfortable, and there's a lot of space. 좌석이 편안하고 공간이 넓어요.
- There are many entrances, so it's easy to get in. 입구가 많아서 들어가기가 쉬워요.

8-9 The transportation there is also nice. It's super accessible.

마지막으로 공연장의 추가적인 장점인 교통에 대해 언급했습니다. accessible은 '접근성이 좋은'이란 뜻인데, 이 앞에 구어체에서 많이 쓰는 super(엄청, 진짜)를 넣어 뜻을 강조했어요. 또는 아래처럼 말해도 좋습니다.

· It's super convenient. 엄청나게 편리합니다.

10 I just love that place. Yeah.

✔ **내 생각 말하기 전략**으로 공연장을 좋아한다고 나의 감정을 전하며 간단하게 마무리를 지었습니다. 마지막에 덧붙인 Yeah는 문장 끝에서 대화의 흐름을 마무리하며, 자신의 말에 대한 강조나 확신을 표현하는 역할을 합니다.

Q3 기억에 남는 콘서트 경험

Please tell me about the most memorable or impressive concert you have been to. When and whose concert was it? What made it so special? Please describe it in detail.

당신이 갔던 가장 기억에 남거나 인상 깊었던 콘서트에 대해 이야기해 주세요. 언제였고 누구의 콘서트였나요? 콘서트를 특별하게 만든 부분은 무엇이었나요? 자세히 설명해 주세요.

답변 가이드

🏆 예시 답변

INTRO [1]Oh, a concert? [2]Uhm… Let me think… [3]Well, when I was twenty-five, I went to an IU concert.

MAIN [4]This concert is something I'll never forget. [5]She got super close to me, and she actually touched my hand. [6]Can you believe that? [7]There were, like, thousands of people, and she touched my hand! Hahaha. [8]It was just amazing. [9]I was, like, over the moon, you know? [10]So, yeah, it definitely left a huge impression on me.

FINISH [11]So, yeah, that's why this concert was super memorable for me. [12]That's about it.

INTRO	[1]아, 콘서트요? [2]음… 잠깐만 생각해 볼게요… [3]저기, 저는 스물다섯 살 때 아이유 콘서트에 갔어요.
MAIN	[4]이 콘서트는 절대 잊지 못할 일이에요. [5]아이유가 저한테 엄청 가까이 왔고 실제로 제 손을 잡았어요. [6]믿어지세요? [7]수천 명의 사람들이 있었는데, 아이유가 제 손을 잡았다니까요! 하하하. [8]정말 대단했어요. [9]하늘에 붕 뜬 기분이었어요, 아시죠? [10]그래서 그건 확실하게 저에게 엄청난 인상을 남겼어요.
FINISH	[11]네, 그래서 그게 이 콘서트가 제게 엄청 기억에 남는 이유예요. [12]대충 이 정도예요.

get close 가까이 가다 touch 만지다, 손대다 over the moon (행복해서) 하늘에 붕 뜬 듯한 definitely 분명히, 확실히 leave 남기다 (과거형 left)
impression 인상

🚀 고득점 전략 & 해설

질문을 들으며 콘서트와 관련된 아이디어를 머릿속에 바로 떠올리세요. 앞쪽에서 두괄식으로 기억에 남는 콘서트에 대한 방향을 설정하고, 키워드 When, Whose concert, What special에 맞춰서 답변을 이끌어 가면 됩니다. 키워드가 잘 생각나지 않을 때는 육하원칙 전략으로 구체적으로 답변하세요.

Ⅰ   1-3   **Oh, a concert? Uhm… Let me think… Well, when I was twenty-five, I went to an IU concert.**

Oh, a concert?로 간단하게 질문을 되물은 다음, ✔ **두괄식 전략**으로 아이유 콘서트(IU concert)에 간 이야기를 꺼내며 앞으로 이야기할 방향을 정했습니다. when I was twenty-five(내가 스물다섯 살 때)로 콘서트에 간 시기도 언급하며 진실성을 높였죠. 이처럼 육하원칙 중 when, where 같은 기본적인 정보 키워드는 앞부분에서 빠르게 이야기하세요.

Ⅿ   4   **This concert is something I'll never forget.**

이제 질문 키워드인 the most memorable or impressive concert(가장 기억에 남거나 인상 깊은 콘서트)에 대해 본격적으로 설명할 차례입니다. 특별한 경험이나 순간을 강조할 때는 … is something I'll never forget.(~은 절대로 잊지 못할 일이에요.)이란 표현을 쓸 수 있어요.

- The day I graduated from college **is something I'll never forget.**
  대학을 졸업한 날은 절대 잊지 못할 거예요.

- Meeting my favorite champion, Kim Yuna, in person **is something I'll never forget.**
  가장 좋아하는 챔피언 김연아를 직접 만난 것은 결코 잊지 못할 일이에요.

- Traveling to Europe with my family **is something I'll never forget.**
  가족과 함께 유럽으로 여행한 것은 절대 잊지 못할 일이에요.

5-7   **She got super close to me, and she actually touched my hand. Can you believe that? There were, like, thousands of people, and she touched my hand! Hahaha.**

✔ **생생 묘사 전략**으로 듣는 이의 머리에 장면이 구체적으로 그려질 수 있게 공연을 자세히 설명했습니다. 공연 중에 가수가 실제로 내 손을 잡았다고 말한다면 굉장히 인상 깊은 경험처럼 들리겠죠? 채점자도 들으면서 납득할 수 있는 특별한 일을 설명하세요. 물론 가짜로 지어내도 됩니다.

8   **It was just amazing.**

✔ **감정 형용사 전략**으로 amazing(놀라운, 대단한)을 써서 내 감정을 표현해 주었습니다. 기억에 남는 경험 유형에서는 이와 같은 감정 형용사를 사용하는 것이 필수입니다.

9   **I was, like, over the moon, you know?**

여기서 over the moon은 달 위에 있는 것처럼 느낄 정도로 기분이 아주 좋다는 것을 의미하는 비유적인 표현입니다. 이런 비유적인 표현을 쓰면 단순히 '기분이 좋았다'라는 말보다 훨씬 더 강하게 내 감정을 전달할 수 있어요.

10 **So, yeah, it definitely** left a huge impression on me.

✔ **키워드 찰떡 전략**으로 impressive concert(인상 깊었던 콘서트)와 연관된 표현을 사용했습니다. left a huge impression on은 '~에 대해 엄청난 인상을 남겼다'라는 뜻입니다. 내게 깊은 인상이 남은 경험을 표현할 때는 deep(깊은), lasting(지속되는), unforgettable(잊을 수 없는), powerful(강력한), significant(중요한), memorable(기억에 남는) 같은 형용사를 사용할 수 있습니다. 항상 같은 형용사만 사용하지 말고 그때그때 다양한 형용사를 사용해 보세요.

· His performance had a **powerful** impact on me.
그의 공연은 제게 강력한 영향을 미쳤어요.

· The event was significant and left a **deep** impression on me.
그 사건은 중요했고 제게 깊은 인상을 남겼어요.

· The trip was truly **memorable** and left a **lasting** impression on me.
그 여행은 정말 기억에 남았고 제게 지속적인 인상을 남겼어요.

F 11-12 **So, yeah, that's why this concert was super** memorable **for me. That's about it.**

✔ **키워드 찰떡 전략**으로 memorable(기억에 남는)을 한 번 더 강조하며, 그게 기억에 남는 이유라고 답해 주면 깔끔한 마무리가 됩니다. 여기서 답변을 끝내도 되지만 ✔ **마무리 전략**으로 That's about it.까지 넣어서 답변을 확실하게 끝맺었습니다.

UNIT
07
음악 감상하기

✔ 이렇게
준비하세요

음악 감상은 일상에서 자주 하는 활동인만큼 답변을 만들기 수월한 주제입니다. 내가 **좋아하는 가수**와 **음악 장르, 라이브 음악을 들은 경험**을 하나 정해서 관련 단어와 표현을 익혀 두세요. 좋아하는 이유가 잘 드러날 수 있도록 **감정 형용사**도 많이 사용하면 좋습니다.

⭐ 자주 출제되는 문제

문제	유형	시제
좋아하는 음악 장르와 가수 You indicated in the survey that you listen to music. What kind of music do you like listening to? Who is your favorite singer or composer? 설문 조사에서 음악을 듣는다고 했습니다. 어떤 음악을 듣는 것을 좋아하나요? 가장 좋아하는 가수나 작곡가는 누구인가요?	설명/묘사	현재
음악 감상 습관 When and where do you usually listen to music? What device do you use to listen to music? 보통 언제 어디서 음악을 듣나요? 음악을 듣기 위해 어떤 기기를 사용하나요?	경향/습관	현재

문제	유형	시제
기억에 남는 라이브 음악 경험 Tell me about a time when you listened to some live music. Perhaps it was at a concert or a live café. Who did you go there with? Why was it memorable? 라이브 음악을 들었던 경험에 대해 이야기해 보세요. 아마도 콘서트나 라이브 카페에서였을 거예요. 누구와 함께 갔나요? 그게 왜 기억에 남았나요?	경험	과거
어릴 때와 지금 좋아하는 음악 차이 Compare the music that you listened to when you were young and the music you listen to today. What are the differences between them? 어렸을 때 들었던 음악과 지금 듣는 음악을 비교해 보세요. 그 둘 사이에는 어떤 차이점이 있나요?	비교	과거 + 현재
음악을 좋아하게 된 계기와 취향 변화 How did you first get interested in listening to music? What kind of music did you listen to when you were a child? How has your taste in music changed over the years? 어떻게 처음으로 음악에 관심을 가지게 되었나요? 어렸을 때는 어떤 종류의 음악을 들었나요? 세월이 지나면서 음악 취향은 어떻게 변했나요?	경험 + 비교	과거 + 현재

⭐ 빈출 세트 구성

세트 예시 1	❶ 좋아하는 음악 장르와 가수 ❷ 음악 감상 습관 ❸ 음악을 좋아하게 된 계기와 취향 변화
세트 예시 2	❶ 좋아하는 음악 장르와 가수 ❷ 음악을 좋아하게 된 계기와 취향 변화 ❸ 기억에 남는 라이브 음악 경험

🎧 020

좋아하는 음악 장르와 가수

You indicated in the survey that you listen to music. What kind of music do you like listening to? Who is your favorite singer or composer?

설문 조사에서 음악을 듣는다고 했습니다. 어떤 음악을 듣는 것을 좋아하나요? 가장 좋아하는 가수나 작곡가는 누구인가요?

┃ 답변 가이드 ┃

INTRO
✔ 당연한 말 전략
응, 나 음악 듣는 거 좋아해.

⇨

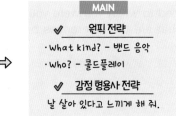

MAIN
✔ 원픽 전략
・what kind? – 밴드 음악
・who? – 콜드플레이
✔ 감정 형용사 전략
날 살아 있다고 느끼게 해 줘.

⇨

FINISH
✔ 마무리 전략
요약하자면
✔ 키워드 찰떡 전략
콜드플레이는 최고의 밴드야.

🏆 예시 답변

INTRO ¹Yes, I like listening to music.

MAIN ²I enjoy different types of music, but I especially enjoy music that has energy. ³So, um, band music is totally my type. ⁴You know, when it comes to bands, Coldplay is my favorite. ⁵They are a super-famous British band. ⁶You know them, right? ⁷Their songs always make me feel alive. ⁸I feel like they're the kind of songs that will, you know, last forever.

FINISH ⁹In summary, Coldplay is definitely the best band ever.

INTRO ¹ 네, 저는 음악 듣는 것을 좋아해요.

MAIN ² 저는 여러 종류의 음악을 즐기지만, 에너지가 있는 음악을 특히 좋아해요. ³ 그래서, 음, 밴드 음악이 완전히 제 스타일이에요. ⁴ 저기, 밴드에 대해 말하자면 콜드플레이가 제 최애예요. ⁵ 그들은 아주 유명한 영국 밴드예요. ⁶ 아실 거예요, 그렇죠? ⁷ 그들의 노래는 항상 저를 살아 있다고 느끼게 해 줘요. ⁸ 그 노래들은 영원히 계속될 것 같은 기분이 들어요.

FINISH ⁹ 요약하자면 콜드플레이는 확실히 최고의 밴드예요.

---

listen to music 음악을 듣다 band (음악) 밴드 totally 완전히, 전적으로 British 영국의 alive 살아 있는, 활기찬 last 계속되다, 지속되다
summary 요약

🚀 고득점 전략 & 해설

좋아하는 음악 장르와 가수를 소개할 때 유용한 전략은 '원픽 전략'과 '감정 형용사 전략'입니다. 이 두 가지 전략을 활용하면 더욱 깊이 있는 답변을 만들 수 있습니다. 우선 원픽 전략은 하나의 주제를 선택하고 그에 대해 자세히 설명하는 전략입니다. 예를 들어, 좋아하는 가수를 한 명 정해 좋아하는 이유와 함께 그 가수만의 특별한 점을 이야기하면 되죠. 특히 질문에 favorite(가장 좋아하는)라는 단어가 있으면 내 감정을 많이 표현할 수 있는 좋은 기회입니다. 다양한 감정 형용사를 사용해 답변을 만들어 보세요.

L 　1 **Yes, I like listening to music.**

질문에서 좋아하는 음악에 대해 물어봤으니 ✔ **당연한 말 전략**으로 '네, 나 음악 좋아해요'라고 말하며 답변을 시작했습니다. 이 전략을 쓰면 내가 질문의 내용을 잘 이해했음을 드러낼 수 있으며 다음 답변을 준비할 여유도 벌 수 있습니다.

M 2-3 **I enjoy different types of music, but I especially enjoy music that has energy. So, um, band music is totally my type.**

문장을 핵심만 끊어서 I love many types of music. Band music is my type.처럼 말하는 분들이 많습니다. 하지만 이렇게 말하면 암기한 것처럼 너무 딱딱하게 느껴지죠. 대신 ✔ **유창성 전략**으로 내용을 물 흐르듯 부드럽게 이어 가는 화법을 구사하세요. '여러 가지 장르를 좋아한다 → 특히 에너지가 있는 음악을 선호한다 → 그렇기 때문에 밴드 음악을 좋아한다'와 같이 문장을 연결하면 더욱 내용이 자연스러워집니다. '유창성 전략'으로 말할 때는 but, so 같은 적절한 접속사를 넣어서 문장을 매끄럽게 이으면 좋습니다.

　4 **You know, when it comes to bands, Coldplay is my favorite.**

앞에서 band music(밴드 음악)을 좋아한다고 언급했으니, 자연스럽게 좋아하는 밴드에 대해 소개하면 됩니다. when it comes to(~에 대해서 말하자면)는 화제를 제시할 때 사용하는 표현입니다. 비슷한 의미로 '말이 나온 김에, 그것에 대해 말하자면'이라고 할 때는 speaking of which를 씁니다.

- **When it comes to** music, I love listening to jazz.
  음악에 대해서 말하자면, 저는 재즈 듣는 것을 좋아해요.

- I've been listening to a lot of Taylor Swift lately. **Speaking of which**, what's your favorite song?
  저는 최근에 테일러 스위프트의 노래를 많이 듣고 있어요. 말이 나온 김에, 당신이 좋아하는 노래는 뭐예요?

5-6 **They are a super-famous British band. You know them, right?**

앞 문장에서 언급한 밴드 이름 Coldplay에 대한 설명을 추가했습니다. 누구나 알 것 같은 유명한 가수라고 하더라도 듣는 사람이 잘 이해할 수 있도록 친절하게 부연 설명을 넣어 주세요.
참고로 여기서 Coldplay는 구성원이 여러 명인 밴드이므로 복수 대명사 they로 받았습니다. 솔로 가수라면 he나 she로 받아서 이야기하면 됩니다.

- **He** is a rising star in the pop music industry. 그는 팝 음악계에서 떠오르는 스타예요.

- **She** is one of the most popular singers in Korea. 그녀는 한국에서 가장 인기 있는 가수 중 하나예요.

7-8 Their songs always make me feel alive. I feel like they're the kind of songs that will, you know, last forever.

좋아하는 음악에 대해 느끼는 내 생각을 다양하게 표현했습니다. 개인적인 생각을 드러낼수록 답변을 암기한 느낌이 나지 않고 즉석 발화 느낌이 살아납니다. ✔ **내 생각 말하기 전략**은 특히 IH 이상 등급을 맞기 위해서는 필수로 챙겨야 하는 스킬이니, 지금부터 맛보기로 조금씩 연습해 두세요.

여기 나온 feel like(~인 것 같은 기분이 들다)는 자신의 생각이나 감정을 드러낼 때 사용하기 좋은 표현입니다.

- I **feel like** I'm in a dream. 마치 꿈 속에 있는 것 같은 기분이에요.

- I **feel like** I'm on top of the world. 세상을 다 가진 것 같은 기분이에요.

F

9 In summary, Coldplay is definitely the best band ever.

✔ **마무리 전략**으로 In summary(요약하자면)를 사용해 명확한 끝맺음을 만들었습니다. FINISH에서 아주 거창한 말을 해야 한다는 부담을 가질 필요는 없습니다. 앞 내용을 요약하며 답변이 끝났다는 티만 내세요.

Q2 음악 감상 습관

When and where do you usually listen to music? What device do you use to listen to music?

보통 언제 어디서 음악을 듣나요? 음악을 듣기 위해 어떤 기기를 사용하나요?

┃답변 가이드┃

INTRO
✓ 당연한 말 전략
그래,
나 음악 엄청 좋아해.

⇒

MAIN
✓ 육하원칙 전략
· when? – 아침에
· where? – 지하철에서
· What device?
　– 내 핸드폰으로

⇒

FINISH
✓ 마무리 전략
따라서
✓ 감정 형용사 전략
음악 때문에
출퇴근길이 즐거워.

🏆 예시 답변

INTRO ¹Oh, yeah, I'm a big fan of music. ²You'll always find me with my headphones on. Haha.

MAIN ³So I usually listen to music when I'm on the subway. ⁴I listen when I'm heading to work in the morning. ⁵It helps me relax and get ready for the day. ⁶As for the device, I just use my phone to listen to music. ⁷It feels natural since I always have it with me.

FINISH ⁸Therefore, music really makes my commute enjoyable.

INTRO　¹아, 그래요, 저는 음악의 열렬한 팬이에요. ²헤드폰을 끼고 있는 저를 항상 보실 수 있을 거예요. 하하.

MAIN　³그러니까 저는 보통 지하철에서 음악을 들어요. ⁴아침에 출근할 때 듣죠. ⁵음악은 저를 편안하게 해주고 하루를 준비하는 데 도움이 돼요. ⁶기기에 대해 말하자면, 그냥 제 핸드폰을 사용해서 음악을 들어요. ⁷항상 핸드폰을 가지고 다니니까 자연스럽게 느껴져요.

FINISH　⁸따라서 음악은 출퇴근길을 정말 즐겁게 만들어 줘요.

---

fan 팬, 열광하는 사람　head to ~으로 향하다　device 장치, 장비　natural 자연스러운　therefore 그러므로, 따라서　commute 출퇴근길
enjoyable 즐거운

🚀 고득점 전략 & 해설

평상시 습관과 활동 경향을 묻는 유형은 질문 키워드의 개수가 많은 편입니다. 그러다 보니 질문 키워드를 전부 기억하기 힘들 수도 있습니다. 이때는 육하원칙 전략을 적용해 '언제, 어디서, 무엇을, 어떻게, 누구와, 왜'에 대해 상세히 말하면 구체적인 답변을 만들 수 있을 뿐만 아니라 충분한 발화량을 확보할 수 있습니다. 경향/습관 유형은 현재 시제를 잘 사용해야 IL/IM 등급을 받을 수 있으니 시제에 유의하면서 말해 보세요.

1 Oh, yeah, I'm a big fan of music.

✔ **당연한 말 전략**으로 먼저 주제 키워드 music과 관련된 이야기를 던지며 답변을 준비할 여유를 만들었습니다.

여기서 I'm a big fan of...(~의 열렬한 팬이다, ~을 매우 좋아한다)는 음악, 콘서트, 공연, 영화 주제에서 사용하기 아주 좋은 표현입니다. 대신 시험 전체적으로 2-3회 사용하는 것은 괜찮지만, 특정 표현을 지나치게 반복하는 것은 피하는 것이 좋습니다. 아래 문장처럼 조금씩 변형해서 사용하세요.

· **I'm a fan of** movies. 저는 영화 팬입니다.

· **I'm a big fan of** chicken and beer. 저는 치킨과 맥주의 열렬한 팬입니다.

· **I'm a huge fan of** Son Heung-min. 저는 손흥민의 열렬한 팬입니다.

2 You'll always find me with my headphones on. Haha.

음악을 좋아한다는 앞의 문장과 관련해 항상 헤드폰을 끼고 다닌다는 설명을 추가했습니다. 이처럼 핵심 답변 후에는 연관된 문장을 빠르게 덧붙이며 발화 실력을 드러낼 수 있어요. 문장 길이는 짧아도 괜찮습니다.

3-5 So I usually listen to music when I'm on the subway. I listen when I'm heading to work in the morning. It helps me relax and get ready for the day.

✔ **디테일 전략**은 할 말을 늘이는 방법 중 하나로, 상세한 내용을 추가하는 전략입니다. 여기서는 키워드 When과 Where에 대해 답하면서 '지하철에서 + 출근할 때 + 아침에' 음악을 듣는다는 정보를 추가했습니다. 말하기는 쓰기처럼 처음부터 완벽한 문장을 만들지 않아도 괜찮습니다. 일단 말을 시작한 다음 조금씩 정보를 덧붙이세요.

6 As for the device, I just use my phone to listen to music.

질문의 키워드인 기기(device)에 대해 핸드폰을 사용해 음악을 듣는다고 답변했습니다. as for는 '~에 대해 말하자면'이라는 뜻인데, 특정한 주제로 화제를 전환할 때 사용합니다.

· **As for** the device, I prefer using my smartphone to listen to music.
기기에 대해 말하자면, 저는 음악을 들을 때 스마트폰 사용을 선호해요.

· **As for** the device, I always carry my Bluetooth earphones with me.
기기에 관해 말하자면 저는 항상 블루투스 이어폰을 가지고 다녀요.

· **As for** the device, noise-canceling headphones make music sound better.
기기에 대해 말하자면, 소음 차단 헤드폰은 음악 소리를 더 좋게 만들어요.

7 **It feels natural since I always have it with me.**

기기에 대한 핵심 답변을 끝낸 다음, 핸드폰과 연관된 이야기를 덧붙였습니다. ✔ **유창성 전략**으로 이야기를 부드럽게 이어가 주세요.

F 8 **Therefore, music really makes my commute enjoyable.**

접속사 therefore(따라서, 그러므로)를 사용해 마무리하는 느낌을 확실히 냈습니다. ✔ **감정 형용사 전략**으로 enjoyable(즐거운) 같은 형용사를 써서 내 감정을 한 번 더 강조해 주는 것도 좋습니다. 이처럼 오픽에서는 감정 형용사를 많이 쓸수록 좋습니다.

음악을 좋아하게 된 계기와 취향 변화

How did you first get interested in listening to music? What kind of music did you listen to when you were a child? How has your taste in music changed over the years?

어떻게 처음으로 음악에 관심을 가지게 되었나요? 어렸을 때는 어떤 종류의 음악을 들었나요? 세월이 지나면서 음악 취향은 어떻게 변했나요?

┃ 답변 가이드 ┃

🏆 예시 답변

INTRO
¹Well, you wanna know how my taste has changed? ²Hmm, well, my taste has definitely changed over the years.

MAIN
³I first became interested in music when I entered elementary school because we had a music club. ⁴Back then, I mostly listened to children's songs, like "Twinkle, Twinkle, Little Star," you know? Haha. ⁵That was my taste at the time. ⁶But recently, I fell in love with jazz. ⁷I really enjoy those deep, smooth, rich melodies. ⁸When I play jazz at night, it's especially calming and helps me unwind.

FINISH
⁹So lately, I've been listening to jazz.

INTRO ¹ 아, 제 취향이 어떻게 변해 왔는지 알고 싶은 거죠? ² 흠, 글쎄요, 시간이 흐르면서 제 취향은 확실히 바뀌었어요.

MAIN ³ 저는 초등학교에 입학하면서 음악에 관심을 갖게 되었어요. 음악 동아리가 있었거든요. ⁴ 그때는 '반짝반짝 작은 별' 같은 동요를 주로 듣곤 했어요. 하하. ⁵ 그 당시에는 그런 음악이 제 취향이었죠. ⁶ 그런데 최근에는 재즈 음악에 푹 빠졌어요. ⁷ 그 깊고 부드러운 풍부한 멜로디를 정말 즐겨요. ⁸ 밤에 재즈를 틀면 특히 차분해지고 긴장을 푸는 데 도움이 돼요.

FINISH ⁹ 그러니까 최근에는 재즈를 듣고 있어요.

---

taste 취향   interested in ~에 관심을 가진   elementary school 초등학교   smooth 부드러운   calming 진정시키는, 마음을 가라앉히는
unwind 긴장을 풀다, 푹 쉬다

🚀 고득점 전략 & 해설

어떤 계기에 대해 묻는 질문은 첫 경험을 묻는 유형과 상당히 유사합니다. 계기가 잘 기억나지 않을 때는 첫 경험에 대한 답변과 마찬가지로 '아마 이랬을 거야' 하며 내용을 지어내면 됩니다. '아마도 그때 전략'을 쓰는 거죠.
한편 시간의 흐름에 따른 변화를 설명할 때는 명확하게 현재(recently)와 과거(back then, at the time)를 드러내는 단어를 사용하세요. 또한 말할 때 현재 시제와 과거 시제를 잘못 섞어서 쓰지 않도록 주의해야 합니다.

[I] 1 **Well, you wanna know** how my **taste** has **changed**?

✔ **질문 되묻기 전략**으로 답변을 시작하면서 Do you want to know about...?(~에 대해 알고 싶으세요?)의 구어체 표현 You wanna know...?를 사용했습니다. 질문 키워드 taste와 changed를 사용하면 고민 없이 답변을 빠르게 시작할 수 있죠.

2 Hmm, well, my taste has definitely changed over the years.

✔ **당연한 말 전략**으로 '내 취향은 바뀌어 왔다'라는 당연한 말을 덧붙였습니다. 이런 말로 충분한 여유를 만들어 내세요.

[M] 3 **I first became interested** in music when I entered elementary school because we had a music club.

처음 음악에 관심을 갖게 된 계기에 대해 '음악 동아리'를 이유로 들었습니다. 질문 키워드 first get interested에서 get과 같은 의미의 동사 become을 써서 first became interested라고 표현했습니다.
✔ **키워드 찰떡 전략**으로 키워드를 잘 기억해 두었다가 답변에 활용하면, 채점자가 원하는 방향으로 답변을 이끌어 갈 수 있습니다.

4-5 **Back then,** I mostly listened to children's songs, **like** "Twinkle, Twinkle, Little Star," you know? Haha. That was my taste **at the time.**

과거의 음악 취향을 예시를 들어 구체적으로 전달하고 있습니다. like(~같은)를 사용해 예시를 들어 주면 훨씬 입체적인 내용이 될 수 있어요.
여기서 Back then은 '그 시절에는, 그때는'이라는 의미입니다. 현재와 과거를 비교하면서 과거 시점을 가리킬 때 쓸 수 있어요.

· **Back then,** during summer vacations, I always used to visit my grandma's house.
  그때는 여름방학 동안에 늘 할머니 댁에 방문하곤 했어요.

· **Back then,** I used to take the subway to work every day.
  그때는 매일 지하철을 타고 출근했어요.

마찬가지로 at the time도 '그 당시에는, 그때는'이라는 뜻으로 과거의 시점을 가리킬 때 씁니다.

· **At the time,** I was listening to a lot of rock music.
  그때는 록 음악을 많이 듣고 있었어요.

· **At the time,** I wasn't a big fan of BTS.
  그때는 제가 BTS의 열렬한 팬은 아니었어요.

그 밖에도 과거 시점을 나타내는 일반적인 표현도 몇 개 알아 두세요.

> 🔆 **과거 시점을 나타내는 표현**
>
> - **A few years ago** 몇 년 전에
>   **A few years ago**, I used to play soccer every weekend. 몇 년 전에, 저는 주말마다 축구를 하곤 했어요.
> - **In the old days** 옛날에는
>   **In the old days**, there were no smartphones or Internet. 옛날에는 스마트폰이나 인터넷이 없었어요.
> - **Back in + 연도** ~년에
>   **Back in** 2018, I went on a trip to Europe. 2018년에 저는 유럽 여행을 갔어요.

6 **But recently, I fell in love with jazz.**

recently(최근에)를 사용해 현재의 음악 취향으로 화제를 전환했습니다. ✔ **1:1 비교 전략**으로 어릴 때의 음악 취향(동요)과 완전히 대비되는 최근의 음악 취향(재즈)을 제시했어요.

참고로 여기 나온 fall in love with(~와 사랑에 빠지다)는 남녀 간의 사랑뿐 아니라 강한 호감을 표현할 때도 쓰입니다.

- I **fell in love** with rock. 저는 록 음악에 푹 빠졌어요.
- I **fell in love** with classical music. 저는 클래식 음악에 푹 빠졌어요.
- I **fell in love** with hip-hop. 저는 힙합에 푹 빠졌어요.

7 **I really enjoy those deep, smooth, rich melodies.**

✔ **나열 전략**으로 deep, smooth, rich처럼 형용사를 쭉 나열하는 것도 쉬운 답변 방식입니다. 다양한 형용사도 많이 사용할 수 있고 다음 문장을 준비할 여유도 가질 수 있습니다. 다만 단어를 나열할 때 조심해야 할 점은 패턴화를 시키면 안 된다는 것입니다. deep, smooth, rich를 계속해서 한 세트처럼 같이 쓴다면 너무 외운 티가 나거든요. 이럴 때는 아래처럼 각각 문장을 분리해서 말하는 것도 좋은 방법입니다.

- It's really **deep**, you know. The sound is so **smooth**, and it has such a **rich** melody.
  그건(재즈는) 정말 깊어요. 소리는 아주 부드럽고 멜로디가 정말 풍부하죠.

8 **When I play jazz at night, it's especially calming and helps me unwind.**

추가로 감정 형용사를 써서 재즈를 들을 때 느끼는 나의 감정을 표현했습니다. calming은 '진정시키는, 마음을 가라앉히는'이라는 뜻입니다.

9 **So lately, I've been listening to jazz.**

마지막으로 lately(최근에는)를 사용해 최근의 음악 취향을 한 번 더 요약하면서 답변을 마무리 지었습니다.

참고로 여기서는 현재완료 진행 시제(have been -ing)를 사용해 과거부터 지금까지 계속해서 재즈 음악을 듣고 있다는 점을 강조했습니다. IL/IM 등급을 받으려면 시제가 치명적인 요소는 아니지만, 현재완료 진행 시제도 일상에서는 흔히 쓰이므로 기회가 될 때 활용해 보세요.

· **I've been practicing** the guitar more often these days.
저는 요즘 기타 연습을 더 자주 하고 있어요.

· **I've been enjoying** Beyonce's latest album a lot.
저는 최근 비욘세의 최신 앨범을 많이 즐기고 있어요.

· **I've been exploring** different genres of music recently.
저는 최근에 다양한 음악 장르를 탐험하고 있어요.

UNIT

08

자전거

✔ 이렇게
준비하세요

운동 관련 질문으로는 운동을 하며 겪은 기억에 남는 **경험**, 운동을 시작하게 된 **계기**, 운동을 하는 **루틴**에 대한 질문이 주로 나옵니다. 자전거는 **혼자 하는 운동**이라 여럿이서 같이 하는 야구나 축구 같은 팀 스포츠보다 답변하기가 훨씬 수월합니다. 자전거를 못 타더라도 자유롭게 이야기를 지어 내 보세요.

⭐ 자주 출제되는 문제

문제	유형	시제
보유 중인 자전거 묘사 Tell me about the bike that you have. What does it look like? Please provide as much detail as possible 당신이 소유한 자전거에 대해 이야기해 주세요. 그것은 어떻게 생겼나요? 가능한 한 자세하게 설명해 주세요.	설명/묘사	현재
자전거 타는 경향 When do you ride your bike? Where do you go? How often do you ride and with whom? How do you feel when you ride a bike? 당신은 언제 자전거를 타나요? 어디에 가나요? 얼마나 자주, 누구와 함께 타나요? 자전거를 타면 어떤 기분이 드나요?	경향/습관	현재

문제	유형	시제
자전거를 처음 탄 경험 In the survey, you indicated that you like riding a bike. When did you start and why? Was it difficult to learn? Are you good at it now? How did you get better at riding? 설문 조사에서 자전거 타는 걸 좋아한다고 했습니다. 언제부터 타기 시작했고, 왜 타기 시작했나요? 배우는 게 어려웠나요? 지금은 잘 타나요? 어떻게 자전거 타는 실력을 늘렸나요?	경험	과거
자전거 타면서 기억에 남는 경험 Describe a memorable experience you've had while cycling. When was it? Who were you with? What happened? 자전거를 타면서 기억에 남는 경험에 대해 설명해 주세요. 언제 일어난 일인가요? 누구와 함께했나요? 어떤 일이 있었나요?	경험	과거
예전과 지금의 자전거 비교 Bicycles have changed a lot. Compare older bikes to modern ones. What are some similarities and differences? What has changed or improved? 자전거는 많이 변했습니다. 오래된 자전거와 현대의 자전거를 비교해 보세요. 비슷한 점과 다른 점은 무엇인가요? 무엇이 바뀌었거나 개선되었나요?	비교	과거 + 현재

⭐ 빈출 세트 구성

세트 예시 1	❶ 보유 중인 자전거 묘사 ❷ 자전거 타는 경향 ❸ 자전거 타면서 기억에 남는 경험
세트 예시 2	❶ 보유 중인 자전거 묘사 ❷ 자전거 타는 경향 ❸ 자전거를 처음 탄 경험

보유 중인 자전거 묘사

Tell me about the bike that you have. What does it look like? Please provide as much detail as possible.

당신이 소유한 자전거에 대해 이야기해 주세요. 그것은 어떻게 생겼나요? 가능한 한 자세하게 설명해 주세요.

답변 가이드

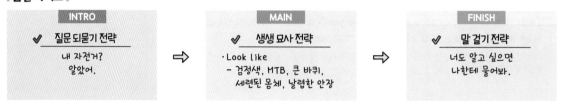

예시 답변

INTRO [1] Well, my bike? [2] Okay.

MAIN [3] My bike is black. [4] It's an MTB. [5] So it has big wheels and a stylish body. [6] The seating place is also very sharp, and it is not that heavy. [7] So it looks really good. [8] People always ask me about the price of the bike in the elevator. Haha.

FINISH [9] If you are also curious, just ask me.

INTRO [1] 흠, 제 자전거요? [2] 알았어요.

MAIN [3] 제 자전거는 검정색이에요. [4] 산악 자전거입니다. [5] 그래서 커다란 바퀴와 세련된 몸체를 가지고 있습니다. [6] 앉는 자리도 매우 날렵하고 그리 무겁지도 않아요. [7] 그래서 그건 정말 멋져 보이죠. [8] 사람들은 엘리베이터에서 항상 제 자전거의 가격에 대해 물어봅니다. 하하.

FINISH [9] 당신도 궁금하다면, 그냥 저한테 물어보세요.

MTB 산악 자전거(mountain bike의 약어)   wheel 바퀴   stylish 세련된, 멋진   sharp 날렵한, 세련된   heavy 무거운   price 가격   curious 궁금한

대상 설명/묘사 유형은 머릿속에 대상을 떠올린 후에 색상, 크기, 특징을 생각나는 대로 나열하세요. 지금 자전거를 가지고 있지 않아도 공유 자전거, 인터넷에서 본 자전거, 과거에 소유했던 자전거 등에서 소재를 가져오면 됩니다.
이 유형은 답변을 길게 하지 않아도 괜찮으니 1분 내로 답변하는 것을 추천합니다. 오픽은 모든 질문에 말을 많이 한다고 해서 점수를 잘 받는 시험이 아닙니다. IL/IM 등급을 받기 위해서는 무조건 길게 말하는 것보다는 완전한 문장으로 말하는 것에 더 신경 써 주세요.

Ⅰ 1-2 **Well, my bike? Okay.**

✔ **질문 되묻기 전략**을 사용해 즉석 발화 느낌을 살렸습니다. 항상 길고 어려운 문장을 써서 질문을 되물을 필요는 없습니다. 질문에서 들은 단어 중에 bike라는 키워드만 뽑아서 간단하게 My bike?라고만 해도 충분합니다. 마찬가지로 집에 대한 질문에는 My home?, 학교에 대한 질문에는 My school?처럼 되물으면 되죠. 설명/묘사 유형은 이런 식으로 쉽게 첫 문장을 만들어 보세요.

M 3-4 **My bike is black. It's an MTB.**

MAIN에서는 ✔ **생생 묘사 전략**으로 자전거의 생김새에 대해 최대한 자세히 묘사해 줍니다. 여기서는 가장 기본적인 특징인 자전거의 색깔(black)과 종류(MTB)에 대해 말했습니다.
특히 색깔은 사물의 특징을 묘사할 때 가장 기본이 되는 단어입니다. 중간에 말이 막히지 않도록 익혀 두세요.

> 💡 **색깔을 나타내는 표현**
>
> | | | |
> |---|---|---|
> | • black 검정색 | • white 하얀색 | • gray 회색 |
> | • silver 은색 | • gold 금색 | • brown 갈색 |
> | • blue 파란색 | • red 빨간색 | • yellow 노란색 |
> | • green 녹색 | • purple 보라색 | • orange 주황색 |

5 **So it has big wheels and a stylish body.**

사물의 특징을 말할 때는 동사 have(가지고 있다)를 활용할 수 있습니다. 여기서는 주어가 3인칭 단수인 it이므로 has를 사용했어요. wheels(바퀴), body(몸체) 등 자전거를 구성하는 부품에 대해 묘사해 보세요.

· It **has** a basket on the front. 앞에 바구니가 달려 있어요.

· It **has** a big, comfortable seat. 커다랗고 편안한 안장을 가지고 있어요.

· It **has** a lightweight aluminum frame. 가벼운 알루미늄 프레임을 가지고 있어요.

· It **has** a modern design. 현대적인 디자인을 가지고 있어요.

6 **The seating place is also very sharp, and it is not that heavy.**

이어서 자전거의 외관과 무게에 대해서도 sharp(날렵한), heavy(무거운)라는 형용사로 설명했습니다. 크기나 무게를 나타내는 형용사도 사물의 특징을 묘사하는 기본적인 단어이므로 필수로 익혀 두세요.

> ### 🔆 크기와 무게를 나타내는 형용사
>
> - **큰** big / large
>   My phone is **big**. 제 핸드폰은 커요.
>   I have a **large** house. 저는 큰 집이 있어요.
>
> - **작은** small
>   My cat is **small**. 제 고양이는 작아요.
>
> - **매우 작은** tiny
>   I found a **tiny** bug. 전 매우 작은 벌레를 찾았어요.
>
> - **무거운** heavy
>   That box was too **heavy**. 그 상자는 너무 무거웠어요.
>
> - **가벼운** light
>   My bag is **light**. 제 가방은 가벼워요.

7 **So it looks really good.**

자전거의 생김새를 묘사한 후에는 내가 느끼는 감정도 넣어 주세요. 긍정적인 느낌도 좋고 부정적인 느낌도 괜찮습니다.

look 뒤에 형용사가 오면 '~하게 보이다'라는 뜻이 됩니다. look good은 '좋아 보이다'란 뜻인데 형용사 앞에 really를 넣어 느낌을 강조해 줄 수도 있어요. 항상 good(좋은)만 쓰면 식상할 수 있으니 아래와 같은 다양한 형용사를 넣어 내 느낌을 표현해 보세요.

- It looks **fantastic**. 환상적으로 보여요.

- It looks **amazing**. 놀라워 보여요.

- It looks **excellent**. 훌륭하게 보여요.

- It looks **great**. 좋아 보여요.

- It looks **wonderful**. 멋져 보여요.

- It looks **fabulous**. 멋져 보여요.

8 **People always ask me about the price of the bike in the elevator. Haha.**

자전거가 멋지다는 앞의 감상에 이어 관련된 이야기를 한 문장 덧붙였습니다. 더 이상 말할 거리가 없다면 관련된 이야기를 추가하는 ✔ **유창성 전략**으로 자연스럽게 답변을 이어가 보세요.

🔆 문법, 이것만! - 전치사 in/on/at

장소 앞에 쓰는 전치사 in, on, at이 헷갈리는 분들을 위한 팁입니다. the elevator 앞에는 세 전치사가 모두 쓰일 수 있지만 뜻에는 미묘한 차이가 있습니다.

- **in the elevator** 엘리베이터 안에서 (엘리베이터 내부를 의미)

  We had a short conversation **in** the elevator. 우리는 엘리베이터 안에서 짧게 대화를 나눴어요.

- **on the elevator** 엘리베이터 표면 위에서 (엘리베이터가 움직이는 동안을 의미)

  I was **on** the elevator going up to the 10th floor. 저는 10층으로 올라가는 엘리베이터를 타고 있었어요.

- **at the elevator** 엘리베이터 앞에서 (엘리베이터 출입구 근처를 의미)

  I met him **at** the elevator. 저는 엘리베이터 앞에서 그를 만났어요.

F

9 **If you are also curious, just ask me.**

채점자와 직접 대화를 하는 듯한 ✔ **말 걸기 전략**을 사용해 친근감을 표시하며 마무리했습니다. 오픽은 일상생활에서 쓰는 말하기 시험이기 때문에 '궁금하면 물어보세요'라는 식으로 채점자에게 말을 걸어도 전혀 어색하지 않습니다. 채점자가 내 말에 대답할 일도 없으므로, 이렇게 말하고 바로 답변을 끝내면 됩니다.

024

Q2 자전거 타는 경향

When do you ride your bike? **Where** do you go? **How often** do you ride and **with whom**? How do you **feel** when you ride a bike?

당신은 언제 자전거를 타나요? 어디에 가나요? 얼마나 자주, 누구와 함께 타나요? 자전거를 타면 어떤 기분이 드나요?

│ 답변 가이드 │

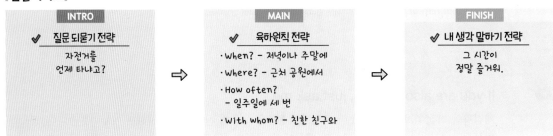

🏆 예시 답변

INTRO ¹Oh, when do I ride a bike?

MAIN ²Well, I ride my bike in the evenings and sometimes on weekends. ³I usually head to the nearby park. ⁴I try to ride my bike at least three times a week with my close friend. ⁵Yeah, she's my high school friend. ⁶I love her. ⁷When I ride with her, I feel happy and connected.

FINISH ⁸So I really enjoy this time a lot.

INTRO ¹아, 제가 자전거를 언제 타냐고요?

MAIN ²글쎄요, 저는 저녁에 자전거를 타는데 때로는 주말에도 자전거를 탑니다. ³저는 주로 근처 공원으로 향해요. ⁴저는 친한 친구와 함께 일주일에 적어도 세 번은 자전거를 타려고 노력하죠. ⁵네, 그 사람은 제 고등학교 때 친구예요. ⁶전 그녀를 아주 좋아해요. ⁷그녀와 함께 자전거를 탈 때 저는 행복함과 유대감을 느낍니다.

FINISH ⁸그래서 저는 이 시간이 정말 많이 즐거워요.

weekend 주말 nearby 근처의 high school 고등학교 connected 연결된, 이어진

🚀 고득점 전략 & 해설

경향/습관 유형은 자전거 주제에서 자주 출제되는 문제입니다. 자전거를 타는 시간과 장소, 같이 자전거 타는 사람에 대해 주로 질문합니다. 경향과 습관처럼 항상 같은 방식으로 하는 루틴은 동사를 현재 시제로 쓴다는 점에 주의하세요.

이 질문에서는 묻고 있는 키워드가 상당히 많으니 육하원칙 전략을 적용해 '언제, 어디서, (+누구랑), 얼마나, 무엇을, 어떻게, 왜' 하는지에 대해 구체적으로 답변하세요. 더불어 내가 느끼는 감정도 표현하세요.

Ⅰ 1 Oh, **when** do I ride a bike?

✔ **질문 되묻기 전략**으로 답변을 시작했습니다. 질문을 잘 듣고 질문에 있던 키워드(when, ride a bike)를 활용하면 쉽게 첫 문장을 만들 수 있습니다.

M 2 Well, I ride my bike in the evenings and sometimes on weekends.

시간을 나타내는 표현 in the evenings와 on weekends를 사용해 언제 자전거를 타는지부터 답변했습니다. 참고로 단수형 evening은 '저녁'이지만 복수형 evenings는 반복적인 '저녁 시간들'을 가리킵니다. 마찬가지로 단수형 weekend는 '주말'이지만 복수형 weekends는 반복되는 '여러 주말'을 가리킵니다.

- I read in the **evening**. 저는 저녁에 책을 읽어요.
- I read in the **evenings**. 저는 저녁 시간마다 책을 읽어요.
- I had a great **weekend**. 저는 멋진 주말을 보냈어요.
- I usually go hiking on **weekends**. 저는 주말마다 보통 등산을 해요.

기본적으로 시간대를 나타내는 표현은 필수로 암기하세요.

💡 **시간대를 나타내는 표현**

- in the morning 아침에
- in the evening 저녁에
- in the afternoon 오후에
- at night 밤에

3 I usually head to the nearby park.

질문 키워드 where(어디에)에 대해 가까운 공원에 간다고 답변했습니다. head to는 '~으로 향하다', '~으로 가다'라는 뜻으로, go to 대신 사용할 수 있는 표현입니다. 일상적인 행동과 습관에 대해 말하고 있으므로 빈도부사 usually와 함께 현재 시제를 사용했습니다.

4 **I try to ride my bike** at least three times a week **with my close friend.**

여기서는 질문 키워드 how often(얼마나 자주)과 with whom(누구와)에 대해 '일주일에 세 번'과 '친한 친구와 함께'라고 한꺼번에 답변했습니다.

이때 횟수 앞에는 '최소한, 적어도'라는 뜻의 at least를 추가해 말해도 좋습니다. 기간이나 시간, 숫자, 수량 등을 나타내는 어휘와 함께 자주 쓰는 표현이에요.

- I need to study for **at least** two hours every day.
  저는 매일 최소한 두 시간씩 공부해야 해요.
- We have to save **at least** $500 for the trip.
  우리는 여행을 위해 적어도 500달러를 모아야 해요.

5-7 **Yeah, she's my high school friend. I love her. When I ride with her, I** feel happy and connected.

부가적으로 자전거를 함께 타는 친구와 관련된 내용을 덧붙이며, 키워드 How feel에 대해 feel happy and connected(행복함과 유대감을 느낀다)로 내가 느끼는 감정을 표현했습니다. ✔ **감정 형용사 전략**을 적극 활용하세요.

F **8** **So I really** enjoy **this time a lot.**

✔ **내 생각 말하기 전략**으로 이 시간을 정말 즐긴다는 감상을 남기며 깔끔하게 마무리했습니다. 긍정적인 감상을 표현할 때는 enjoy 대신 like, love 같은 동사도 쓸 수 있어요. 이 뒤에 동사ing를 붙이면 '~하는 걸 즐긴다/좋아한다'라는 뜻이 되죠. 이런 감상을 나타내는 표현은 맨 마지막에 마무리를 지을 때 활용하면 좋습니다.

- So I really **enjoy** riding my bike. 그래서 저는 자전거 타는 걸 정말 즐겨요.
- So I really **like** watching movies. 그래서 저는 영화 보는 걸 정말 좋아해요.
- So I really **love** spending time with my friends. 그래서 저는 친구들과 시간을 보내는 걸 정말 좋아해요.

Q3 자전거 타면서 기억에 남는 경험

Describe a **memorable experience** you've had while cycling. **When** was it? **Who** were you with? **What** happened?

자전거를 타면서 기억에 남는 경험에 대해 설명해 주세요. 언제 일어난 일인가요? 누구와 함께했나요? 어떤 일이 있었나요?

답변 가이드

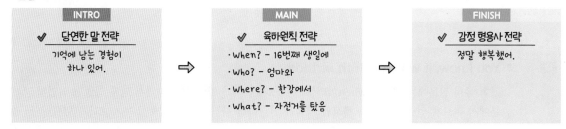

INTRO 당연한 말 전략
기억에 남는 경험이 하나 있어.

MAIN 육하원칙 전략
· When? – 16번째 생일에
· Who? – 엄마와
· Where? – 한강에서
· What? – 자전거를 탔음

FINISH 감정 형용사 전략
정말 행복했어.

예시 답변

INTRO ¹Well, okay. ²I've got a memorable one.

MAIN ³You know, it was my 16th birthday. ⁴My mom suggested that we go to the Han River and have a picnic. ⁵I loved that idea, so we borrowed some bikes and rode them until we got to the river. ⁶It was quite a journey, you know. ⁷It took about an hour. ⁸We saw signs on the road and found our way to the Han River. ⁹My mom and I finally made it and were very satisfied. ¹⁰We had ice cream to celebrate our adventure.

FINISH ¹¹We were so happy. ¹²Back then, there were no cell phone maps, so we struggled a bit. ¹³But in the end, we did it! Hahaha.

INTRO ¹음, 좋아요. ²기억에 남는 게 하나 있어요.

MAIN ³그날은 제 16번째 생일이었어요. ⁴엄마가 한강에 소풍을 가자고 제안하셨죠. ⁵저는 그 아이디어가 참 좋았어요. 그래서 우리는 자전거를 빌려서 한강까지 타고 갔어요. ⁶그건 꽤 긴 여정이었어요. ⁷약 한 시간이 걸렸죠. ⁸우리는 길의 표지판을 보면서 한강으로 가는 길을 찾았어요. ⁹엄마와 저는 마침내 도착했고 엄청 만족스러웠어요. ¹⁰우리는 모험을 축하하면서 아이스크림을 먹었어요.

FINISH ¹¹우리는 정말 행복했어요. ¹²그 당시는 휴대폰 지도가 없어서 조금 고생했어요. ¹³하지만 결국에는 우리가 해냈어요! 하하하.

suggest 제안하다 **picnic** 소풍 **borrow** 빌리다 **journey** 여정, 여행 **sign** 표지판 **make it** 해내다, 성공하다 **satisfied** 만족스러운 **celebrate** 축하하다, 기념하다 **struggle** 고생하다, 애쓰다 **a bit** 조금

🚀 고득점 전략 & 해설

기억에 남는 경험을 말할 때에는 '과거 시제'와 '감정 형용사', 이 두 가지 사항이 핵심입니다. 자전거를 타면서 겪은 일을 육하원칙에 따라 듣는 이의 머리에 상황이 그려지도록 구체적으로 설명하고, 감정 형용사로 내 감상을 표현하며 마무리하세요.

📣 **1-2 Well, okay. I've got a memorable one.**

> ✔ **당연한 말 전략**으로 '기억에 남는 경험이 있다'고 하며 문장을 쉽게 시작했습니다. 질문에서 들은 단어(memorable)를 기반으로 문장을 만들면 더 수월합니다. 여기서 one은 대명사로, 질문에 나온 experience를 의미합니다. 이렇게 대명사를 사용하면 단어 반복을 피해 문장을 더 간결하게 만들 수 있어요.

Ⓜ **3 You know, it was my 16th birthday.**

경험 유형 질문에는 대부분 when이라는 키워드가 들어가 있습니다. 따라서 언제 있었던 일인지 앞부분에서 빠르게 언급하세요. 구체적인 시점을 언급하면 사건이 진실되게 들리는 효과가 있습니다. 정확한 시점은 중요하지 않으니 즉석에서 지어내세요. 아래에 있는 특정한 과거 시점을 나타내는 표현을 외워 두었다가 활용해 보세요.

> 💡 **특정한 과거 시점을 나타내는 표현**
>
> - It was last Christmas. 그날은 작년 크리스마스였어요.
> - It was the first day of class. 그날은 수업 첫날이었어요.
> - It was my college graduation day. 그날은 제 대학 졸업식이었어요.

4-5 My mom suggested that we go to the Han River and have a picnic. I loved that idea, so we borrowed some bikes and rode them until we got to the river.

과거 경험을 말할 때는 과거 시제를 써야 하니 동사의 시제를 혼동하지 않도록 주의하세요. 여기 쓰인 suggested, loved, borrowed, rode, got 모두 동사의 과거형입니다. 특히 ride-rode-ridden, get-got-gotten처럼 불규칙 동사의 경우, 말하다가 자기도 모르게 현재형으로 잘못 쓰는 경우가 많습니다. 틀리기 쉬운 불규칙 동사 예시를 정리해 두었으니, 꼼꼼히 챙겨서 실수를 방지하세요.

- Yesterday, I **went** to the nearby park. 어제 저는 근처에 있는 공원에 갔어요. (go-went-gone)
- I **saw** that movie last week. 저는 지난주에 그 영화를 봤어요. (see-saw-seen)
- I **took** a lot of photos during the trip. 저는 여행에서 많은 사진을 찍었어요. (take-took-taken)
- He **came** to the party late. 그는 파티에 늦게 왔어요. (come-came-come)
- I **gave** him a present for his birthday. 저는 그에게 생일 선물을 줬어요. (give-gave-given)
- I **made** a mistake on the test. 저는 시험에서 실수를 했어요. (make-made-made)

6 **It was quite a journey, you know.**

quite는 '꽤, 상당히'란 뜻의 부사인데 'quite a[an] + 명사' 형태로 쓰면 명사가 대단하다고 강조하는 의미가 됩니다. It was quite a journey는 '꽤 굉장한 여행이었다'라는 뜻인데, 여행 주제에서도 사용하면 좋은 표현이니 잘 기억해 두세요.

7-8 **It took about an hour. We saw signs on the road and found our way to the Han River.**

자전거를 타고 가면서 겪은 일에 대해 구체적으로 설명했습니다. 마찬가지로 과거 시제를 사용했죠. 불규칙동사 took(걸렸다), saw(보았다), found(찾았다)의 형태에 주의하세요.

9-10 **My mom and I finally made it and were very satisfied. We had ice cream to celebrate our adventure.**

여기서 made it은 목표인 한강에 '도착했다'라는 뜻으로 사용되었습니다. make it은 '해내다, 성공하다'라는 뜻으로, 성취감이나 기쁨을 나타낼 때 자주 쓰는 표현이에요. 여러 상황에서 사용할 수 있는 구어체 표현이므로 다양한 의미를 익혀 두세요.

> ☀ **make it의 다양한 의미**
>
> • **목표를 달성하다**
> She worked hard and **made it** to the top. 그녀는 열심히 일해서 정상에 올랐어요.
>
> • **어려움을 극복하다**
> After all the challenges, we **made it** through. 모든 어려움을 겪은 후 우리는 잘 이겨냈어요.
>
> • **무사히 도착하다**
> We **made it** to the concert just in time. 우리는 콘서트에 딱 시간 맞춰 도착했어요.
>
> • **참석하다**
> I couldn't **make it** to the party. 저는 파티에 못 갔어요.

F 11-13 **We were so happy. Back then, there were no cell phone maps, so we struggled a bit. But in the end, we did it! Hahaha.**

기억에 남는 경험 유형은 FINISH에서 ✔ **감정 형용사 전략**을 써서 마무리 지으면 좋습니다. 왜 그런 감정을 느꼈는지 이유도 언급하세요. 여기서는 '지도가 없어서 고생했지만 결국 해냈다'라는 구체적인 이유를 덧붙였어요.

UNIT 09

집에서 보내는 휴가

✔ 이렇게
준비하세요

질문 자체는 그다지 어렵지 않지만 '사는 곳'과 함께 출제되면 질문 내용이 겹쳐서 답변할 소재가 부족할 수도 있습니다. 미리 **답변 아이디어**를 많이 구상해 놓으세요. **집의 공간, 가구, 소품**을 가리키는 단어와 **집에서 하는 일**과 관련된 표현도 영어로 바로 말할 수 있도록 익혀 두세요.

⭐ 자주 출제되는 문제

문제	유형	시제
집에서 휴가를 보내는 경향 You indicated in the survey that you prefer to stay at home during your vacations. What do you usually do when you spend your vacations at home? Give me as many details as possible. 설문 조사에서 휴가 기간 동안 집에 머무르는 것을 선호한다고 응답하셨습니다. 집에서 휴가를 보낼 때 주로 무엇을 하나요? 가능한 한 자세히 알려 주세요.	경향/습관	현재
집에서 휴가를 함께 보내는 사람 You indicated in the survey that you stay at home for vacations. Who are the people you enjoy seeing and spending time with while on vacation? 설문 조사에서 휴가 기간 동안 집에 머무른다고 응답하셨습니다. 휴가 중에 만나서 함께 시간을 보내는 것을 좋아하는 사람들은 누구인가요?	경향/습관	현재

문제	유형	시제
휴가 중 집에 방문한 사람과 함께 하는 일 When you spend your vacation at home, who usually comes to visit you? What activities do you enjoy doing with the people who come to visit you or that you see while you're on vacation? Provide as many details as possible. 집에서 휴가를 보낼 때, 보통 누가 당신을 방문하러 오나요? 휴가 중에 당신을 방문하는 사람들 또는 당신이 만나는 사람들과 어떤 활동을 즐기나요? 가능한 한 자세히 알려 주세요.	설명/묘사	현재
집에서 보낸 기억에 남는 휴가 Describe one memorable experience you had during a vacation at home. What happened? Who was involved? Why was this vacation so unforgettable? Explain all of the details. 집에서 휴가를 보내는 동안 기억에 남는 경험 한 가지를 설명해 주세요. 어떤 일이 있었나요? 누가 함께 있었나요? 이 휴가를 잊을 수 없는 이유는 무엇인가요? 모든 세부 사항을 설명하세요.	경험	과거
최근에 집에서 보낸 휴가 경험 Describe what you did during the last vacation you spent at home. Give me a detailed description of your activities from the beginning to the end of the day, including all the people you saw and interacted with. 집에서 보낸 최근의 휴가 동안 한 일을 설명하세요. 하루의 시작부터 끝날 때까지의 활동에 대해 자세히 설명해 주세요. 어떤 사람들을 만나고 교류했는지 포함해서요.	경험	과거
사람들이 과거와 현재 휴가를 보내는 방법 차이 How do most people in your country spend their vacations now compared to when you were growing up? What are the main differences, and why have these changes occurred? 당신이 어렸을 때와 비교했을 때 현재 당신 나라 대부분의 사람들은 휴가를 어떻게 보내고 있나요? 주된 차이점은 무엇이며 이러한 변화가 발생한 이유는 무엇인가요?	비교	과거 + 현재

⭐ 빈출 세트 구성

세트 예시 **1**	❶ 집에서 휴가를 보내는 경향 ❷ 집에서 보낸 기억에 남는 휴가 ❸ 최근에 집에서 보낸 휴가 경험
세트 예시 **2**	❶ 집에서 휴가를 함께 보내는 사람 ❷ 최근에 집에서 보낸 휴가 경험 ❸ 집에서 보낸 기억에 남는 휴가

경향/습관 ◆ 현재 시제

 026

집에서 휴가를 보내는 경향

You indicated in the survey that you prefer to stay at home during your vacations. What do you usually do when you spend your vacations at home? Give me as many details as possible.

설문 조사에서 휴가 기간 동안 집에 머무르는 것을 선호한다고 응답하셨습니다. 집에서 휴가를 보낼 때 주로 무엇을 하나요? 가능한 한 자세히 알려 주세요.

┃답변 가이드┃

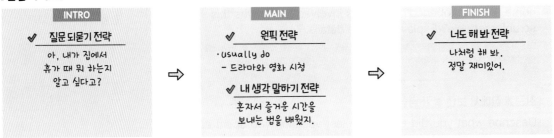

INTRO	MAIN	FINISH
✔ 질문 되묻기 전략 아, 내가 집에서 휴가 때 뭐 하는지 알고 싶다고?	✔ 원픽 전략 · usually do - 드라마와 영화 시청 ✔ 내 생각 말하기 전략 혼자서 즐거운 시간을 보내는 법을 배웠지.	✔ 너도 해 봐 전략 나처럼 해 봐. 정말 재미있어.

🏆 예시 답변

INTRO ▶ [1]Oh, you wanna know what I do when I'm on vacation at home?

MAIN ▶ [2]Well, honestly, I spend a lot of time watching dramas and movies. [3]You know, I just watch a lot of them all day long. [4]Netflix and other streaming services are really great. [5]I mean, especially with COVID and everything, I've learned how to have a good time by myself at home. [6]I just take it easy and relax. [7]It really allows me to gain energy.

FINISH ▶ [8]You should try it, too. [9]Seriously, it's really fun.

INTRO [1]아, 제가 집에서 휴가를 보낼 때 무엇을 하는지 알고 싶다고요?

MAIN [2]글쎄요, 솔직히 말하면 저는 드라마와 영화를 보면서 많은 시간을 보내요. [3]저기, 그냥 하루 종일 많이 보죠. [4]넷플릭스와 다른 스트리밍 서비스는 정말 좋아요. [5]제 말은, 특히 코로나19도 있었고 집에서 혼자서 즐거운 시간을 보내는 법을 배웠어요. [6]저는 그냥 느긋하게 쉬고 휴식을 취합니다. [7]그건 에너지를 얻는 데 정말 도움이 돼요.

FINISH [8]당신도 시도해 보세요. [9]정말이지 재미있어요.

---

all day long 하루 종일   streaming service 스트리밍 서비스   COVID 코로나19   have a good time 즐거운 시간을 보내다
take it easy 쉬엄쉬엄하다   gain 얻다   seriously 진심으로, 정말로

122

🚀 고득점 전략 & 해설

다시 한 번 강조하지만, 말하고 싶은 내용보다는 말하기 쉬운 내용을 골라서 답변하는 것이 핵심입니다. 딱히 떠오르는 소재가 없다면 유명하거나 만만한 소재를 사용해 임기응변으로 이야기를 바로 지어내세요. 여기서는 많은 분들이 집에서 쉬면서 한 번쯤 해 봤을 드라마/영화 시청을 소재로 삼았습니다.

1 **Oh, you wanna know** what I do when I'm on **vacation at home**?

You wanna know…?(~가 알고 싶다고요?)를 사용해 ✔ **질문 되묻기 전략**으로 답변을 시작했습니다. 첫 문장은 항상 질문에서 들은 키워드(vacation, at home)를 활용해 쉽게 시작해 보세요.

2 **Well, honestly, I spend** a lot of time **watching** dramas and movies.

소재 하나에 집중해서 말하는 ✔ **원픽 전략**은 경향/습관 유형에서 취해야 할 필수 전략은 아닙니다. '나열 전략'을 써서 내가 휴가 기간에 하는 일을 여러 개 이야기해도 괜찮습니다. 다만 '원픽 전략'을 사용하는 이유는 진실성을 높이고 구체적인 감정을 표현하는 데 용이하기 때문입니다.

참고로 'spend + 시간 + 동사ing(~하면서 시간을 보내다)'는 특정 활동을 하며 시간을 보내는 것을 묘사할 때 씁니다.

- I **spend** my vacation **relaxing** at home.
  저는 집에서 쉬면서 휴가를 보내요.

- I **spend** hours **cleaning** up my house.
  저는 집을 청소하면서 몇 시간을 보내요.

- I **spend** my weekends **reading** books.
  저는 책을 읽으며 주말을 보내요.

- I **spend** my spare time **watching** funny animal videos on YouTube.
  저는 유튜브에서 재미있는 동물 영상을 보며 여가 시간을 보내요.

3-4 **You know, I just watch** a lot of them **all day long**. Netflix and other streaming services are really great.

초급 단계 학생들이 가장 흔하게 저지르는 실수 중 하나는 문장이 뚝뚝 끊긴다는 것입니다. 계속 I로 문장을 시작하려는 경향이 있다 보니, 계속 내가 어떤 일을 한다고 말해서 답변이 딱딱해지죠. 이때 사이사이에 앞 문장과 연관되는 말을 덧붙이면 발화량도 늘어나고 답변이 훨씬 자연스러워집니다. 여기서는 드라마와 영화를 시청하는 시간과 시청하는 매체에 대해 설명을 덧붙여 매끄럽게 이야기를 풀어갔습니다.

여기 쓰인 all day long은 '하루 종일'이라는 뜻의 시간 표현입니다.

- I play video games **all day long**. 저는 하루 종일 비디오 게임을 해요.

- We talked about our trip **all day long**. 우리는 하루 종일 여행에 대해 이야기했어요.

- I worked on my project **all day long**. 저는 하루 종일 제 프로젝트를 작업했어요.

5 **I mean**, especially with COVID and everything, I've learned how to have a good time **by myself** at home.

집에서 보내는 휴가가 편한 이유를 설명했습니다. 행동만 말하고 끝내지 말고 행동의 이유까지 알려 줘야 이야기가 더욱 진솔해집니다. 본인의 생각을 덧붙이는 것은 IL/IM 단계에서는 필수까지는 아니지만, ✔ **내 생각 말하기 전략**으로 간단하게라도 내 생각을 표현하는 연습을 해 두세요.

여기서 I mean(내 말은, 내 말이 무슨 뜻인가 하면)은 자신의 말을 더 명확하게 강조하거나, 이전에 한 말을 보충 설명할 때 사용합니다.

한편 by oneself는 '혼자서'라는 뜻입니다. by 뒤에 myself, herself, himself 등을 붙이면 '혼자서'라는 의미가 됩니다.

- I like to cook **by myself**. 저는 혼자서 요리하는 것을 좋아해요.
- She went to the park **by herself**. 그녀는 혼자서 공원에 갔어요.
- He solved the puzzle **by himself**. 그는 혼자서 퍼즐을 풀었어요.

6-7 I just **take it easy** and relax. It really allows me to gain energy.

이어서 집에서 쉬는 것이 에너지를 얻게 해 준다는 내 생각도 표현했습니다. take it easy는 '쉬엄쉬엄 하다'라는 뜻입니다.

F 8-9 You should **try** it, too. Seriously, it's really fun.

✔ **너도 해 봐 전략**으로 채점자에게 재미있으니까 해 보라고 권유하며 답변을 마무리했습니다. try는 '시도하다, 해 보다'라는 뜻인데 어떤 활동을 권할 때는 You should try it.(그것을 해 보세요.)이라는 표현을 써 보세요.

Q2 집에서 보낸 기억에 남는 휴가

Describe one memorable experience you had during a vacation at home. What happened? Who was involved? Why was this vacation so unforgettable? Explain all of the details.

집에서 휴가를 보내는 동안 기억에 남는 경험 한 가지를 설명해 주세요. 어떤 일이 있었나요? 누가 함께 있었나요? 이 휴가를 잊을 수 없는 이유는 무엇인가요? 모든 세부 사항을 설명하세요.

▌답변 가이드 ▌

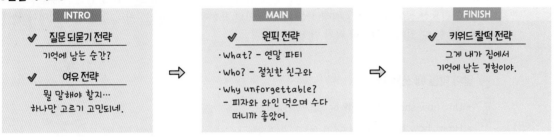

INTRO
✔ 질문 되묻기 전략
기억에 남는 순간?
✔ 여유 전략
뭘 말해야 할지…
하나만 고르기 고민되네.

⇒

MAIN
✔ 원픽 전략
· What? - 연말 파티
· Who? - 절친한 친구와
· Why unforgettable?
 - 피자와 와인 먹으며 수다 떠니까 좋았어.

⇒

FINISH
✔ 키워드 찰떡 전략
그게 내가 집에서 기억에 남는 경험이야.

🏆 예시 답변

INTRO
¹Hmm, a memorable moment? ²Well… What should I say... ³Umm, it's so hard to choose just one.

MAIN
⁴Okay, here's one. ⁵I threw a party at my place and invited my best friend two years ago. ⁶We celebrated the end of the year. ⁷We had pizza and wine, chatted for like six hours, and shared what happened. Haha. ⁸It was really great.

FINISH
⁹Yeah, that's a memorable experience at my place.

INTRO   ¹흠, 기억에 남는 순간이요? ²글쎄요… 뭐라고 말해야 할지… ³음, 그냥 하나만 고르기 너무 어렵네요.

MAIN   ⁴그래요, 하나 있어요. ⁵2년 전에 우리 집에서 파티를 열었는데 절친한 친구를 초대했어요. ⁶우리는 연말을 축하했어요. ⁷피자와 와인을 먹으며 한 6시간 정도 수다를 떨었고 무슨 일이 있었는지 공유했어요. 하하. ⁸진짜 좋았어요.

FINISH   ⁹네, 그게 우리 집에서의 기억에 남는 경험이에요.

---

choose 선택하다   throw a party 파티를 열다   place 장소, 집   invite 초대하다   end of the year 연말, 한 해의 끝   chat 수다를 떨다, 대화하다
share 공유하다

🚀 고득점 전략 & 해설

기억에 남는 휴가 경험을 묻는 질문입니다. 경험은 항상 과거 시제를 쓴다는 점에 유의하면서 '원픽 전략'으로 휴가 때 한 일을 하나의 주제를 잡아 이야기해 봅시다. 그 휴가가 기억에 남는 이유를 말하면서 감정 형용사도 넣어서 말해 보세요.

1 **Hmm, a memorable moment?**

✔️ **질문 되묻기 전략**으로 답변을 시작했습니다. 질문 키워드 memorable experience(기억에 남는 경험)를 약간 변형해 memorable moment(기억에 남는 순간)라고 했습니다.

2 **Well… What should I say...**

What should I say...는 말이 막혀서 당황스러운 상황에서 사용하면 좋은 표현입니다. 시간을 벌고 싶을 때 불필요한 공백을 피하기 위해 사용하세요. 이런 표현은 하나보다는 여러 개를 알고 있어야 돌려가며 사용할 수 있어서 암기한 티가 안 납니다.

> 💡 **말이 막힐 때 쓰는 표현**
>
> • Um, how should I say it? 어, 어떻게 말해야 할까요? (정중하게 말하고 싶을 때)
> • Hmm, how should I put it? 음, 어떻게 말해야 할까요? (민감한 주제를 조심스럽게 표현할 때)
> • So what do I say? 그러니까 제가 뭐라고 할까요? (당황할 때, 뭘 말해야 할지 모를 때)
> • So how do I put it? 그러니까 어떻게 말할까요? (생각을 정리하면서 적절한 표현을 찾을 때)
> • Okay, how do I say this? 좋아요, 이걸 어떻게 말하지? (어려운 주제를 전달할 때)

3 **Umm, it's so hard to choose just one.**

✔️ **여유 전략**으로 '하나만 택하기 너무 힘든데' 하면서 여유를 부려 보았습니다. 실제로 말할 거리가 많지 않아도 이렇게 말하면서 빨리 아이디어를 생각해 내세요.

4 **Okay, here's one.**

이제 ✔️ **원픽 전략**으로 기억에 남는 이야기가 하나 떠올랐다고 이야기하세요. 여기서 포인트는 정말 고민하다가 떠오른 것처럼 연기하는 겁니다. 딱딱하게 읽지 말고 이제 생각났다는 듯이 느낌을 살려서 말해야 즉석 발화처럼 들립니다.

5-7 **I threw a party at my place and invited my best friend two years ago. We celebrated the end of the year. We had pizza and wine, chatted for like six hours, and shared what happened. Haha.**

'원픽'으로 선택한 '연말 파티'에 대한 세부 사항을 이야기했습니다. MAIN에서는 질문에서 물어본 키워드(What, Who, Why)를 위주로 답변하되, 혹여나 키워드를 한두 개 빠뜨렸다고 너무 걱정할 필요는 없습니다. 중요한 건 주제에 맞는 이야기, 즉 채점자가 듣고 싶어하는 '집에서 보낸 휴가'에 대한 이야기를 정확하게 전달(accuracy)하는 것입니다.

참고로 과거 경험을 말할 때는 특히 시제에 주의하세요. 알맞은 동사의 과거형(threw, invited, celebrated, had, chatted, shared)으로 말해야 합니다.

8 **It was really** great.

✔ **감정 형용사 전략**으로 짧은 문장이라도 내 감정을 하나 이상 꼭 넣어 주세요. 감정을 표현하면 그 경험이 기억에 남는 이유를 잘 설명할 수 있습니다.

F 9 **Yeah, that's a** memorable experience **at** my place.

✔ **키워드 찰떡 전략**으로 키워드 memorable experience를 그대로 활용해 채점자의 입맛에 맞게 마무리하면 완벽합니다. '우리 집'을 뜻하는 my home의 반복을 피하고 싶으면 my place 또는 my spot 같은 표현을 대신 사용하세요.

🎧 028

최근에 집에서 보낸 휴가 경험

Describe what you did during the last vacation you spent at home. Give me a detailed description of your activities from the beginning to the end of the day, including all the people you saw and interacted with.

집에서 보낸 최근의 휴가 동안 한 일을 설명하세요. 하루의 시작부터 끝날 때까지의 활동에 대해 자세히 설명해 주세요. 어떤 사람들을 만나고 교류했는지 포함해서요.

┃답변 가이드┃

🏆 예시 답변

INTRO
¹Oh, are we talking about recent experiences again? ²Haha, this one's quite similar to the last one though. ³Hmm, a recent memorable moment… ⁴Let me think… ⁵Well, you know, here's one that comes to mind.

MAIN
⁶I just hung out with my dog, hahaha. ⁷I gave him treats, gave him a bath, and then lay on the bed rolling around. ⁸It was really relaxing. ⁹During my break, it was just me and my dog; no one actually came over. ¹⁰So it was just us, yeah. ¹¹Normally, I'm super busy with work, so it felt refreshing to unwind and chill out.

FINISH
¹²Yeah, that's my recent vacation memory. ¹³The end!

INTRO | ¹아, 또 최근의 경험에 대해 이야기하나요? ²하하, 이건 저번에 말한 거랑 상당히 비슷한데요. ³흠, 최근에 기억에 남는 순간이라⋯ ⁴생각 좀 해 볼게요. ⁵음, 있잖아요, 떠오르는 게 하나 있네요.

MAIN | ⁶저는 그냥 제 개랑 놀았어요. 하하하. ⁷간식도 주고, 목욕도 시키고, 침대에 누워서 뒹굴거렸죠. ⁸정말 편안했어요. ⁹쉬는 동안에는 저랑 개 둘만 있었고 아무도 오지 않았어요. ¹⁰정말이지 우리 둘뿐이었죠, 네. ¹¹평소에는 일 때문에 엄청 바빴기 때문에 긴장을 풀고 휴식을 취하니 상쾌함을 느꼈어요.

FINISH | ¹²네, 이것이 제 최근 휴가 기억입니다. ¹³끝!

come to mind 생각이 떠오르다　hang out 어울리다, 시간을 보내다　treat 간식　give ~ a bath ~을 목욕시키다　lie 눕다 (과거형 lay)
roll around 뒹굴다　relaxing 편안하게 하는　refreshing (기분을) 상쾌하게 하는　unwind 긴장을 풀다　chill out 휴식을 취하다

최근에 한 일을 묻는 문제도 경험 유형이므로 과거 시제를 써야 합니다. 앞서 나온 '기억에 남는 휴가'와 내용이 겹칠 수 있으므로 완전히 다른 소재를 활용해 답변하는 것이 좋습니다. '원픽 전략'으로 주제를 하나 정해서 내 경험을 이야기하세요.

I 1-2 **Oh, are we talking about recent experiences again? Haha, this one's quite similar to the last one though.**

경험 문제가 연속으로 나오거나 비슷한 내용을 질문하면 답변을 바로 떠올리기 곤란할 수 있습니다. 이때는 생각할 여유를 벌기 위해 ✔ **연결 전략**을 사용해 보세요. 이전 답변과 연결 지어 '또 최근 경험을 말하라고? 아까 한 거랑 비슷한데.' 하며 즉석 발화 실력을 어필하는 겁니다. 이렇게 말하면 더욱 생생한 대답처럼 느껴집니다.

3-5 **Hmm, a recent memorable moment… Let me think... Well, you know, here's one that comes to mind.**

Let me think.(생각해 볼게요.)라고 말한 다음에 정말로 공백을 가지면 곤란합니다. Well이나 You know 같은 필러로 공백을 채우며 그동안 할 말을 생각해 내야 합니다.

이 다음에는 Here's one that comes to mind.처럼 '떠오르는 게 하나 있다'는 말을 세트로 사용하세요. come to mind는 '생각이 떠오르다'라는 뜻입니다.

M 6-7 **I just hung out with my dog, hahaha. I gave him treats, gave him a bath, and then lay on the bed rolling around.**

✔ **원픽 전략**으로 사건 하나를 정해 구체적으로 설명하세요. 여기서는 '개와 함께 놀기'를 주제로 잡았습니다. 과거의 경험을 말하므로 과거 시제(hung, gave, lay)를 사용해야 합니다.

참고로 '눕다'라는 의미의 동사 lie의 과거형은 lay이며 (lie-lay-lain) 동명사 형태는 lying입니다. 형태를 정말 많이 실수하는 동사이니 확실하게 활용하는 법을 익혀 두세요.

> 💡 **동사 lie의 활용**
>
> - I **lie** on the bed and watch YouTube shorts.
>   저는 침대에 누워서 유튜브 쇼츠를 봐요.
>
> - Before sleeping, I like to **lie** on the bed and enjoy Instagram reels.
>   저는 자기 전에 침대에 누워서 인스타그램 릴스를 즐기는 것을 좋아해요.
>
> - Yesterday, I **lay** on the bed and meditated for a while.
>   어제 저는 침대에 누워서 잠시 명상했어요.
>
> - I was **lying** on the bed and reading a book.
>   저는 침대에 누워 있었고 책을 읽고 있었어요.
>
> - I have been **lying** on the bed for hours.
>   저는 몇 시간 동안 침대에 누워 있었어요.

8 **It was really relaxing.**

사건을 설명한 후 더 이상 할 말이 없으면 ✔ **감정 형용사 전략**도 추가해 내가 느낀 감정을 말해 주세요. relaxing은 '편안하게 하는, 긴장을 풀어 주는'이란 뜻입니다. 또는 다음과 같은 형용사를 써서 말할 수도 있습니다.

- It was quite **peaceful**. 매우 평온했어요.
- It was super **comfortable**. 아주 편안했어요.
- It was so **refreshing**. 정말 상쾌했어요.
- It was incredibly **calming**. 엄청나게 마음이 진정되었어요.

9-10 **During my break, it was just me and my dog; no one actually came over. So it was just us, yeah.**

질문에 people you saw(당신이 만난 사람들)라는 키워드가 있지만, 꼭 '사람'에 대한 대답을 할 필요는 없습니다. just me and my dog처럼 집에서 개랑 단 둘이 있었다고 말해도 충분합니다. 만난 사람이 없다는 점을 강조하기 위해 no one actually came over(아무도 오지 않았어요)라는 추가 설명도 덧붙였습니다.

11 **Normally, I'm super busy with work, so it felt refreshing to unwind and chill out.**

✔ **내 생각 말하기 전략**으로 집에서 휴식을 취한 것에 대해 '상쾌함을 느꼈다(felt refreshing)'라고 내 생각을 표현했습니다.

unwind, chill out처럼 휴식과 관련된 표현도 잘 익혀 두세요. 하나의 표현만 사용하지 말고 다양한 표현을 써서 내 어휘력을 드러내는 것이 좋습니다.

💡 **휴식과 관련된 표현**

- **unwind** 긴장을 풀다, 휴식을 취하다

  I like to **unwind** after work by taking a long bath.
  퇴근 후에 긴 목욕을 하며 긴장을 푸는 것을 좋아해요.

  After a stressful day, I **unwind** by reading a novel.
  스트레스를 받은 날에는 소설을 읽으며 휴식을 취해요.

- **chill out** 머리를 식히다, 휴식을 취하다

  I like to **chill out** on weekends by watching movies and hanging out with friends.
  주말에는 친구들과 영화를 보고 놀며 휴식을 취하는 것을 좋아해요.

  When I feel overwhelmed, I **chill out** by listening to calming music.
  압박감을 느낄 때는 잔잔한 음악을 들으며 머리를 식혀요.

12 Yeah, that's my recent vacation memory.

✔ **키워드 찰떡 전략**으로 키워드(last vacation)를 활용해 답변을 마무리했습니다. 키워드 last와 비슷한 뜻의 단어 recent를 사용했죠. 키워드는 끝까지 머릿속에 각인해 두고 적절하게 활용하세요.

한편 memory(기억, 추억)는 경험 유형에서 마무리할 때 사용하면 좋은 단어입니다. 아래 문장처럼 말할 수도 있습니다.

· That's my recent unforgettable **memory**. 그게 제가 최근에 겪은 잊을 수 없는 기억이에요.

· That's my best vacation **memory**. 그게 제가 가진 최고의 휴가 기억이에요.

이번 답변에서는 앞에서 '집'을 충분히 강조해서 다시 사용하지 않았지만, 끝에 at home을 추가해 말해도 좋습니다.

· Yeah, that's my recent vacation memory **at home**.
네, 그게 집에서의 제 최근 휴가 기억이에요.

13 The end!

✔ **마무리 전략**으로 '끝!'이라는 마무리 표현을 넣어서 답변을 완전히 끝냈다는 것을 드러냈습니다.

국내여행 & 해외여행

✔ 이렇게 준비하세요

여행 주제에서는 **경험**을 묻는 질문이 자주 출제됩니다. 이 주제에서는 두 가지 사항을 주의하세요. 첫 번째는 **과거 시제**입니다. 경험은 과거 시제 활용을 확인하기 위한 유형이므로 시제에 맞게 대답하세요. 두 번째로 주의할 점은 **소재**입니다. 비슷한 질문이 연달아 나오기 때문에 뒤에 가면 할 말이 떨어져서 곤란할 수 있습니다. 소재가 고갈되지 않도록 여러 이야기를 준비해 두세요.

⭐ 자주 출제되는 문제

문제	유형	시제
해외여행지에서 하는 일 What are the things that you do when you are visiting another country? Please explain the activities in detail. 다른 나라를 방문할 때 하는 활동에는 어떤 것들이 있나요? 활동을 자세히 설명해 주세요.	경향/습관	현재
여행 전 준비 과정 Before you travel, what do you usually do to prepare for the trip? Do you do research in advance or make reservations? Is there anything special you do to get ready? Please describe your preparations in detail. 여행을 떠나기 전에 보통 어떤 준비를 하나요? 미리 조사하거나 예약을 하나요? 어떤 특별한 준비를 하는 게 있나요? 준비 과정을 자세히 설명해 주세요.	경향/습관	현재

문제	유형	시제
좋아하는 여행 장소 설명 You indicated in the survey that you enjoy traveling within your country. Where would you like to visit? Do you prefer the mountains or the beach? Describe a place you'd like to visit and why. 설문 조사에서 당신은 국내 여행을 즐긴다고 했습니다. 어디를 가고 싶나요? 산이 더 좋나요, 아니면 해변이 더 좋나요? 가 보고 싶은 곳과 그 이유를 설명해 주세요.	설명/묘사	현재
첫 해외여행 장소 및 사람들 묘사 Tell me about your first trip to another country or city you've visited. What did it look like, and what were the people like there? 다른 나라나 도시에 처음 방문한 여행에 대해 이야기해 주세요. 그곳은 어떤 모습이었으며 사람들은 어땠나요?	경험	과거
기억에 남는 여행 경험 What is the most memorable experience you have had while traveling? When and where did you go? What happened? Why was it memorable? Describe the experience in detail. 여행하면서 가장 기억에 남는 경험은 무엇인가요? 언제, 어디에 갔나요? 무슨 일이 있었나요? 기억에 남는 이유는 무엇인가요? 그 경험을 자세히 설명해 주세요.	경험	과거
어렸을 때 한 여행 경험 Think about another country you visited as a child. What was it like? Please describe it in detail. 어렸을 때 방문했던 다른 나라를 생각해 보세요. 어떤 모습이었나요? 자세히 설명해 주세요.	경험	과거

⭐ 빈출 세트 구성

세트 예시 **1**	❶ 해외여행지에서 하는 일 ❷ 첫 해외여행 장소 및 사람들 묘사 ❸ 기억에 남는 여행 경험
세트 예시 **2**	❶ 여행 전 준비 과정 ❷ 첫 해외여행 장소 및 사람들 묘사 ❸ 어렸을 때 한 여행 경험

Q1 해외여행지에서 하는 일

What are the things that you **do** when you are **visiting another country**? Please explain the **activities** in detail.

다른 나라를 방문할 때 하는 활동에는 어떤 것들이 있나요? 활동을 자세히 설명해 주세요.

▌답변 가이드 ▐

INTRO
질문 되묻기 전략
아, 여행 가서
내가 하는 행동이라…

MAIN
나열 전략
· Do what?
 – 전통 시장 방문하기
 – 현지 요리 먹기
 – 쇼핑몰 가서 선물 사기

FINISH
마무리 전략
그게 다야.
간단하지?

🏆 예시 답변

INTRO　¹Oh, the activities that I do... ²Well, it's quite simple.

MAIN　³First, I love trying new exotic food. ⁴So I always visit a traditional market in that country. ⁵I enjoy various local dishes there. ⁶And the second thing is that I go to a shopping mall to buy some chocolates and special gifts for my friends and family.

FINISH　⁷So that's everything. ⁸Eating and shopping. ⁹Simple, right? Haha.

INTRO　¹아, 제가 하는 활동이요… ²글쎄요, 아주 간단해요.

MAIN　³첫째로, 저는 새로운 이국적인 음식을 맛보는 것을 좋아해요. ⁴그래서 항상 그 나라에 있는 전통 시장을 방문해요. ⁵거기서 다양한 현지 요리를 즐기죠. ⁶그리고 두 번째로는 쇼핑몰에 가서 친구와 가족을 위해 초콜릿과 특별한 선물을 사요.

FINISH　⁷그러니까 그게 다입니다. ⁸먹고 쇼핑하기. ⁹간단하죠? 하하.

---

activity 활동　simple 간단한　try 맛보다, 시도하다　exotic 이국적인　traditional 전통적인　market 시장　local 현지의　dish 요리

🚀 고득점 전략 & 해설

국내와 해외를 나타내는 단어는 잘 숙지해 놓아야 질문을 들을 때 의도를 제대로 파악할 수 있습니다. 자칫하면 해외여행에 대한 질문에 국내여행과 관련된 답변을 할 수도 있으니까요. '국내여행' 관련 질문에는 domestic(국내의), home country(모국, 조국), '해외여행' 관련 질문에는 overseas(해외로), abroad(외국으로), international(국제적인), outside of your country(당신 나라 밖에서) 같은 표현이 주로 나옵니다.

해외여행지에서 하는 일은 '경향/습관' 유형이므로 현재 시제를 사용합니다. '반복 습관 = 현재 시제'라는 공식을 머릿속에 새기면서 답변해 보세요.

Ⅰ 1-2 **Oh, the activities that I do... Well, it's quite simple.**

✔ **질문 되묻기 전략**으로 빠르고 쉽게 답변을 시작합니다. activities처럼 핵심 키워드를 활용해 간편하게 문장을 만드세요.

M 3 **First, I love trying new exotic food.**

경향/습관 유형은 행동을 나열하는 ✔ **나열 전략**을 사용하면 효과적입니다. 이때는 순서를 붙여서 논리적인 답변 구조를 만들면 좋습니다. 가장 기본적인 First(첫 번째로), Second(두 번째로), Third(세 번째로)를 사용해도 좋고 아래 표현을 활용해 순서대로 말해도 됩니다.

> 💡 **순서를 나타내는 표현**
>
> • **First off / First of all** 첫 번째로
>
> • **Next / Then** 그 다음에
>
> • **Lastly / Finally** 마지막으로

이런 표현들을 활용하면 어떤 과정이라도 순서대로 쉽게 나열할 수 있습니다. 예를 들어 여행에서 하는 활동과 여행 전에 하는 일을 묘사할 때 다음과 같이 말할 수 있습니다.

- **First off**, I need to check in at the hotel. **Next**, I'll explore the area and look for good restaurants. **Lastly**, I'll go to the market to buy some souvenirs.
  첫 번째로, 저는 호텔에 체크인을 해야 해요. 그 다음에, 주변을 탐험하면서 맛집을 찾아볼 거예요. 마지막으로, 기념품을 사러 시장에 갈 거예요.

- **First of all**, I need to pack the bags. **Then**, I'll get the tickets. **Finally**, I'll grab some snacks for the trip.
  첫 번째로, 저는 짐을 싸야 해요. 그 다음에, 표를 살 거예요. 마지막으로, 여행을 위해 간식을 챙길 거예요.

참고로 I love 다음에 동명사(-ing)를 넣으면 자신의 취향이나 좋아하는 일을 표현할 수 있습니다.

- **I love hiking** in the mountains. 저는 산에서 하이킹하는 것을 좋아해요.

- **I love learning** new languages. 저는 새로운 언어를 배우는 것을 좋아해요.

- **I love meeting** people from around the world. 저는 전 세계에서 온 사람들을 만나는 것을 좋아해요.

4-5 So I always visit a traditional market in that country. I enjoy various local dishes there.

만약 시험의 총 발화 시간이 30분 미만일 정도로 답변 양이 적다면 ✔ **유창성 전략**으로 부연 설명을 자연스럽게 추가하는 연습을 해 보세요. 여기서는 앞서 말한 new exotic food(새로운 이국적인 음식)에 대한 부연 설명을 자연스럽게 덧붙이며 발화량을 늘렸습니다.

6 And the second thing is that I go to a shopping mall to buy some chocolates and special gifts for my friends and family.

이번에는 the second thing(두 번째 일)으로 주제를 바꿔 쇼핑에 대해 설명했습니다. 경향/습관 질문에서는 반복적으로 하는 행동을 나열하는 ✔ **나열 전략**이 잘 어울리기 때문에 '원픽 전략'은 여기서 쓰지 않았어요. 물론 나열한 것 중에서 하나를 골라 깊게 이야기해도 되지만, 이 유형 자체가 답변을 길게 말할 필요가 없으므로 적당히 두세 가지 행동을 이야기하고 넘어가면 됩니다.

F **7-9** So that's everything. Eating and shopping. Simple, right? Haha.

✔ **마무리 전략**으로 That's everything.(그게 다예요.)을 사용했습니다. 마지막에는 답변 키워드인 eating과 shopping을 한 번 더 언급해 주며 지금까지 이야기한 내용을 간단히 요약했습니다.

Q2 첫 해외여행 장소 및 사람들 묘사

Tell me about your **first trip** to another country or city you've visited. What did it **look like**, and what were the **people** like there?

다른 나라나 도시에 처음 방문한 여행에 대해 이야기해 주세요. 그곳은 어떤 모습이었으며 사람들은 어땠나요?

답변 가이드

INTRO
✔ 질문 되묻기 전략
　오, 다른 나라에
　처음 간 경험?
✔ 두괄식 전략
・First trip? – 캐나다

⇨

MAIN
✔ 원픽 전략
・Look like – 넓었어.
・People – 친절했어.
✔ 내 생각 말하기 전략
　사람들의 인내심이 돋보였어.

⇨

FINISH
✔ 마무리 전략
　전반적으로
✔ 내 생각 말하기 전략
　사람들의 친절함이
　인상에 남아.

🏆 예시 답변

INTRO ¹ Oh… Well, you wanna hear about my first experience in another country, right? ² Hmm, I think… Maybe it was Canada.

MAIN ³ Yeah, I went there when I was in middle school. ⁴ My first impression was that everything felt really wide. ⁵ I remember Walmart was 10 times wider than a Korean supermarket. ⁶ The people were super kind, too. ⁷ For example, the bus driver and the passengers waited for us when we were running to catch the bus. ⁸ Their patience really stood out compared to my country.

FINISH ⁹ So, overall, the kindness of Canadians left a lasting impression on me.

INTRO ¹ 오… 음, 다른 나라에서의 첫 경험에 대해 듣고 싶으신가요? ² 흠, 생각해 보니… 아마 캐나다였던 것 같아요.

MAIN ³ 네, 저는 중학교 때 거기 갔어요. ⁴ 첫 인상은 모든 게 정말 넓게 느껴진다는 거였어요. ⁵ 월마트가 한국의 슈퍼마켓보다 10배는 넓었던 기억이 나요. ⁶ 사람들도 정말 친절했어요. ⁷ 예를 들어, 버스 기사님과 승객들이 우리가 버스를 타기 위해 뛰어올 때 기다려 주셨어요. ⁸ 그분들의 인내심은 제 나라와 비교했을 때 정말 돋보였어요.

FINISH ⁹ 그러니까, 전반적으로 캐나다 사람들의 친절함이 저에게 오랜 인상을 남겼어요.

---

impression 인상　passenger 승객　catch the bus 버스를 잡아타다　patience 인내심, 참을성　stand out 돋보이다, 눈에 띄다
compared to ~와 비교하면　overall 전반적으로　kindness 친절함　lasting 오래 지속되는

🚀 고득점 전략 & 해설

첫 경험을 묻는 유형입니다. 질문에 first time(처음), first day(첫날), first experience(첫 경험) 같은 표현이 나온다고 해서 first에 집착하지 마세요. 첫 경험을 떠올리느라 대답하기까지 긴 공백을 만드는 실수를 저지르면 안 됩니다. 생각이 잘 안 나면 '다 가져다 붙이기 전략'으로 여러 경험을 하나로 합쳐서 말하세요. 오픽은 사실이 중요한 시험이 아니므로 임기응변으로 이야기를 지어내세요. 특히 초급 단계일수록 즉석에서 이야기 만들어 내는 것을 어려워하기 때문에 다양한 이야기를 미리 준비해 놓는 노력이 필요합니다. 과거에 한 경험이므로 과거 시제로 답변하는 것도 잊지 마세요.

1-2 Oh… Well, you wanna hear about my first experience in another country, right? Hmm, I think… Maybe it was Canada.

✔ **질문 되묻기 전략**으로 여유를 벌고, ✔ **다 가져다 붙이기 전략**으로 생각나는 여행 장소 Canada를 바로 가져다 붙였습니다. 첫 여행지가 아니어도 그냥 말하기 쉬운 나라를 선택하세요. 내용이 진실인지 거짓인지는 중요하지 않아요. 떠오르는 내용을 선택해 답변을 시작하세요. ✔ **두괄식 전략**으로 초반에 첫 여행지 캐나다를 언급하며 답변 방향을 잡았습니다.

3-4 Yeah, I went there when I was in middle school. My first impression was that everything felt really wide.

질문 키워드 look like에 대해 답변했습니다. ✔ **원픽 전략**으로 캐나다의 다양한 모습 중 wide(넓은)를 특징으로 꼽았습니다.

5 I remember Walmart was 10 times wider than a Korean supermarket.

wide에 대해 예시를 들어 설명했습니다. Walmart(월마트) 같은 실제 고유명사를 사용해도 좋습니다. 이처럼 미국인이 들으면 바로 알 수 있는 유명한 대상은 따로 설명 없이 넘어가도 되지만, 그게 아니라면 반드시 뒤에 친절하게 설명을 덧붙이세요.

참고로 '숫자 + times + 비교급'은 '몇 배 더 ~한'이라는 뜻입니다. 10 times wider는 '10배 더 넓은'이라는 뜻이 됩니다.

· This park is **2 times bigger** than the one near my house.
　이 공원은 우리 집 근처에 있는 공원보다 2배 더 커요.

· My new phone is **5 times more expensive** than the old model.
　내 새 휴대폰은 이전 모델보다 5배 더 비싸요.

· His new movie is **10 times more fun** than his last one.
　그의 새 영화는 지난번 영화보다 10배 더 재밌어요.

6-7 The people were super kind, too. For example, the bus driver and the passengers waited for us when we were running to catch the bus.

people이라는 질문 키워드에 대해서도 ✔ **원픽 전략**으로 kind(친절한)를 골랐습니다. IM1 수준까지는 The Canada was very wide. And the people were very kind.(캐나다는 아주 넓었다. 그리고 사람들은 아주 친절했다.) 정도로 짧게 키워드만 뽑아서 답변해도 괜찮지만, IM2 이상을 받고 싶다면 뒤에 조금이라도 부연 설명하는 문장이나 예시를 넣어 주는 게 좋습니다. 여기서는 for example(예를 들어) 뒤에 구체적인 사례를 추가했습니다.

8 **Their patience really stood out compared to my country.**

✔ **내 생각 말하기 전략**으로 한국과 캐나다 사람들을 비교하며 개인적인 감상도 하나 덧붙였습니다.
여기서 stand out은 '돋보이다, 눈에 띄다'라는 뜻입니다. 두드러지는 특징을 설명할 때 쓰는 표현이라
인상 깊었던 경험을 설명할 때 사용하면 좋습니다.

- During my trip, the delicious food really **stood out**.
  여행 중에 맛있는 음식이 정말 돋보였어요.

- The sunset at the beach was so pretty that it really **stood out**.
  해변의 일몰이 아주 예뻐서 정말 눈에 띄었어요.

- The colorful flowers in the garden made the place **stand out**.
  정원의 화려한 꽃들이 그 장소를 돋보이게 만들었어요.

- In the city, the tall buildings **stand out**.
  그 도시에서는 높은 건물들이 눈에 띄어요.

F **9** **So, overall, the kindness of Canadians left a lasting impression on me.**

✔ **마무리 전략**으로 내용을 종합적으로 요약하는 overall(전반적으로)을 사용해 이제 답변을 마무리 짓
겠다는 표시를 했습니다. 이어서 ✔ **내 생각 말하기 전략**으로 캐나다 사람들의 친절함이 인상에 남는다고
내 생각을 밝혔습니다.

여기서는 요약하면서 앞에서 사용한 단어 kind를 다시 사용하는 대신 kindness(친절)라는 다른 단어
를 사용했습니다. 이처럼 살짝이라도 단어를 변형해 내 어휘력을 드러내세요. 어휘력을 향상시키려면
공부하는 틈틈이 새로운 단어와 유의어를 찾아서 암기하는 연습이 필요합니다. 사실 많은 학생들이 단
어가 떠오르지 않아서 말을 못 이어가는 경우가 많거든요. 그럴 때를 위해 쉽게 풀어 말하는 '초딩 조
카 전략'도 사용할 수는 있지만, 결국 정확한 의사를 전달하기 위해서는 충분한 어휘를 알고 있어야 합
니다. 적어도 이 책에 나온 단어는 모두 암기하고, 평소에도 '이건 영어로 어떻게 말하지?' 하며 단어를
찾아보는 습관을 가져 보세요.

Q3 기억에 남는 여행 경험

What is the most memorable experience you have had while traveling? When and where did you go? What happened? Why was it memorable? Describe the experience in detail.

여행하면서 가장 기억에 남는 경험은 무엇인가요? 언제, 어디에 갔나요? 무슨 일이 있었나요? 기억에 남는 이유는 무엇인가요? 그 경험을 자세히 설명해 주세요.

▌답변 가이드 ▌

INTRO	MAIN	FINISH
✔ __질문 되묻기 전략__ 가장 좋은 여행 기억?	✔ __육하원칙 전략__ · When? - 2018년에 · Where? - 이탈리아에서 · What? - 연예인을 만났어. · Why? - 날 포옹해 줘서	✔ __내 생각 말하기 전략__ 언젠가 코난쇼에 게스트로 나가고 싶어.
✔ __연결 전략__ 아까랑 비슷한 질문이라 어렵네. 생각해 볼게.		

🏆 예시 답변

INTRO
¹Huh? You want to know my best memory from a trip? ²Well… It's a bit tough to choose since you've asked me things like this before, but I'll try to think of one. ³Give me a moment. Well…

MAIN
⁴Oh! I got one, and it's truly an amazing story. ⁵In 2018, before Covid, I traveled to several European countries, including France, England, and Germany, but my favorite was definitely Italy. ⁶There, I unexpectedly met my favorite star, Conan O'Brian, in the countryside. ⁷Yeah, can you believe it? ⁸It was such a crazy coincidence! ⁹We took pictures, and he even hugged me. ¹⁰Aww, he was so sweet.

FINISH
¹¹So one day, I hope to be a guest on his show and thank him for being so nice. Haha.

INTRO　¹네? 제 여행에서 가장 좋은 기억을 알고 싶다고요? ²글쎄요… 전에도 이거랑 비슷한 걸 물어봐서 고르기 좀 어렵지만 그래도 하나 생각해 볼게요. ³잠깐만요. 음…

MAIN　⁴오! 하나 떠올랐는데, 진짜 굉장한 이야기예요. ⁵2018년에 코로나19가 시작되기 전에 프랑스, 영국, 독일을 비롯한 여러 유럽 나라를 여행했는데, 그중 가장 좋았던 곳은 확실히 이탈리아였어요. ⁶그곳에서 제가 가장 좋아하는 스타, 코난 오브라이언을 시골에서 우연히 만났어요. ⁷네, 믿어지세요? ⁸정말 엄청난 우연이었어요! ⁹우리는 사진도 찍었고 그가 저를 포옹해 주기도 했어요. ¹⁰아, 그는 아주 친절했어요.

FINISH　¹¹그래서 언젠가 그의 쇼에 게스트로 나가서 그때의 친절함에 대해 꼭 감사 인사를 하고 싶어요. 하하.

---

unexpectedly 예상치 못하게　countryside 시골　coincidence 우연의 일치　hug 포옹하다　sweet 친절한　guest 손님, 게스트

🚀 고득점 전략 & 해설

기억에 남는 경험은 오픽 시험에서 항상 출제되는 유형입니다. 육하원칙으로 어떤 일이 있었는지 상세하게 과거 시제로 답변하세요. 경험 내용은 꼭 화려하거나 멋들어지지 않아도 괜찮아요. 본인에게 의미 있던 순간을 떠올려 보고 자신에게 기억에 남는 이유를 강조하세요. 예시 답변에서도 유명인을 만난 이야기가 기억에 남는 일로 공감되기 쉬우므로 소재로 골랐습니다.

Ⓘ **1** Huh? You want to know **my best memory from a trip**?

✔ **질문 되묻기 전략**으로 시작하면서 키워드를 그대로 사용하지 않고 변형해 말했습니다. the most memorable experience(가장 기억에 남는 경험)는 my best memory(가장 좋은 기억)로, while traveling(여행하면서)은 from a trip(여행에서)으로 변화를 주었습니다. 이런 식으로 키워드를 똑같이 사용하지 않고 살짝 응용해도 좋습니다.

2-3 Well… It's a bit tough to choose since you've asked me things like this before, but I'll try to think of one. Give me a moment. Well…

바로 질문에 답하는 대신, 생각할 여유를 얻기 위해 채점자를 향해 툴툴거렸습니다. 한 주제에서 비슷한 질문을 반복해서 물어보면 당연히 할 말이 줄어들 수밖에 없는데요. 이때 "또 물어봐요? 아까 물어봤잖아요!" 하는 식으로 받아치면, 상황에 즉각적으로 대처해 말하고 있다는 느낌이 부각됩니다. 바로 ✔ **연결 전략**이죠.

위에 나온 문장들은 단순히 시간을 끄는 말입니다. 끊김 없이 쭉 연결되어 입에서 술술 나올 수 있게 연습하세요.

Ⓜ **4** Oh! **I got one**, and it's truly an amazing story.

앞에서 시간을 좀 달라고 했으니 이제는 '그런 경험이 있다'라는 말이 와야 합니다. I got one.은 지금 막 생각났다는 뉘앙스를 살려서 연기하듯 말하세요. 무미건조하게 말하면 어색해서 외운 것처럼 느껴질 수 있습니다.

5 In 2018, before Covid, I traveled to several European countries, including France, England, and Germany, but my favorite was definitely Italy.

In 2018(2018년에)처럼 특정 시기를 언급하면 이야기의 진실성이 올라갑니다. 진짜 여부는 중요하지 않습니다. last year(작년), last month(지난달), two years ago(2년 전) 등 입에 잘 붙는 표현을 보험처럼 준비해 두세요. 뒤에 나온 before Covid는 시기에 대해 추가로 덧붙인 말인데, 이렇게 말을 덧붙이는 것 자체가 부담이라면 빼고 말해도 괜찮습니다.

참고로 IM1 단계 학생들의 답변은 I went to Europe. I went to Italy.처럼 단답식으로 구성되는 경우가 많은데, 위의 답변을 참고해서 문장 흐름을 연결되게 만들어 보세요. 육하원칙의 요소를 덧붙이며 말을 추가하면 자연스럽게 들립니다.

6 There, I unexpectedly met my favorite star, Conan O'Brian, in the countryside.

짧은 문장을 긴 문장으로 만드는 건 그렇게 어렵지 않습니다. 기본 문장 틀에 여러 요소를 추가해 주면 되지요. 예를 들어 I met my favorite star, Conan O'Brian.(제가 가장 좋아하는 스타, 코난 오브라 이언을 만났어요.)이 뼈대 문장이라면 다음과 같은 표현들로 살을 붙이는 겁니다.

- there 그곳에서 (장소를 나타내는 부사)

- unexpectedly 예상 외로 (met을 꾸며 주는 부사)

- in the countryside 시골에서 (장소를 나타내는 전치사구)

이런 식으로 말하는 것이 처음에는 어려울 수도 있지만 접속사, 부사, 전치사구 등을 조금씩 추가하려고 의식적으로 노력할수록 말할 수 있는 문장이 훨씬 풍부해집니다.

7 Yeah, can you believe it?

Can you believe it?(믿어지세요?)은 내 경험에 대해 상대방의 공감을 유도하며 쓰는 표현입니다. 내가 겪은 일이 얼마나 놀랍고 예상 밖이었는지 강조하는 효과가 있습니다.

- I lost my passport at the airport. **Can you believe it?**
  저는 공항에서 여권을 잃어버렸어요. 믿어지세요?

- The train was delayed for 5 hours. **Can you believe it?**
  기차가 5시간이나 지연되었어요. 믿어지세요?

- I traveled for 10 hours to get there. **Can you believe it?**
  거기 가려고 10시간 동안 여행했어요. 믿어지세요?

8 It was such a crazy coincidence!

놀라운 우연이었다는 개인적인 감상을 추가했습니다. 이런 식으로 개인적인 감상을 넣으면 답변에 더욱 생동감이 부여되죠. It was such a[an]...은 '그것은 정말 ~이었다'라는 뜻입니다. such는 뒤따르는 명사나 형용사를 강조해서 그 의미를 더 강하게 표현해 줍니다.

- **It was such a** surprise. 그것은 정말 놀라운 일이었어요.

- **It was such a** beautiful day. 정말 아름다운 날이었어요.

- **It was such an** amazing trip. 정말 멋진 여행이었어요.

9 We took pictures, and he even hugged me.

앞의 다른 문장들과 마찬가지로 과거 시제를 사용했습니다. take의 과거형 took은 말할 때 자주 실수하는 단어이니 특히 주의하세요. 한편 hugged는 [허그드]라고 한 음 한 음 정직하게 발음하지 마세요. 원어민 발음을 잘 들어 보면 끝의 [드] 소리는 살짝 힘을 빼고 발음하는 것을 느낄 수 있습니다. 원어민과 완전히 똑같이 발음할 필요는 없지만, 전달력을 높이기 위해서는 발음도 신경 써서 연습하세요.

10 **Aww, he was so sweet.**

sweet에는 '달콤한'이라는 뜻 외에도 '(사람이) 친절한'이라는 뜻이 있습니다. nice 또는 kind를 대신 써도 됩니다.

F **11** **So one day, I hope to be a guest on his show and thank him for being so nice. Haha.**

✔ **내 생각 말하기 전략**으로 경험에 대한 개인적인 생각을 말하면서 답변을 마무리 지었습니다. FINISH 에서 항상 내 생각을 말해야 한다고 부담을 가질 필요는 없지만, 본인의 생각을 전달하면 그만큼 답변 에 독창성이 생깁니다. 여기서는 I hope to...(나는 ~하길 바란다, ~하고 싶다)로 미래의 소망을 표현 했습니다. 마무리할 때 활용하면 좋은 표현이니 잘 익혀 두세요.

- **I hope to** visit Australia next year.
  저는 내년에 호주를 방문하고 싶어요.

- **I hope to** hike in the mountains during my vacation.
  저는 휴가 동안 산에서 하이킹을 하고 싶어요.

- **I hope to** take a cruise to the Caribbean someday.
  저는 언젠가 카리브해로 크루즈 여행을 하고 싶어요.

PART 소개
동영상 강의

PART
2

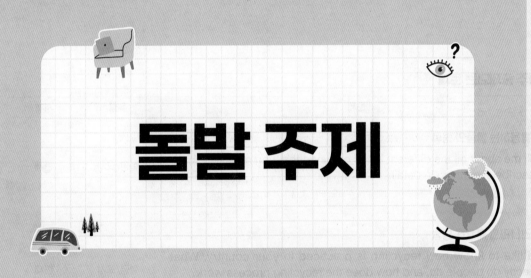

돌발 주제

UNIT

01

재활용

✔ 이렇게
준비하세요

재활용은 아주 어려운 주제 같지만 너무 당황할 필요는 없습니다. 평소 내가 **재활용하는 과정**과 **경험**을 떠올리면서 소재를 만들어 놓고 **재활용 가능한 물품**을 나타내는 단어도 미리 암기하세요. 돌발 주제에서 자주 출제되므로 관련 답변을 미리 만들어 두는 것이 좋습니다.

⭐ 자주 출제되는 문제

문제	유형	시제
재활용하는 물품의 종류 Tell me about all the different kinds of things that you recycle. Please describe everything in detail. 당신이 재활용하는 모든 종류의 물건들에 대해 말해 주세요. 모든 것을 자세히 설명해 주세요.	설명/묘사	현재
우리나라의 재활용 방법 I'd like to know how recycling is practiced in your country. What exactly do people do, and how does the recycling process work? 당신의 나라에서 재활용이 어떻게 이루어지는지 알고 싶어요. 사람들이 정확히 무엇을 하며, 재활용 과정은 어떻게 진행되나요?	설명/묘사	현재

문제	유형	시제
우리 집의 재활용 과정 How do you recycle at home? When do you typically recycle, and how often do you take out the recyclable items? Please describe the process in detail. 집에서 어떻게 재활용을 하나요? 보통 언제 재활용을 하고, 재활용 가능한 물건을 얼마나 자주 버리나요? 과정을 자세히 설명해 주세요.	경향/습관	현재
어릴 때와 지금의 재활용 방식 차이 Tell me how recycling was done when you were young. How is it different from what you do today? Have there been any changes in the recycling areas or containers? Please explain in detail. 어렸을 때 재활용을 어떻게 했는지 알려 주세요. 오늘날 하는 것과는 어떻게 다른가요? 재활용 장소나 용기에 변화가 있었나요? 자세히 설명해 주세요.	비교	과거 + 현재
재활용 관련 문제 해결 경험 Have you ever faced a problem while recycling? Please describe the problem in detail and explain how you resolved it. 재활용을 하면서 문제에 부딪친 적이 있나요? 문제를 자세히 설명하고, 문제를 어떻게 해결했는지 알려 주세요.	경험	과거
재활용을 하면서 기억에 남는 경험 Tell me about a memorable experience or an unexpected incident you had while recycling. What exactly happened, and how did you deal with the situation? 재활용을 하면서 기억에 남는 경험이나 예상치 못한 사건에 대해 이야기해 주세요. 정확히 무슨 일이 있었고, 그 상황에 어떻게 대처했나요?	경험	과거

⭐ 빈출 세트 구성

세트 예시 **1**	❶ 재활용하는 물품의 종류 ❷ 우리 집의 재활용 과정 ❸ 재활용을 하면서 기억에 남는 경험
세트 예시 **2**	❶ 우리나라의 재활용 방법 ❷ 어릴 때와 지금의 재활용 방식 차이 ❸ 재활용 관련 문제 해결 경험

Q1 재활용하는 물품의 종류

Tell me about all the different kinds of things that you recycle. Please describe everything in detail.

당신이 재활용하는 모든 종류의 물건들에 대해 말해 주세요. 모든 것을 자세히 설명해 주세요.

▌답변 가이드 ▌

INTRO	MAIN	FINISH
✔ **질문 되묻기 전략** 아, 재활용품 말이야? ✔ **여유 전략** 음, 잠깐 생각 좀 해 볼게.	✔ **나열 전략** ·Different kinds of things – 캔, 종이, 유리, 건전지, 플라스틱 병, 비닐봉지, 전구	✔ **마무리 전략** 이 정도인 것 같아.

🏆 예시 답변

INTRO ¹Oh, um, recyclables? ²Hmm... Let me think for a second.

MAIN ³So, like, I recycle a bunch of stuff. ⁴You know, there are cans, paper, glass, batteries, plastic bottles, and plastic bags. ⁵And, uh, what else? ⁶Oh, yeah, light bulbs and things like that. ⁷Hahaha, I mean, there's just so much. ⁸It's actually pretty hard to sort all that stuff, you know?

FINISH ⁹Yeah, so... I guess that's about it.

INTRO ¹아, 음, 재활용품이요? ²흠… 잠깐만 생각해 볼게요.

MAIN ³그러니까, 저는 여러 가지를 재활용해요. ⁴뭐랄까, 캔, 종이, 유리, 건전지, 플라스틱 병, 그리고 비닐 봉지가 있어요. ⁵그리고 어, 또 뭐가 있더라? ⁶아, 그래요. 전구 같은 것도 있죠. ⁷하하하, 제 말은, 정말 많다는 거예요. ⁸그 물건들을 다 분류하는 건 사실 꽤 어려워요. 그렇죠?

FINISH ⁹네, 그래서… 대충 이 정도인 것 같아요.

---

recyclable 재활용품 recycle 재활용하다 a bunch of 많은 stuff 물건, 것 paper 종이 glass 유리 battery 건전지, 배터리 bottle 병 plastic bag 비닐 봉지 light bulb 전구 sort 분류하다, 정리하다 guess ~인 것 같다

설명/묘사 유형이므로 현재 시제를 사용해 답합니다. 재활용품의 종류를 설명할 때는 '나열 전략'을 사용하면 됩니다. 종이, 유리, 비닐봉지 등 재활용품을 나타내는 단어도 꼭 익혀 두세요.

1 ³ **I recycle** 물건 **.** 저는 (물건)을 재활용해요.

I recycle old clothes. 저는 헌 옷을 재활용해요.

I recycle used batteries. 저는 다 쓴 건전지를 재활용해요.

I recycle plastic bottles and paper every week. 저는 매주 플라스틱 병과 종이를 재활용해요.

> **나만의 답변 만들기**
>
> I recycle _____.

2 ⁴ **There are** 물건들 **.** (물건들)이 있어요.

There are a lot of things to recycle. 재활용할 것들이 많이 있어요.

There are some bins at the recycling spot. 재활용 장소에는 쓰레기통이 몇 개 있어요.

There are trucks that come to pick up trash every week. 매주 쓰레기를 수거하러 오는 트럭들이 있어요.

> **나만의 답변 만들기**
>
> There are _____.

3 ⁸ **It's** 특징 **to** 동사 **.** ~하는 건 (어떠)해요.

It's easy **to** recycle paper at home. 집에서 종이를 재활용하는 건 쉬워요.

It's important **to** reduce plastic use. 플라스틱 사용을 줄이는 건 중요해요.

It's time consuming **to** wash out containers. 용기를 씻는 건 시간이 많이 걸려요.

> **나만의 답변 만들기**
>
> It's _____ to_____.

Q2 우리 집의 재활용 과정

How do you recycle at home? When do you typically recycle, and how often do you take out the recyclable items? Please describe the process in detail.

집에서 어떻게 재활용을 하나요? 보통 언제 재활용을 하고, 재활용 가능한 물건을 얼마나 자주 버리나요? 과정을 자세히 설명해 주세요.

| 답변 가이드 |

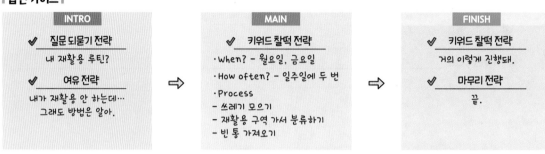

🏆 예시 답변

INTRO　¹ Ah, okay… ² So my recycling routine? ³ Hmm… I'm not really the one who usually recycles at home. ⁴ But I can tell you how it works.

MAIN　⁵ First, we recycle every Monday and Friday. ⁶ So, yeah, twice a week. ⁷ It's our apartment rule. ⁸ We gather all the trash from around the house and take it to the recycling area. ⁹ Then, we start sorting things like glass and paper. ¹⁰ Once we're done, we bring the empty bin back home.

FINISH　¹¹ That's pretty much how it goes. ¹² The end.

INTRO　¹ 아, 알겠어요… ² 그러니까 제 재활용 루틴이요? ³ 흠… 사실 저는 집에서 주로 재활용하는 사람은 아니에요. ⁴ 하지만 어떻게 하는지는 말씀드릴 수 있어요.

MAIN　⁵ 우선, 우리는 매주 월요일과 금요일에 재활용을 해요. ⁶ 네, 그러니까, 일주일에 두 번이죠. ⁷ 그게 우리 아파트의 규칙이에요. ⁸ 우리는 집에 있는 모든 쓰레기를 모아서 재활용 구역으로 가져가요. ⁹ 그런 다음 유리나 종이 같은 것들을 분리하기 시작하죠. ¹⁰ 다 끝나면 빈 통을 집으로 가져오고요.

FINISH　¹¹ 거의 이렇게 진행돼요. ¹² 끝.

rule 규칙　gather 모으다　trash 쓰레기　bin 통

평소의 과정을 묻는 유형은 여러 활동을 순서대로 나열하면 됩니다. 내가 직접 재활용을 한 경험이 없어도 있다고 지어내는 것이 답하기 편합니다. 또는 예시 답변처럼 재활용을 잘 안 한다고 솔직하게 말한 후, 재활용 방법은 알고 있다고 하며 설명해 주는 것도 좋습니다. 질문의 키워드에 맞춰서 이야기를 풀어 가세요.

1 ³ **I'm not the one who** 동사 . 저는 ~하는 사람은 아니에요.

I'm not the one who takes care of recycling. 저는 재활용을 맡은 사람은 아니에요.

I'm not the one who sleeps a lot. 저는 잠을 많이 자는 사람은 아니에요.

I'm not the one who travels a lot. 저는 여행을 많이 하는 사람은 아니에요.

> **나만의 답변 만들기**
>
> I'm not the one who _____.

2 ⁵ **We recycle** 언제 . 우리는 (언제) 재활용을 해요.

We recycle every week. 우리는 매주 재활용을 해요.

We recycle on weekends. 우리는 주말에 재활용을 해요.

We recycle whenever we can. 우리는 할 수 있을 때마다 재활용을 해요.

> **나만의 답변 만들기**
>
> We recycle _____.

3 ⁹ **Then, we start** 동사ing . 그런 다음 우리는 ~하기 시작해요.

Then, we start sorting the recyclables. 그런 다음 우리는 재활용품을 분류하기 시작해요.

Then, we start separating the plastic items. 그런 다음 우리는 플라스틱 물건을 분리하기 시작해요.

Then, we start organizing the waste. 그런 다음 우리는 쓰레기를 정리하기 시작해요.

> **나만의 답변 만들기**
>
> Then, we start _____.

034

재활용을 하면서 기억에 남는 경험

Tell me about a memorable experience or an unexpected incident you had while recycling. What exactly happened, and how did you deal with the situation?

재활용을 하면서 기억에 남는 경험이나 예상치 못한 사건에 대해 이야기해 주세요. 정확히 무슨 일이 있었고, 그 상황에 어떻게 대처했나요?

┃ 답변 가이드 ┃

🏆 예시 답변

INTRO
¹Oh, you mean a memorable experience while recycling? ²Hmm... That's a bit tricky. ³Oh, wait! ⁴I hurt my hand by mistake last year.

MAIN
⁵So here's what happened. ⁶I was trying to put some broken glass into the recycling bin. ⁷But the truth is that it was super sharp. ⁸Before I knew it, I had this huge cut on my hand. ⁹Blood was, like, everywhere. ¹⁰And it wouldn't stop, so I had to rush to the hospital. ¹¹Ugh… It was such a nightmare.

FINISH
¹²The pain was just unbearable. Ugh… ¹³Ever since then, I always wear gloves when recycling. ¹⁴Seriously, you've gotta be extra careful too! ¹⁵I still have the scar here.

INTRO ¹오, 재활용 중 기억에 남는 경험 말이죠? ²흠…그건 좀 까다롭네요. ³아, 잠깐만요! ⁴작년에 실수로 손을 다쳤어요.

MAIN ⁵그러니까 어떤 일이 있었는지 말씀드릴게요. ⁶깨진 유리를 재활용 통에 넣으려고 하고 있었어요. ⁷근데 사실은 그게 아주 날카로웠던 거죠. ⁸그걸 알아채기 전에 손에 큰 상처가 나버렸어요. ⁹피가 여기저기 흘렀어요. ¹⁰그리고 피가 멈추질 않아서 급히 병원에 가야 했어요. ¹¹으… 그건 정말 악몽 같았어요.

FINISH ¹²그 고통은 정말 참을 수가 없었어요. 으… ¹³그 이후로는 재활용할 때 항상 장갑을 껴요. ¹⁴정말이지 당신도 각별히 조심해야 해요! ¹⁵저는 아직도 여기에 흉터가 있거든요.

---

tricky 까다로운 hurt 다치다 by mistake 실수로 broken 깨진 sharp 날카로운 blood 피 rush to ~으로 급히 달려가다 nightmare 악몽
unbearable 참을 수 없는 gotta ~해야 한다 (got to의 줄임말) careful 조심하는 scar 흉터

재활용하면서 특별히 기억에 남는 경험이 있는 사람은 잘 없을 겁니다. 이럴 때를 대비해서 '임기응변 전략'으로 다친 경험을 하나 만들어 놓으면 다양한 경험 유형에 적용하기 좋습니다. 과거 시제를 활용해 당시 상황, 해결 과정, 결과를 구체적으로 설명하세요. '감정 형용사 전략'으로 다쳤을 때 내가 느낀 감정을 추가하면 이야기의 진실성이 올라갑니다.

1 [1] **You mean** 어떤 일 **while recycling?** 재활용하는 동안 생긴 (어떤 일) 말이죠?

You mean an interesting experience **while recycling?** 재활용하는 동안 생긴 흥미로운 경험 말이죠?

You mean an unexpected experience **while recycling?** 재활용하는 동안 생긴 예상하지 못한 경험 말이죠?

You mean a problem I had **while recycling?** 재활용하는 동안 생긴 문제 말이죠?

나만의 답변 만들기

You mean _____ while recycling?

2 [4] **I hurt my** 신체 언제 **.** 저는 (언제) (신체)를 다쳤어요.

I hurt my arm last week. 저는 지난주에 팔을 다쳤어요.

I hurt my knee last month. 저는 지난달에 무릎을 다쳤어요.

I hurt my leg last year. 저는 작년에 다리를 다쳤어요.

나만의 답변 만들기

I hurt my _____.

3 [11] **It was such a[an]** 무엇 **.** 정말 (무엇)이었어요.

It was such a disaster. 정말 재앙이었어요.

It was such a mess. 정말 엉망이었어요.

It was such a surprise. 정말 놀라운 일이었어요.

나만의 답변 만들기

It was such a[an] _____.

UNIT

02

지형

✔ 이렇게
준비하세요

지형은 일상에서 자주 말하는 주제가 아니다 보니 어렵게 느끼는 분들이 많습니다. mountain(산), sea/ocean(바다/대양), river(강), lake(호수), forest(숲), valley(계곡), waterfall(폭포), beach(해변), island(섬) 등 **지형과 관련된 단어**를 미리 외워 두세요. 지형과 관련된 **야외 활동**을 묻는 문제도 같이 출제되므로 관련 표현도 함께 알아 두길 바랍니다.

⭐ 자주 출제되는 문제

문제	유형	시제
우리나라의 지형 Tell me about the geographical features of your country. Are there a lot of mountains, lakes, and rivers? Please describe what they look like in as much detail as possible. 당신 나라의 지형적 특징에 대해 말해 주세요. 산과 호수와 강이 많이 있나요? 가능한 한 자세히 그것들이 어떤 모습인지 설명해 주세요.	설명/묘사	현재
주변 나라의 지형과 사람들 Tell me about a country that is geographically close to your country. What does the country look like? What are the people like? 당신 나라와 지리적으로 근처에 위치한 나라에 대해 이야기해 주세요. 그 나라의 모습은 어떤가요? 그 나라 사람들은 어떤가요?	설명/묘사	현재

문제	유형	시제
주변 나라의 사람들과 전통 및 문화 I'd like to ask you about a country that is located near your country. What's the name of that country? How are the people there? What are the traditions or cultures like? Share all the details. 당신 나라 근처에 있는 나라에 대해 물어보고 싶어요. 그 나라 이름은 무엇인가요? 그곳 사람들은 어떤가요? 그 나라의 전통이나 문화는 어떤가요? 모든 세부 사항을 알려 주세요.	설명/묘사	현재
우리나라 사람들이 많이 하는 야외 활동 Can you tell me about some outdoor activities that the people in your country do? What do they usually do? Give me all the details. 당신 나라 사람들이 하는 야외 활동에 대해 이야기해 주시겠어요? 사람들은 보통 무엇을 하나요? 자세히 설명해 주세요.	경향/습관	현재
어릴 때 기억에 남는 지형 관련 경험 Tell me about a special landscape you saw in your country when you were younger. What did you do there? 어렸을 때 당신 나라에서 본 특별한 풍경에 대해 이야기해 주세요. 그곳에서 무엇을 했나요?	경험	과거

⭐ 빈출 세트 구성

세트 예시 **1**	❶ 우리나라의 지형 ❷ 우리나라 사람들이 많이 하는 야외 활동 ❸ 어릴 때 기억에 남는 지형 관련 경험
세트 예시 **2**	❶ 우리나라의 지형 ❷ 어릴 때 기억에 남는 지형 관련 경험 ❸ 주변 나라의 지형과 사람들

Q1 우리나라의 지형

Tell me about the geographical features of your country. Are there a lot of mountains, lakes, and rivers? Please describe what they look like in as much detail as possible.

당신 나라의 지형적 특징에 대해 말해 주세요. 산과 호수와 강이 많이 있나요? 가능한 한 자세히 그것들이 어떤 모습인지 설명해 주세요.

┃ 답변 가이드 ┃

INTRO
☑ 질문 되묻기 전략
음… 우리나라 지형?
☑ 여유 전략
와, 질문이 너무 어렵네.
잠깐만.

⇨

MAIN
☑ 원픽 전략
·Geographical feature - 강
☑ 나열 전략
·Rivers
 - 한강, 금강, 낙동강…
·Look like
 - 넓고 길다, 깨끗하다,
  물고기가 많다

⇨

FINISH
☑ 마무리 전략
그게
다인 것 같네.

🏆 예시 답변

INTRO ¹Hmm… The geography of my country? ²Wow, that's a tough question. ³Hold on. ⁴Let me think for a second.

MAIN ⁵Well, Korea has a lot of mountains. ⁶It also has a lot of big rivers, like the Han River, the Geum River, and the Nakdong River. ⁷These rivers are wide and long. ⁸They're really clean, too. ⁹There are lots of fish, so many people enjoy fishing in them.

FINISH ¹⁰Yeah, I think that's it.

INTRO ¹흠… 우리나라의 지형이요? ²와, 이거 어려운 질문이네요. ³잠깐만요. ⁴잠시 생각 좀 해 볼게요.

MAIN ⁵글쎄요, 한국에는 많은 산들이 있어요. ⁶큰 강들도 많이 있죠. 한강, 금강, 낙동강 같이요. ⁷이 강들은 넓고 길어요. ⁸정말 깨끗하기도 하고요. ⁹물고기가 많아서 많은 사람들이 강에서 낚시하는 걸 즐겨요.

FINISH ¹⁰네, 그게 다인 것 같아요.

---

geography 지형   country 나라, 국가   tough 어려운, 힘든   mountain 산   river 강   fish 낚시하다

우리나라의 지형에 대해 설명할 때는 '나열 전략'으로 강이나 산 이름을 여러 개 대면서 구체적인 답변을 떠올릴 여유를 만드세요. 우리나라의 모든 지형적인 특징에 대해 말할 필요는 없어요. '원픽 전략'으로 하나의 지형에 대해 세부적으로 설명하면 됩니다. 예시 답변에서는 '강'을 주제로 택해 강 이름을 나열한 다음, 우리나라 강이 가지고 있는 특징을 설명했습니다.

1 ² **That's a[an]** 특징 **question.** 그건 (어떠한) 질문이네요.

That's a hard **question.** 그건 어려운 질문이네요.

That's a really tricky **question.** 그건 정말 까다로운 질문이네요.

That's an interesting **question.** 그건 흥미로운 질문이네요.

> **나만의 답변 만들기**
>
> That's a[an] _____ question.

2 ⁵ **Korea has a lot of** 지형 **.** 한국에는 (지형)이 많아요.

Korea has a lot of islands. 한국에는 섬이 많아요.

Korea has a lot of deep valleys. 한국에는 깊은 계곡이 많아요.

Korea has a lot of beautiful forests. 한국에는 아름다운 숲이 많아요.

> **나만의 답변 만들기**
>
> Korea has a lot of _____.

3 ⁷ **These** 지형들 **are** 특징 **.** 이 (지형들)은 (어떠)해요.

These mountains **are** really vast. 이 산들은 정말 광활해요.

These lakes **are** crystal clear. 이 호수들은 수정같이 맑아요.

These cliffs **are** breathtaking. 이 절벽들은 숨막히게 아름다워요.

> **나만의 답변 만들기**
>
> These _____ are _____.

우리나라 사람들이 많이 하는 야외 활동

Can you tell me about some outdoor activities that the people in your country do? What do they usually do? Give me all the details.

당신 나라 사람들이 하는 야외 활동에 대해 이야기해 주시겠어요? 사람들은 보통 무엇을 하나요? 자세히 설명해 주세요.

┃ 답변 가이드 ┃

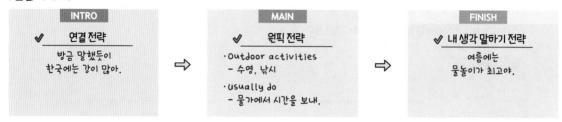

INTRO	MAIN	FINISH
✔ 연결 전략	✔ 원픽 전략	✔ 내 생각 말하기 전략
방금 말했듯이 한국에는 강이 많아.	·Outdoor activities – 수영, 낚시 ·usually do – 물가에서 시간을 보내.	여름에는 물놀이가 최고야.

🏆 예시 답변

INTRO ▶ ¹So, like I just mentioned, Korea has a lot of rivers.

MAIN ▶ ²And when it comes to outdoor activities, we enjoy swimming or fishing. ³The water is really clean, and it gets super hot in the summer. ⁴So many people love to spend time by the water.

FINISH ▶ ⁵Yeah, so during the summer, water activities are the best.

INTRO ¹그러니까, 제가 방금 말했듯이 한국에는 강이 많아요.

MAIN ²그리고, 야외 활동에 관해서라면, 우리는 수영이나 낚시하는 것을 즐겨요. ³물이 정말 깨끗하고, 여름에는 엄청 더워지거든요. ⁴그래서 많은 사람이 물가에서 시간을 보내는 걸 좋아해요.

FINISH ⁵네, 그러니까 여름에는 물놀이가 최고예요.

---

mention 언급하다   outdoor activity 야외 활동   fishing 낚시

🚀 고득점 전략 & 핵심 표현

'연결 전략'으로 앞 답변에서 이야기한 '한국에는 강이 많다'는 내용과 연관 지어 답변을 시작했습니다. 이렇게 말하면 외우지 않고 바로 대처해 말하는 즉석 발화 느낌이 살아나죠. 이어서 '원픽 전략'으로 강에서 하는 야외 활동(수영, 낚시)을 위주로 설명하면 됩니다. 막힘없이 답할 수 있도록 자주 하는 야외 활동과 관련된 표현도 아래 문장들을 통해 익혀 두세요.

1 ² **When it comes to** 주제 **,** (주제)에 관해서라면,

When it comes to weekend activities, biking is popular.
주말 활동에 관해서라면, 자전거 타기가 인기 있어요.

When it comes to outdoor activities, hiking is one of my favorites.
야외 활동에 관해서라면, 등산이 내가 가장 좋아하는 것 중 하나예요.

When it comes to sports, many people in my country enjoy soccer.
스포츠에 관해서라면, 우리나라의 많은 사람들이 축구를 즐겨요.

> **나만의 답변 만들기**
>
> When it comes to _____, _____.

2 ² **We enjoy** 동사ing **.** 우리는 ~하는 것을 즐겨요.

We enjoy camping in the forest. 우리는 숲 속에서 캠핑 하는 것을 즐겨요.

We enjoy traveling abroad. 우리는 해외 여행하는 것을 즐겨요.

We enjoy rock climbing. 우리는 암벽 등반하는 것을 즐겨요.

> **나만의 답변 만들기**
>
> We enjoy _____.

3 ⁴ **Many people love to spend time** 어디에서 **.**
많은 사람이 (어디에서) 시간을 보내는 것을 좋아해요.

Many people love to spend time in the park. 많은 사람이 공원에서 시간을 보내는 것을 좋아해요.

Many people love to spend time at the beach. 많은 사람이 해변에서 시간을 보내는 것을 좋아해요.

Many people love to spend time in the mountains. 많은 사람이 산에서 시간을 보내는 것을 좋아해요.

> **나만의 답변 만들기**
>
> Many people love to spend time _____.

어릴 때 기억에 남는 지형 관련 경험

Tell me about a **special landscape** you saw in your country when you were younger. **What did you do** there?

어렸을 때 당신 나라에서 본 특별한 풍경에 대해 이야기해 주세요. 그곳에서 무엇을 했나요?

▌답변 가이드 ▌

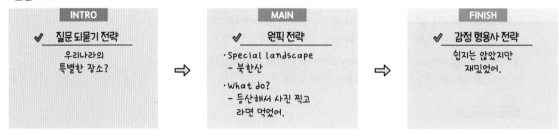

INTRO
✔ 질문 되묻기 전략
우리나라의
특별한 장소?

⇨

MAIN
✔ 원픽 전략
· Special landscape
  – 북한산
· what do?
  – 등산해서 사진 찍고
    라면 먹었어.

⇨

FINISH
✔ 감정 형용사 전략
쉽지는 않았지만
재밌었어.

🏆 예시 답변

INTRO ¹Ah, I see. ²So are you asking about a special place in my country? ³Ah…
Okay, well…

MAIN ⁴I went to Bukhan Mountain when I was younger. ⁵I went there with my family.
⁶It was impressive because the mountain was so high. ⁷And it had beautiful,
huge rocks. ⁸At the top, we took pictures and enjoyed some ramen. ⁹It was so
delicious.

FINISH ¹⁰The hiking wasn't easy at all. ¹¹But it was still fun, haha.

INTRO ¹아, 알겠어요. ²그러니까 우리나라의 특별한 장소에 대해 물어보는 거죠? ³아… 알겠어요, 음…

MAIN ⁴저는 어릴 때 북한산에 갔어요. ⁵우리 가족과 함께 갔죠. ⁶산이 정말 높았기 때문에 인상적이었어요. ⁷그리고 아름답고
거대한 바위들이 있었어요. ⁸정상에서 우리는 사진을 찍고 라면을 먹었어요. ⁹정말 맛있었어요.

FINISH ¹⁰등산은 전혀 쉽지 않았어요 ¹¹하지만 그래도 재밌었어요, 하하.

---

impressive 인상적인   high 높은   huge 거대한   rock 바위   top 정상, 꼭대기   hiking 등산, 하이킹

앞의 두 답변에서 강에 대한 내용을 이야기했으므로 이번에는 주제를 '산'으로 전환했습니다. 연속해서 같은 주제에 대해 이야기하면 내용이 겹칠 수 있으므로, 똑같은 내용을 반복하지 않게 주의하세요. 어렸을 때 간 장소를 바로 기억해내기는 힘드므로 유명한 장소를 말한 다음 내 경험을 섞어서 말해 보세요. 질문 키워드에 special이란 단어가 있기 때문에 내 경험이 특별했다고 강조해야 채점자가 원하는 답변이 됩니다.

1 ² **Are you asking about** 주제 **?** (주제)에 대해 물어보는 건가요?

Are you asking about the weather? 날씨에 대해 물어보는 건가요?

Are you asking about transportation options? 교통 수단에 대해 물어보는 건가요?

Are you asking about popular tourist attractions? 인기 있는 관광명소에 대해 물어보는 건가요?

나만의 답변 만들기

Are you asking about _____ ?

2 ⁶ **It was impressive because** 이유 **.** (이유) 때문에 인상적이었어요.

It was impressive because the view was amazing.
경치가 멋졌기 때문에 인상적이었어요.

It was impressive because the show was really fun.
공연이 정말 재미있었기 때문에 인상적이었어요.

It was impressive because the food tasted great.
음식이 맛있었기 때문에 인상적이었어요.

나만의 답변 만들기

It was impressive because _____ .

3 ¹¹ **It was still** 감정 형용사 **.** 그래도 그건 (어떠)했어요.

It was still enjoyable. 그래도 그건 즐거웠어요.

It was still thrilling. 그래도 그건 짜릿했어요.

It was still unforgettable. 그래도 그건 잊을 수가 없었어요.

나만의 답변 만들기

It was still _____ .

03

명절/휴일

✔ 이렇게
준비하세요

돌발 주제로 명절이 나오면 당황하지 말고 할머니(grandma), 할아버지(grandpa), 삼촌(uncle),
이모(aunt), 사촌(cousin) 등 **가족과 친척 관련 단어**를 소환하세요. **명절에 하는 일**과 관련된 문제
가 많이 출제되므로 우리나라의 명절과 관련된 소재도 준비해 두세요.

⭐ 자주 출제되는 문제

문제	유형	시제
우리나라에서 가장 큰 명절 Tell me about one of the biggest holidays in your country. How do people celebrate it, and what kinds of special food are prepared for that holiday? Please describe it in detail. 당신의 나라에서 가장 큰 명절 중 하나에 대해 이야기해 주세요. 사람들은 그 명절을 어떻게 기념하며, 명절을 위해 어떤 특별한 음식을 준비하나요? 자세히 설명해 주세요.	설명/묘사	현재
우리나라에서 가장 인기 있는 명절 Certain holidays are more important than others. What is the most popular holiday in your country? How do people usually celebrate it? Please describe it in detail. 어떤 명절은 다른 명절들보다 더 중요합니다. 당신의 나라에서 가장 인기 있는 명절은 무엇인가요? 사람들은 보통 어떻게 그 명절을 기념하나요? 자세히 설명해 주세요.	설명/묘사	현재

문제	유형	시제
어릴 때 인상 깊은 명절 경험 Tell me about a memorable or unforgettable holiday memory from your childhood. What did you do, where were you on that day, and who did you spend that holiday with? Please provide as many details as possible. 어린 시절 기억에 남거나 잊을 수 없는 명절에 대한 기억에 대해 이야기해 주세요. 그날 무엇을 했고, 어디에 있었으며, 누구와 함께 명절을 보냈나요? 가능한 한 자세히 설명해 주세요.	경험	과거
최근에 보낸 명절 경험 Tell me about the most recent holiday you celebrated. What did you do to celebrate, and were there any special or memorable moments? Describe the activities and experiences in detail. 최근에 기념한 명절에 대해 이야기해 주세요. 어떻게 기념했으며, 특별하거나 기억에 남는 순간이 있었나요? 활동과 경험을 자세히 설명해 주세요.	경험	과거
어렸을 때와 지금의 명절 차이 Tell me about holidays when you were a child. What are the differences between holidays when you were young and holidays now that you're an adult? 어렸을 때의 명절에 대해 이야기해 주세요. 어렸을 때 명절과 지금 어른이 된 당신의 명절은 어떤 차이가 있나요?	비교	과거 + 현재

⭐ 빈출 세트 구성

세트 예시 1	❶ 우리나라에서 가장 큰 명절 ❷ 어릴 때 인상 깊은 명절 경험 ❸ 최근에 보낸 명절 경험
세트 예시 2	❶ 우리나라에서 가장 인기 있는 명절 ❷ 어렸을 때와 지금의 명절 차이 ❸ 어릴 때 인상 깊은 명절 경험

우리나라에서 가장 큰 명절

Tell me about one of the **biggest holidays** in your country. How do people **celebrate** it, and what kinds of **special food** are prepared for that holiday? Please describe it in detail.

당신의 나라에서 가장 큰 명절 중 하나에 대해 이야기해 주세요. 사람들은 그 명절을 어떻게 기념하며, 명절을 위해 어떤 특별한 음식을 준비하나요? 자세히 설명해 주세요.

▌답변 가이드▌

🏆 예시 답변

INTRO
[1] Okay, so first of all, the biggest holiday in Korea is Chuseok. [2] It's like Thanksgiving.

MAIN
[3] On this holiday, we get together with family members from all over the country and head to Grandma's house. [4] We eat *songpyeon*, a Korean rice cake. [5] You know, in the past, we used to make it at home, but now we usually just buy it. [6] We also have lots of delicious food, so after Chuseok, a lot of people gain weight. Hahaha.

FINISH
[7] Yeah, that's it.

INTRO   [1] 좋아요. 그러니까 우선, 한국에서 가장 큰 명절은 추석이에요. [2] 추수감사절 같은 날이죠.

MAIN   [3] 이 명절에는 전국에 있는 가족 구성원들과 모이고 할머니 댁으로 가요. [4] 우리는 송편이라는 한국 떡을 먹어요. [5] 음, 과거에는 집에서 직접 만들었지만, 요즘은 보통 그냥 사서 먹죠. [6] 또 맛있는 음식들이 많아서 추석이 끝나면 살찌는 사람이 많아요. 하하하.

FINISH   [7] 네, 그게 다예요.

---

holiday 명절, 휴일   Thanksgiving (미국의) 추수감사절   get together 모이다   head to ~으로 향하다   Grandma 할머니(= grandmother)
rice cake 떡   delicious 맛있는   gain weight 살찌다, 체중이 늘다

🚀 고득점 전략 & 핵심 표현

한국의 명절은 미국인 채점자에게는 낯선 주제이므로, '초딩 조카 전략'으로 그 명절이 어떤 날인지 친절하게 설명을 덧붙이세요. '추석', '송편' 같은 고유명사도 어떤 것인지 풀어서 설명해 줘야 합니다. 설명/묘사 유형이므로 현재 시제를 사용하세요.

1 [1] The ⌈최상급⌉ holiday in Korea is ⌈명절 이름⌉. 한국에서 가장 ~한 명절은 (명절 이름)이에요.

The largest **holiday in Korea is** Seollal. 한국에서 가장 큰 명절은 설날이에요.

The most important **holiday in Korea is** Lunar New Year. 한국에서 가장 중요한 명절은 음력 설이에요.

The most popular **holiday in Korea is** Christmas. 한국에서 가장 인기 있는 휴일은 크리스마스예요.

> **나만의 답변 만들기**
>
> The _____ holiday in Korea is _____.

2 [3] We get together with ⌈누구⌉. 우리는 (누구)와 모여요.

We get together with our parents. 우리는 부모님과 모여요.

We get together with our siblings. 우리는 형제자매들과 모여요.

We get together with our relatives. 우리는 친척들과 모여요.

> **나만의 답변 만들기**
>
> We get together with _____.

3 [5] In the past, we used to ⌈동사⌉. 과거에 우리는 ~하곤 했어요.

In the past, we used to cook traditional dishes. 과거에 우리는 전통 음식을 요리하곤 했어요.

In the past, we used to visit our ancestors' graves on Chuseok.
과거에 우리는 추석에 조상의 묘를 방문하곤 했어요.

In the past, we used to wear traditional clothes during the holidays.
과거에 우리는 명절 동안 전통 옷을 입곤 했어요.

> **나만의 답변 만들기**
>
> In the past, we used to _____.

Q2 어릴 때 인상 깊은 명절 경험

Tell me about a **memorable** or unforgettable **holiday memory** from your **childhood**. **What** did you do, **where** were you on that day, and **who** did you spend that holiday **with**? Please provide as many details as possible.

어린 시절 기억에 남거나 잊을 수 없는 명절에 대한 기억에 대해 이야기해 주세요. 그날 무엇을 했고, 어디에 있었으며, 누구와 함께 명절을 보냈나요? 가능한 한 자세히 설명해 주세요.

| 답변 가이드 |

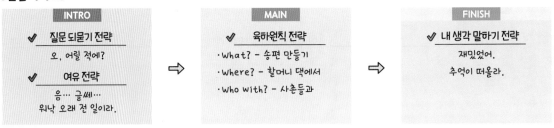

INTRO	MAIN	FINISH
✔ 질문 되묻기 전략	✔ 육하원칙 전략	✔ 내 생각 말하기 전략
오, 어릴 적에?	·What? – 송편 만들기	재밌었어.
✔ 여유 전략	·Where? – 할머니 댁에서	추억이 떠올라.
음… 글쎄… 워낙 오래 전 일이라.	·Who with? – 사촌들과	

🏆 예시 답변

INTRO
¹So you mean when I was young? ²Hmm… Well, that was quite a long time ago.

MAIN
³Umm… When I was young, I visited my grandma's house on every holiday. ⁴My whole family gathered, and we made dishes together. ⁵As I mentioned, we made *songpyeon*. ⁶When I was little, my cousins and I often shaped the *songpyeon* into all kinds of things, like candy, hearts, animals, and so on.

FINISH
⁷It was really fun. Haha. ⁸Wow, that really brings back memories.

INTRO	¹ 그러니까 제가 어렸을 때 말인가요? ² 흠… 글쎄요, 꽤 오래 전 이야기네요.
MAIN	³ 음… 어렸을 때 저는 명절마다 할머니 댁을 방문했어요. ⁴ 가족들 모두가 모였고 우리는 같이 음식을 만들었어요. ⁵ 아까 언급했던 것처럼, 저희는 송편을 만들었죠. ⁶ 제가 어릴 때 사촌들과 저는 종종 송편을 여러 가지 모양으로 만들었어요. 사탕, 하트, 동물 모양 같은 걸로요.
FINISH	⁷ 정말 재미있었죠. 하하. ⁸ 와, 진짜 추억을 떠오르게 하네요.

make dish 음식을 만들다   shape A into B A를 B의 모양으로 만들다   bring back (기억을) 되살리다   memory 추억, 기억

과거 시제를 사용해 과거의 경험을 '육하원칙' 전략으로 자세히 설명하세요. 여기서는 '연결 전략'으로 이전 답변에서 언급한 송편 이야기를 좀 더 디테일하게 풀었습니다. 연결고리가 생길수록 나만의 답변이라는 느낌이 강해져서 좋습니다. 다만 같은 주제(송편)라도 앞에 쓴 내용을 똑같이 반복해서 말하지 않도록 주의하세요.

1 ³ **When I was young, I** 과거 동사 **on every holiday.** 어렸을 때 저는 명절마다 ~했어요.

When I was young, I traveled **on every holiday.** 어렸을 때 저는 명절마다 여행을 했어요.

When I was young, I watched movies **on every holiday.** 어렸을 때 저는 명절마다 영화를 봤어요.

When I was young, I played games with my cousins **on every holiday.**
어렸을 때 저는 명절마다 사촌들과 게임을 했어요.

나만의 답변 만들기

When I was young, I _____ on every holiday.

2 ⁴ **We made** 음식 **together.** 우리는 (음식)을 함께 만들었어요.

We made special dishes **together.** 우리는 특별한 음식을 함께 만들었어요.

We made traditional snacks **together.** 우리는 전통 간식을 함께 만들었어요.

We made *tteokguk*, which is rice cake soup, **together** for Seollal.
우리는 설날에 떡국을 함께 만들었는데, 떡국은 떡으로 만든 국이에요.

나만의 답변 만들기

We made _____ together.

3 ⁸ **Wow, that really brings back** 대상 **.** 와, 그거 정말 (대상)을 생각나게 하네요.

Wow, that really brings back good times. 와, 그거 정말 좋은 시절을 생각나게 하네요.

Wow, that really brings back old times. 와, 그거 정말 옛날을 생각나게 하네요.

Wow, that really brings back feelings. 와, 그거 정말 감정을 떠올리게 하네요.

나만의 답변 만들기

Wow, that really brings back _____.

최근에 보낸 명절 경험

Tell me about the most recent holiday you celebrated. What did you do to celebrate, and were there any special or memorable moments? Describe the activities and experiences in detail.

최근에 기념한 명절에 대해 이야기해 주세요. 어떻게 기념했으며, 특별하거나 기억에 남는 순간이 있었나요? 활동과 경험을 자세히 설명해 주세요.

┃ 답변 가이드 ┃

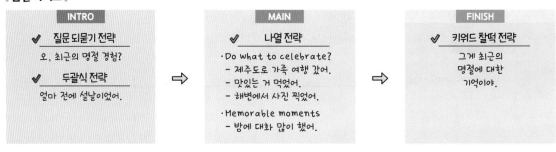

INTRO	MAIN	FINISH
✔ 질문 되묻기 전략	✔ 나열 전략	✔ 키워드 찰떡 전략
오, 최근의 명절 경험?	·Do what to celebrate?	그게 최근의
✔ 두괄식 전략	- 제주도로 가족 여행 갔어.	명절에 대한
얼마 전에 설날이었어.	- 맛있는 거 먹었어.	기억이야.
	- 해변에서 사진 찍었어.	
	·Memorable moments	
	- 밤에 대화 많이 했어.	

🏆 예시 답변

INTRO
[1] Oh, my recent holiday experience? [2] Well, we had Seollal not too long ago. [3] Seollal is Lunar New Year.

MAIN
[4] So, my family and my uncle's family went to Jeju Island together for the holiday. [5] You know, these days, a lot of people travel around this time. [6] So, yeah, we, too, decided to go on a trip and to spend time together. [7] We had some really good food, took pictures at the beach, and, well, just had a great time. [8] Oh, and at night, we also had lots of great chats. [9] It was such a meaningful moment.

FINISH
[10] So, yeah, that's my recent holiday memory. [11] Uh, that's pretty much it.

INTRO　[1] 아, 최근에 보낸 명절 경험이요? [2] 음, 얼마 전에 설날이 있었어요. [3] 설날은 음력 새해예요.

MAIN　[4] 그래서, 명절에 우리 가족이랑 삼촌네 가족은 같이 제주도에 갔어요. [5] 아시다시피 요즘은 명절에 여행 가는 사람들이 많잖아요. [6] 그래서 저희도 여행을 가서 함께 시간을 보내기로 결정했어요. [7] 정말 맛있는 음식을 먹었고, 해변에서 사진을 찍었고, 뭐, 즐거운 시간을 보냈죠. [8] 아, 그리고 밤에는 대화도 많이 나눴어요. [9] 정말 의미 있는 순간이었어요.

FINISH　[10] 네, 그래서, 이게 최근에 보낸 명절에 대한 기억이에요. [11] 어, 이 정도네요.

---

not (too) long ago 얼마 전에　island 섬　decide 결정하다　go on a trip 여행을 가다　beach 해변　chat 대화　meaningful 의미 있는

명절 주제에서는 경험 유형 문제가 여러 번 나오므로, 비슷한 질문에 당황하지 않으려면 여러 소재를 만들어 놓아야 합니다. 이전에 한 답변들처럼 명절과 어울리는 내용을 말해도 좋지만, 예시 답변처럼 여행 경험을 명절에 가져다 붙여도 됩니다. 이렇게 하면 '여행' 주제에서 준비한 소재도 활용할 수 있으니 일석이조입니다. 질문에 나온 키워드(holiday)만 잘 강조해서 명절 관련 답변으로 만드세요.

1 ² **We had** 명절 이름 **not too long ago.** 얼마 전에 (명절 이름)이 있었어요.

We had New Year's **not too long ago.** 얼마 전에 새해가 있었어요.

We had Children's Day **not too long ago.** 얼마 전에 어린이날이 있었어요.

We had Gwangbokjeol, which is Liberation Day, **not too long ago.** 얼마 전에 광복절이 있었어요.

> **나만의 답변 만들기**
>
> We had _____ not too long ago.

2 ⁹ **It was such a[an]** 특징 **moment.** 정말 (어떠한) 순간이었어요.

It was such a memorable **moment.** 정말 기억에 남는 순간이었어요.

It was such a wonderful **moment.** 정말 멋진 순간이었어요.

It was such a precious **moment.** 정말 소중한 순간이었어요.

> **나만의 답변 만들기**
>
> It was such a[an] _____ moment.

3 ¹⁰ **That's my** 특징 **holiday memory.** 그게 (어떠한) 명절에 대한 제 기억[추억]이에요.

That's my happiest **holiday memory.** 그게 가장 행복한 명절에 대한 기억이에요.

That's my best **holiday memory.** 그게 제 최고의 명절에 대한 추억이에요.

That's my most exciting **holiday memory.** 그게 가장 신나는 명절에 대한 기억이에요.

> **나만의 답변 만들기**
>
> That's my _____ holiday memory.

UNIT

04

은행

✔ 이렇게
준비하세요

실제 은행에서 보는 업무를 구체적으로 설명할 필요는 없습니다. 다소 유치하더라도 말하기 쉽게 설명하는 것이 좋습니다. 주로 **은행의 모습**과 **은행에서 하는 일**을 물어보니 관련 표현을 준비해 두세요.

★ 자주 출제되는 문제

문제	유형	시제
우리나라의 은행 모습 Tell me about the banks in your country. When do they usually open and close? What do they look like? <small>당신 나라의 은행에 대해 알려 주세요. 보통 언제 문을 열고 닫나요? 어떻게 생겼나요?</small>	설명/묘사	현재
주로 가는 은행 모습 Tell me about the bank you usually visit. Where is it located, and what does it look like? <small>당신이 주로 방문하는 은행에 대해 알려 주세요. 그 은행은 어디에 위치해 있으며, 어떻게 생겼나요?</small>	설명/묘사	현재

문제	유형	시제
은행에서 주로 하는 일 What do people usually do at the bank? Why do you visit the bank, and what do you usually do there? 사람들은 보통 은행에서 무엇을 하나요? 당신은 왜 은행에 가며, 그곳에서 주로 무엇을 하나요?	경향/습관	현재
최근 은행에 간 경험 Tell me about your recent visit to the bank. What did you do there, and why did you go? 최근에 은행에 방문한 일에 대해 이야기해 주세요. 거기서 무엇을 했고 왜 갔나요?	경험	과거
은행에서 문제가 생긴 경험 Have you ever had a problem at the bank? What was it, and how did you deal with it? Please describe it in detail. 은행에서 문제를 겪은 적이 있나요? 무슨 문제였고, 어떻게 해결했나요? 자세히 설명해 주세요.	경험	과거
과거와 현재의 은행 변화 How have banks changed since you were young? What are the differences between banks then and now? 당신이 어릴 때 이후로 은행은 어떻게 변화해 왔나요? 그때와 지금의 은행에는 어떤 차이점이 있나요?	비교	과거 + 현재

⭐ 빈출 세트 구성

세트 예시 **1**	❶ 은행에서 주로 하는 일 ❷ 과거와 현재의 은행 변화 ❸ 최근 은행에 간 경험
세트 예시 **2**	❶ 우리나라의 은행 모습 ❷ 과거와 현재의 은행 변화 ❸ 은행에서 문제가 생긴 경험

Q1 우리나라의 은행 모습

Tell me about the banks in your country. When do they usually open and close? What do they look like?

당신 나라의 은행에 대해 알려 주세요. 보통 언제 문을 열고 닫나요? 어떻게 생겼나요?

┃ 답변 가이드 ┃

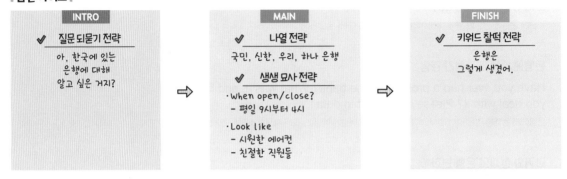

INTRO	MAIN	FINISH
✔ **질문 되묻기 전략** 아, 한국에 있는 은행에 대해 알고 싶은 거지?	✔ **나열 전략** 국민, 신한, 우리, 하나 은행 ✔ **생생 묘사 전략** ·When open/close? - 평일 9시부터 4시 ·Look like - 시원한 에어컨 - 친절한 직원들	✔ **키워드 찰떡 전략** 은행은 그렇게 생겼어.

🏆 예시 답변

INTRO ¹Oh, okay, so you want to know about banks in Korea?

MAIN ²Well, there are quite a few banks here, like Kookmin, Shinhan, Woori, and Hana. ³They are open on weekdays from 9:00 a.m. to 4:00 p.m. ⁴The banks are pretty nice. ⁵They're always air conditioned, so they're really cool in the summer. ⁶And the staff members are super friendly and helpful, so everything is easier.

FINISH ⁷So, yeah, that's what they look like.

INTRO ¹아, 알겠어요. 그러니까 한국의 은행에 대해 알고 싶으신 거군요?

MAIN ²음, 여기에는 국민은행, 신한은행, 우리은행, 하나은행 같은 꽤 많은 은행이 있어요. ³은행들은 평일에 오전 9시부터 오후 4시까지 문을 엽니다. ⁴은행들은 아주 좋아요. ⁵항상 에어컨이 켜져 있어서 여름에는 정말 시원해요. ⁶그리고 직원들은 아주 친절하고 잘 도와줘서 모든 일이 더 쉬워요.

FINISH ⁷그러니까, 은행은 그렇게 생겼어요.

---

weekday 평일 air conditioned 에어컨이 갖춰진 staff member 직원 friendly 친절한 helpful 잘 도와주는, 도움이 되는
look like ~처럼 보이다, ~의 모습이다

🚀 고득점 전략 & 핵심 표현

은행이 돌발 주제로 나오면 당황하기 쉬우니 '질문 되묻기 전략'과 '나열 전략'으로 여유를 만들며 아이디어를 떠올리세요. 키워드에 맞게 은행이 문 여는(open) 시간과 문 닫는(close) 시간에 대해 답변한 다음, 장소가 어떻게 생겼는지 묘사하면 됩니다.

1 ¹ You want to know about 주제 ? (주제)에 대해 알고 싶으세요?

You want to know about the geography of Korea? 한국의 지형에 대해 알고 싶으세요?

You want to know about issues in real estate in Korea? 한국의 부동산 문제에 대해 알고 싶으세요?

You want to know about the recycling system in Korea? 한국의 재활용 시스템에 대해 알고 싶으세요?

> **나만의 답변 만들기**
>
> You want to know about _____?

2 ² There are quite a few 장소 here. 여기에는 꽤 많은 (장소)가 있어요.

There are quite a few coffee shops **here**. 여기에는 꽤 많은 카페가 있어요.

There are quite a few restaurants **here**. 여기에는 꽤 많은 식당이 있어요.

There are quite a few parks **here**. 여기에는 꽤 많은 공원이 있어요.

> **나만의 답변 만들기**
>
> There are quite a few _____ here.

3 ⁶ The staff members are 특징 . 직원들은 (어때)해요.

The staff members are really nice. 직원들은 정말 친절해요.

The staff members are polite and efficient. 직원들은 예의 바르고 유능해요.

The staff members are so kind and helpful. 직원들은 아주 친절하고 잘 도와줘요.

> **나만의 답변 만들기**
>
> The staff members are _____.

비교 ◆ 과거/현재 시제

042

Q2 과거와 현재의 은행 변화

How have banks changed since you were young? What are the differences between banks then and now?

당신이 어릴 때 이후로 은행은 어떻게 변화해 왔나요? 그때와 지금의 은행에는 어떤 차이점이 있나요?

▌답변 가이드 ▌

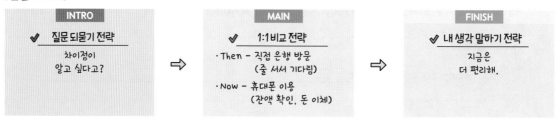

INTRO
✔ 질문 되묻기 전략
차이점이
알고 싶다고?

⇒

MAIN
✔ 1:1 비교 전략
• Then - 직접 은행 방문
(줄 서서 기다림)
• Now - 휴대폰 이용
(잔액 확인, 돈 이체)

⇒

FINISH
✔ 내 생각 말하기 전략
지금은
더 편리해.

🏆 예시 답변

INTRO
[1]Oh, you wanna know about the differences? Okay.

MAIN
[2]Well, back then, we had to go to the bank in person for everything, you know? [3]I remember waiting in long lines just to deposit money. [4]But now we can handle just about everything with our phones. [5]For example, I can check my balance and transfer money anytime. [6]It's, like, so much easier.

FINISH
[7]So, yeah, it's way more convenient now.

INTRO
[1]아, 차이점에 대해 알고 싶다고요? 좋아요.

MAIN
[2]음, 옛날에는 모든 일을 하려면 직접 은행에 가야 했어요, 아시죠? [3]그저 돈을 입금하기 위해 길게 줄 서서 기다리던 게 기억나요. [4]하지만 이제 우리는 거의 모든 일을 휴대폰으로 할 수 있어요. [5]예를 들어, 저는 언제든지 제 잔액을 확인하고 돈을 이체할 수 있어요. [6]정말 훨씬 더 쉬워요.

FINISH
[7]그래요, 지금은 훨씬 더 편리해요.

---

in person 직접   wait in line 줄 서서 기다리다   deposit 입금하다   handle 처리하다   balance (예금 계좌의) 잔액   transfer 이체하다   way (구어체에서) 진짜, 매우   convenient 편리한

과거와 현재의 차이를 묻는 비교 유형은 누가 들어도 확실하게 대조되는 내용을 1:1로 비교하세요. 여기서는 과거에는 은행에 직접 방문했지만 현재에는 휴대폰으로 모든 은행 업무를 볼 수 있다고 직관적으로 비교했습니다. 구체적인 예시도 추가해 내 경험을 이야기에 잘 녹여 보세요.

1 ² **Back then, we had to** 동사 **.** 과거에는 우리가 ~해야 했어요.

Back then, we had to wait in line for a long time. 과거에는 우리가 오랜 시간 줄을 서야 했어요.

Back then, we had to fill out a lot of forms. 과거에는 우리가 많은 서류를 작성해야 했어요.

Back then, we had to call customer service several times.
과거에는 우리가 고객 서비스에 여러 번 전화를 해야 했어요.

> **나만의 답변 만들기**
>
> Back then, we had to _____.

2 ³ **I remember** 동사ing **.** ~하던 게 기억나요.

I remember applying for a credit card. 신용 카드를 신청하던 게 기억나요.

I remember visiting the bank to get a loan. 대출을 받으러 은행에 가던 게 기억나요.

I remember closing my old bank account. 오래된 은행 계좌를 해지하던 게 기억나요.

> **나만의 답변 만들기**
>
> I remember _____.

3 ⁷ **It's way** 비교급 **now.** 지금은 훨씬 (더 어떠)해요.

It's way better **now**. 지금은 훨씬 더 나아요.

It's way faster **now**. 지금은 훨씬 더 빨라요.

It's way more productive **now**. 지금은 훨씬 더 생산적이에요.

> **나만의 답변 만들기**
>
> It's way _____ now.

043

Q3 최근 은행에 간 경험

Tell me about your <u>recent visit</u> to the bank. <u>What</u> did you <u>do</u> there, and <u>why</u> did <u>you</u> <u>go</u>?

최근에 은행에 방문한 일에 대해 이야기해 주세요. 거기서 무엇을 했고 왜 갔나요?

▌답변 가이드 ▐

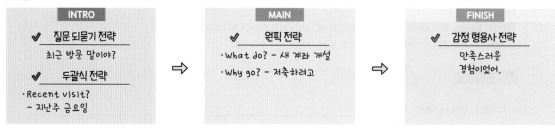

INTRO	MAIN	FINISH
✔ 질문 되묻기 전략	✔ 원픽 전략	✔ 감정 형용사 전략
최근 방문 말이야?	· What do? - 새 계좌 개설	만족스러운 경험이었어.
✔ 두괄식 전략	· Why go? - 저축하려고	
· Recent visit? - 지난주 금요일		

🏆 예시 답변

INTRO ¹Oh, my recent visit? ²Yeah, I went to the bank last Friday.

MAIN ³I needed to open a new account because I wanted to save some money this year. ⁴So that was my first step. ⁵I asked a staff member for recommendations, and she helped me out. ⁶Everything went perfectly.

FINISH ⁷Overall, it was a really satisfying experience.

INTRO ¹아, 최근 방문이요? ²네, 저는 지난주 금요일에 은행에 갔어요.

MAIN ³저는 새로운 계좌를 개설해야 했어요. 올해는 돈을 저축하고 싶었거든요. ⁴그래서 그게 제 첫 단계였죠. ⁵직원에게 추천을 부탁했고, 직원이 절 도와줬어요. ⁶모든 게 완벽하게 흘러갔어요.

FINISH ⁷전반적으로, 정말 만족스러운 경험이었어요.

---

account 계좌 save 저축하다 step 단계 recommendation 추천 perfectly 완벽하게 satisfying 만족스러운

🚀 고득점 전략 & 핵심 표현

요즘에는 실제 은행에 방문할 일이 잘 없다 보니 내 실제 경험을 녹여 말하기 힘들 텐데요. 최근에 은행에 간 적이 없더라도 방문한 경험을 유연하게 지어서 말하세요. 은행에서 하는 일과 관련된 표현은 아래 문장을 통해 익혀 봅시다.

1 [3] **I needed to** 동사 **.** 저는 ~해야 했어요.

I needed to open a savings account. 저는 저축 계좌를 개설해야 했어요.

I needed to apply for a loan. 저는 대출을 신청해야 했어요.

I needed to withdraw some cash for the weekend. 저는 주말에 사용할 현금을 출금해야 했어요.

> **나만의 답변 만들기**
>
> I needed to _____.

2 [5] **I asked a staff member for** 요청 사항 **.** 저는 직원에게 (요청 사항)을 요청했어요.

I asked a staff member for a loan. 저는 직원에게 대출을 요청했어요.

I asked a staff member for a new credit card. 저는 직원에게 새 신용카드를 요청했어요.

I asked a staff member for help with my account. 저는 직원에게 제 계좌에 대한 도움을 요청했어요.

> **나만의 답변 만들기**
>
> I asked a staff member for _____.

3 [7] **It was a[an]** 특징 **experience.** 그건 (어떠한) 경험이었어요.

It was a remarkable **experience**. 그건 놀랄 만한 경험이었어요.

It was a disappointing **experience**. 그건 실망스러운 경험이었어요.

It was an unforgettable **experience**. 그건 잊을 수 없는 경험이었어요.

> **나만의 답변 만들기**
>
> It was a[an] _____ experience.

UNIT
05

인터넷

✔ 이렇게
준비하세요

인터넷은 우리가 거의 매일 이용하는 만큼 친근한 주제이지만, 제대로 준비를 안 해 두면 문제가 나왔을 때 100% 당황합니다. **인터넷으로 하는 일**을 숙지해 두고, 인터넷을 사용한 경험에 대해 **쉬운 이야기**를 마음껏 지어내세요. 예를 들어 인터넷으로 뉴스를 거의 보지 않아도 그게 말하기 쉽다면, 매일 본다고 말하면 됩니다.

⭐ 자주 출제되는 문제

문제	유형	시제
사람들이 인터넷으로 하는 일 What do people usually do on the Internet? Do they play games, watch videos, or do something else? Talk about the things people do online in detail. 사람들은 보통 인터넷에서 무엇을 하나요? 게임을 하거나, 영상을 보거나, 아니면 다른 일을 하나요? 사람들이 온라인에서 하는 일에 대해 자세히 이야기해 보세요.	설명/묘사	현재
자주 방문하는 인터넷 웹사이트 Tell me about a website you frequently visit. What services does it offer? Why do you like using it? How did you become interested in it? Explain in detail. 당신이 자주 방문하는 웹사이트에 대해 이야기해 주세요. 그 웹사이트는 어떤 서비스를 제공하나요? 당신은 왜 그곳을 이용하는 것을 좋아하나요? 그 웹사이트에 어떻게 관심을 갖게 되었나요? 자세히 설명해 주세요.	설명/묘사	현재

문제	유형	시제
인터넷에서 주로 보는 영상 What kinds of videos do you usually watch online? Do you watch them for fun, work, or school? Describe the types of videos you enjoy watching. 온라인에서 보통 어떤 종류의 영상을 보나요? 재미로 보거나, 일 때문에 보거나, 아니면 공부를 위해서 보나요? 즐겨 보는 영상의 종류를 설명해 주세요.	설명/묘사	현재
인터넷 사용 경향 Where and when do you use the Internet? What do you mainly do? Do you share videos, shop, or read the news? Explain your typical online activities in detail. 어디서, 그리고 언제 인터넷을 사용하나요? 주로 무엇을 하나요? 영상을 공유하거나 쇼핑을 하거나, 아니면 뉴스를 읽나요? 당신의 일반적인 온라인 활동에 대해 자세히 설명해 주세요.	경향/습관	현재
인터넷을 처음 접한 경험 Tell me about your first experience surfing the Internet. When did you first become interested in it? What was your first impression, and what do you remember most about it? 인터넷 서핑을 처음 한 경험에 대해 알려 주세요. 언제 처음 관심을 갖게 되었나요? 첫인상은 어땠고 가장 기억에 남는 것은 무엇인가요?	경험	과거
인터넷에서 본 기억에 남는 영상 Describe a memorable video you saw online. Maybe it was something impressive, unusual, funny, or meaningful to you. What was so special about it? 온라인에서 본 기억에 남는 영상을 설명해 주세요. 인상 깊었거나, 독특했거나, 재미있었거나, 당신에게 의미가 있었던 영상이요. 그 영상은 어떤 점이 특별했나요?	경험	과거

⭐ 빈출 세트 구성

세트 예시 1	❶ 사람들이 인터넷으로 하는 일 ❷ 인터넷을 처음 접한 경험 ❸ 인터넷에서 본 기억에 남는 영상
세트 예시 2	❶ 사람들이 인터넷으로 하는 일 ❷ 인터넷에서 주로 보는 영상 ❸ 인터넷에서 본 기억에 남는 영상

Q1 사람들이 인터넷으로 하는 일

What do people usually **do** on the Internet? Do they play games, watch videos, or do something else? Talk about the things people do online in detail.

사람들은 보통 인터넷에서 무엇을 하나요? 게임을 하거나, 영상을 보거나, 아니면 다른 일을 하나요? 사람들이 온라인에서 하는 일에 대해 자세히 이야기해 보세요.

▌답변 가이드 ▌

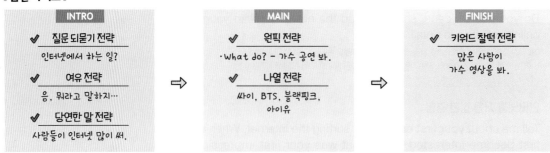

🏆 예시 답변

INTRO ¹Oh... Well, the things people do online? ²Hmm... What should I say... haha. ³You know, people use the Internet a lot.

MAIN ⁴I think... People usually watch famous artists' performances on the Internet. ⁵You know what I mean? ⁶Like, you know, Psy, BTS, Blackpink, and IU. ⁷Their concerts are really awesome, and there are tons of K-pop fans in Korea.

FINISH ⁸So, yeah, a lot of people watch their videos. ⁹That's it.

INTRO ¹아… 음, 사람들이 온라인에서 하는 일이요? ²흠… 뭐라고 말해야 할지… 하하. ³아시다시피, 사람들은 인터넷을 많이 사용합니다.

MAIN ⁴제 생각에는… 인터넷에서 사람들은 보통 유명한 가수들의 공연을 보는 것 같아요. ⁵무슨 말인지 아시죠? ⁶그러니까 싸이, BTS, 블랙핑크, 아이유처럼요. ⁷그들의 콘서트는 진짜 멋있고, 한국에는 케이팝 팬이 엄청 많거든요.

FINISH ⁸그러니까, 맞아요, 많은 사람들이 그들의 영상을 봅니다. ⁹그게 다예요.

online 온라인으로, 인터넷으로 famous 유명한 artist 예술가, 가수 performance 공연 awesome 멋진 tons of 많은

인터넷으로 하는 일은 '스포츠 경기 관람, 뉴스 기사 확인, 메일 전송, SNS, 유튜브 감상' 등 아주 다양합니다. 하지만 이걸 나열식으로 전부 말하려고 하면 힘듭니다. 따라서 '원픽 전략'으로 구체적인 주제(가수 공연)를 하나 택해 이야기를 진행하세요. 최소한의 노력으로 다양한 질문에 효율적으로 대응하기 위해 여기서는 콘서트 주제와 관련된 내용을 활용했습니다.

1 ⁴ **People usually** 동사 **on the Internet.** 인터넷에서 사람들은 주로 ~을 해요.

> **People usually** watch sporting events **on the Internet.** 인터넷에서 사람들은 주로 스포츠 경기를 봐요.
>
> **People usually** check social media **on the Internet.** 인터넷에서 사람들은 주로 소셜 미디어를 체크해요.
>
> **People usually** read news articles **on the Internet.** 인터넷에서 사람들은 주로 뉴스 기사를 읽어요.

나만의 답변 만들기

People usually _____ on the Internet.

2 ⁷ 무엇들 **are really awesome.** (무엇들)은 정말 멋져요.

> Their outfits **are really awesome.** 그들의 의상은 정말 멋져요.
>
> Their shows **are really awesome.** 그들의 공연은 정말 멋져요.
>
> The live performances **are really awesome.** 라이브 공연은 정말 멋져요.

나만의 답변 만들기

_____ are really awesome.

3 ⁷ **There are tons of** 무엇 **.** (무엇)이 엄청 많이 있어요.

> **There are tons of** fun sports videos. 정말 재미있는 스포츠 영상이 엄청 많이 있어요.
>
> **There are tons of** catchy news articles. 눈길을 끄는 뉴스 기사가 엄청 많이 있어요.
>
> **There are tons of** cool social media posts. 멋진 SNS 게시물이 엄청 많이 있어요.

나만의 답변 만들기

There are tons of _____.

인터넷에서 주로 보는 영상

What kinds of videos do you usually watch online? Do you watch them for fun, work, or school? Describe the types of videos you enjoy watching.

온라인에서 보통 어떤 종류의 영상을 보나요? 재미로 보거나, 일 때문에 보거나, 아니면 공부를 위해서 보나요? 즐겨 보는 영상의 종류를 설명해 주세요.

┃ 답변 가이드 ┃

🏆 예시 답변

INTRO ▶ ¹Oh, the videos I usually watch online? ²Hmm... I watch tons of them, so... ³Let me think.

MAIN ▶ ⁴Well, lately, I've been really into movie review videos. ⁵They cover all kinds of genres and are super well made. ⁶The quality is awesome. ⁷Plus, they're perfect for watching while eating or just chilling out.

FINISH ▶ ⁸So, yeah, I end up watching a lot of movies because review videos are fun.

INTRO　¹아, 제가 주로 인터넷에서 보는 영상이요? ²흠… 정말 많이 보는데… ³생각해 볼게요.

MAIN　⁴저기, 최근에는 영화 리뷰 영상에 정말 푹 빠졌어요. ⁵그 영상들은 다양한 장르를 다루는데, 정말 잘 만들어졌어요. ⁶퀄리티가 정말 끝내주죠. ⁷게다가, 먹으면서 보거나 그냥 편하게 쉬면서 보기에 딱 좋아요.

FINISH　⁸그러니까, 결국 저는 그 리뷰 영상들이 재밌어서 영화를 많이 보게 돼요.

lately 최근에　be into ~에 푹 빠져 있다　cover 다루다, 포함하다　genre 장르　quality 품질　awesome 끝내주는, 최고의　chill out 편하게 쉬다
end up -ing 결국 ~하게 되다

182

'연결 전략'으로 앞의 내용과 연결해 Like I mentioned earlier, I watch videos of singers.(앞서 말했듯이 저는 가수 영상을 봐요.) 처럼 말해도 됩니다. 하지만 이렇게 말하면 앞 내용과 너무 반복될 수도 있으니, 여기서는 아예 새로운 주제(영화 리뷰 영상)를 택했 습니다. 이번 답변은 영화 주제와 관련된 답변과 유사하게 구성해 활용도를 높였습니다.

1 [4] **I've been really into** [대상] **.** 저는 (대상)에 정말 빠져 있어요.

I've been really into travel videos. 저는 여행 영상에 정말 빠져 있어요.

I've been really into cooking videos. 저는 요리 영상에 정말 빠져 있어요.

I've been really into cute puppy videos. 저는 귀여운 강아지 영상에 정말 빠져 있어요.

나만의 답변 만들기

I've been really into _____.

2 [7] **They're perfect for** [동사+ing] **.** 그것들은 ~하기에 딱이에요.

They're perfect for studying English. 그것들은 영어 공부하기에 딱이에요.

They're perfect for traveling. 그것들은 여행하기에 딱이에요.

They're perfect for relaxing at home. 그것들은 집에서 편안히 쉬기에 딱이에요.

나만의 답변 만들기

They're perfect for _____.

3 [8] **I end up** [동사+ing] **.** 저는 결국 ~하게 돼요.

I end up gaining weight. 저는 결국 살이 찌게 돼요.

I end up eating chicken and beer. 저는 결국 치킨과 맥주를 먹게 돼요.

I end up going to the gym every new year. 저는 결국 매년 새해에 헬스장에 가게 돼요.

나만의 답변 만들기

I end up _____.

Q3 인터넷에서 본 기억에 남는 영상

Describe a memorable video you saw online. Maybe it was something impressive, unusual, funny, or meaningful to you. What was so special about it?

온라인에서 본 기억에 남는 영상을 설명해 주세요. 인상 깊었거나, 독특했거나, 재미있었거나, 당신에게 의미가 있었던 영상이요. 그 영상은 어떤 점이 특별했나요?

답변 가이드

🏆 예시 답변

INTRO
¹ Oh, why do you keep asking similar questions? ² Haha, I'm running out of things to say. ³ Well, let me think. ⁴ Something memorable... Hmm...

MAIN
⁵ You know, this morning I watched a video about the OPIc test by Bella. ⁶ She's an excellent teacher of the OPIc test. ⁷ The video was super helpful because I was in a rush. ⁸ It really helped me get ready for the test.

FINISH
⁹ Thanks to her tips, I think I'm doing pretty well on the exam. ¹⁰ Don't you think so? Haha. ¹¹ So that's it.

INTRO　¹ 아, 왜 자꾸 비슷한 질문만 하세요? ² 하하, 이제 말할 거리가 다 떨어졌어요. ³ 저, 잠깐만 생각해 볼게요. ⁴ 기억에 남는 거라… 흠…

MAIN　⁵ 있잖아요, 오늘 아침에 벨라쌤의 오픽 시험에 대한 영상을 봤어요. ⁶ 그녀는 뛰어난 오픽 시험 선생님이에요. ⁷ 제가 급했기 때문에 그 영상은 정말 유용했어요. ⁸ 그건 시험을 준비하는 데 정말 도움이 되었죠.

FINISH　⁹ 그녀의 팁 덕분에 오늘 시험을 꽤 잘 보고 있는 것 같아요. ¹⁰ 그렇게 생각하지 않나요? 하하. ¹¹ 그래서, 그게 다예요.

similar 비슷한　run out of ~이 다 떨어지다, ~을 다 쓰다　helpful 도움이 되는, 유용한　be in a rush 서두르다, 급하다　tip 팁, 조언　exam 시험

기억에 남는 영상이 바로 떠오르면 좋겠지만, 딱히 생각나지 않을 때는 말하기 쉬운 영상을 골라 특별하다고 포장하세요. 여러 영상에 대해 나열하다가 주제에서 벗어날 수도 있으니 '원픽 전략'으로 하나의 주제에 집중해 말하는 것이 좋습니다.

1 ² **I'm running out of** 무엇 **.** 저는 (무엇)이 거의 다 떨어졌어요.

I'm running out of time. 저는 시간이 거의 다 떨어졌어요.

I'm running out of ideas. 저는 아이디어가 거의 다 떨어졌어요.

I'm running out of money. 저는 돈이 거의 다 떨어졌어요.

> **나만의 답변 만들기**
>
> I'm running out of _____.

2 ⁷ **The video was** 특징 **because** 이유 **.** 그 영상은 (이유) 때문에 (어떠)했어요.

The video was very funny **because** the comedian was acting silly.
그 영상은 코미디언이 우스꽝스럽게 행동해서 정말 웃겼어요.

The video was super impressive **because** the story was touching.
그 영상은 이야기가 감동적이어서 정말 인상 깊었어요.

The video was really meaningful **because** it shared an important message.
그 영상은 중요한 메시지를 공유해서 정말 의미 있었어요.

> **나만의 답변 만들기**
>
> The video was _____ because _____.

3 ⁸ **It really helped me** 동사 **.** 그건 ~하는 데 정말 도움이 됐어요.

It really helped me learn a lot. 그건 많이 배우는 데 정말 도움이 됐어요.

It really helped me solve the problem. 그건 문제를 해결하는 데 정말 도움이 됐어요.

It really helped me make a decision. 그건 결정을 내리는 데 정말 도움이 됐어요.

> **나만의 답변 만들기**
>
> It really helped me _____.

UNIT
06

가구

✔ 이렇게
준비하세요

가구는 돌발 주제이지만 일상에서 많이 접하는 친근한 소재이므로 다른 주제에 비해 답변하기 수월합니다. 책상, 침대, 소파 등 설명하기 쉬운 가구를 하나 정하고 **생김새**와 **특징**을 정리해 두세요. **색상**과 **크기, 좋아하는 이유**를 빠르게 떠올릴 수 있게 연습하면 됩니다.

⭐ 자주 출제되는 문제

문제	유형	시제
좋아하는 가구 What is your favorite piece of furniture in your house? What does it look like, and how do you use it? What makes it special to you? Please provide as many details as possible. 당신이 집에서 가장 좋아하는 가구는 무엇인가요? 그 가구는 어떻게 생겼으며, 어떻게 사용하고 있나요? 그 가구가 당신에게 특별한 이유는 무엇인가요? 가능한 한 자세히 설명해 주세요.	설명/묘사	현재
평상시 가구 사용법 Tell me about how you use your furniture on a typical day. What kinds of things do you do with your furniture? 평소에 가구를 어떻게 사용하는지 알려 주세요. 가구로 어떤 일을 하나요?	경향/습관	현재

문제	유형	시제
가구/가전에 문제가 생긴 경험 Have you ever had a problem with a piece of furniture or an electronic appliance you borrowed? What was the problem, how did it happen, and how did you solve it? Please provide as many details as possible. 이전에 빌렸던 가구나 전자기기에서 문제가 생겼던 적이 있나요? 어떤 문제였고 어떻게 발생했으며, 어떻게 해결했나요? 가능한 한 자세히 설명해 주세요.	경험	과거
최근 구매한 가구 Tell me about a piece of furniture you recently purchased. What was it, where did you buy it, and why did you decide to purchase it? 최근 구매한 가구에 대해 말해 주세요. 무슨 가구였고, 어디서 샀으며, 구매하기로 결정한 이유는 무엇인가요?	경험	과거
예전과 지금의 가구 비교 The furniture in people's homes has changed over the years. Is the furniture in your current house different from the furniture you had when you were growing up? Provide as many details as possible. 사람들의 집에 있는 가구는 세월이 지나면서 변화해 왔습니다. 현재 당신 집의 가구는 당신이 어렸을 때 가지고 있던 가구와 다른가요? 가능한 한 자세히 설명해 주세요.	비교	과거 + 현재

★ 빈출 세트 구성

세트 예시 **1**	❶ 좋아하는 가구 ❷ 예전과 지금의 가구 비교 ❸ 가구/가전에 문제가 생긴 경험
세트 예시 **2**	❶ 좋아하는 가구 ❷ 평상시 가구 사용법 ❸ 예전과 지금의 가구 비교

Q1 좋아하는 가구

What is your favorite piece of furniture in your house? What does it look like, and how do you use it? What makes it special to you? Please provide as many details as possible.

당신이 집에서 가장 좋아하는 가구는 무엇인가요? 그 가구는 어떻게 생겼으며, 어떻게 사용하고 있나요? 그 가구가 당신에게 특별한 이유는 무엇인가요? 가능한 한 자세히 설명해 주세요.

▌답변 가이드▐

INTRO
☑ 질문 되묻기 전략
좋아하는 가구라…
☑ 두괄식 전략
내 침대에 대해 이야기할게.

⇨

MAIN
☑ 키워드 찰떡 전략
· Look like
 - 하늘색 시트
· How use?
 - 집에 오자마자 누워.
· What special?
 - 많은 매장을 가 보고 완벽한 걸 찾아냈어.

⇨

FINISH
☑ 내 생각 말하기 전략
비싸지만 그래도 그 값을 해.

🏆 예시 답변

INTRO　¹Hmm... About my favorite piece of furniture? ²Well, okay. ³Let me tell you about my bed.

MAIN　⁴It looks just like any other bed. ⁵It has a sky-blue sheet. ⁶I love lying down on it as soon as I get home because it's super comfy. ⁷I had neck problems before, so I visited more than 10 offline stores and finally found the perfect one.

FINISH　⁸You know, it was quite pricey. ⁹It's the most expensive thing in my home, but it's worth it.

INTRO　¹흠… 제가 가장 좋아하는 가구에 대해서요? ²음, 좋아요. ³제 침대에 대해 말씀드릴게요.

MAIN　⁴그건 그냥 다른 침대와 비슷해 보여요. ⁵하늘색 시트가 깔려 있죠. ⁶아주 편안해서 저는 집에 도착하자마자 침대에 눕는 것을 아주 좋아해요. ⁷예전에 목에 문제가 있어서 오프라인 매장을 10개 이상 가 봤고, 마침내 완벽한 것을 찾았어요.

FINISH　⁸저기, 그건 꽤나 비쌌어요. ⁹우리 집에서 가장 비싼 물건이지만, 그래도 그만한 가치가 있어요.

---

piece 하나, 조각　furniture 가구　sky-blue 하늘색의　sheet (침대의) 시트, 보　lie down 눕다　comfy 편안한 (comfortable의 구어체)
offline 오프라인의　pricey 비싼　worth ~할 만한 가치가 있는

설명하기 쉬운 가구를 하나 골라, '키워드 찰떡 전략'으로 생김새, 사용법, 그 가구가 특별한 이유를 차례대로 이야기하세요. 가구의 특징을 설명하는 표현도 필수로 암기해 두세요.

1 ⁵ 가구 **has** 특징 . (가구)는 (특징)이 있어요.

My bed **has** a storage area. 제 침대는 수납 공간이 있어요.

My sofa **has** a dark green cover. 제 소파는 짙은 녹색 커버가 있어요.

The chair **has** a metal frame. 그 의자는 금속 프레임이에요.

> **나만의 답변 만들기**
>
> _____ has _____ .

2 ⁶ **I love** 동사ing . 저는 ~하는 것을 아주 좋아해요.

I love watching TV on my bed. 저는 침대에서 TV 보는 것을 아주 좋아해요.

I love taking a nap on my sofa. 저는 소파에서 낮잠 자는 것을 아주 좋아해요.

I love reading books in my armchair. 저는 안락의자에서 책 읽는 것을 아주 좋아해요.

> **나만의 답변 만들기**
>
> I love _____ .

3 ⁹ **It's the** 최상급 물건 **in my home.** 그건 우리 집에서 (가장 어떠한) (물건)이에요.

It's the coolest piece **in my home.** 그건 우리 집에서 가장 멋진 가구예요.

It's the biggest piece of furniture **in my home.** 그건 우리 집에서 가장 큰 가구예요.

It's the most comfortable chair **in my home.** 그건 우리 집에서 가장 편안한 의자예요.

> **나만의 답변 만들기**
>
> It's the _____ in my home.

예전과 지금의 가구 비교

The furniture in people's homes has changed over the years. Is the furniture in your current house different from the furniture you had when you were growing up? Provide as many details as possible.

사람들의 집에 있는 가구는 세월이 지나면서 변화해 왔습니다. 현재 당신 집의 가구는 당신이 어렸을 때 가지고 있던 가구와 다른가요? 가능한 한 자세히 설명해 주세요.

▌답변 가이드 ▌

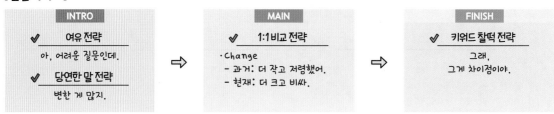

INTRO
✔ 여유 전략
아, 어려운 질문인데.
✔ 당연한 말 전략
변한 게 많지.

MAIN
✔ 1:1 비교 전략
· Change
  – 과거: 더 작고 저렴했어.
  – 현재: 더 크고 비싸.

FINISH
✔ 키워드 찰떡 전략
그래,
그게 차이점이야.

🏆 예시 답변

INTRO [1]Oh, that's a tough question. [2]A lot must have changed over the years.

MAIN [3]Well, there have been changes in things like beds, chairs, tables, and, umm, what else… oh, yes, wardrobes, too. [4]The furniture I used to have was smaller and cheaper because I didn't have much money. [5]But now, I can buy anything. [6]I've become rich. Hahaha. [7]So my furniture is bigger and more expensive now.

FINISH [8]So, yeah, that's the difference.

INTRO [1]아, 어려운 질문이네요. [2]분명히 지난 몇 년 동안 많은 게 변했을 거예요.

MAIN [3]글쎄요. 침대, 의자, 테이블 같은 것들에 변화가 있었어요. 그리고, 음, 뭐가 더 있더라… 아, 그렇죠. 옷장도요. [4]제가 가지고 있었던 가구는 더 작고 더 저렴했어요. 돈이 별로 없었거든요. [5]하지만 이제는 뭐든지 살 수 있어요. [6]저는 부자가 됐어요. 하하하. [7]그래서 제 가구는 이제 더 크고 더 비싸요.

FINISH [8]그래서 맞아요, 그게 차이점이에요.

tough 어려운 wardrobe 옷장 cheap 저렴한 rich 부유한 difference 차이점

🚀 고득점 전략 & 핵심 표현

비교 유형은 과거와 현재 모습이 명확하게 대조되어야 합니다. '1:1 비교 전략'으로 가구가 어떻게 달라졌는지 확실한 차이점을 언급하세요. 여기서는 과거의 가구는 smaller와 cheaper, 현재의 과거는 bigger와 more expensive로 설명해 두 가구의 모습이 뚜렷하게 대비됩니다. 이때 과거와 현재가 드러나는 표현(used to, now)도 필수로 사용하세요.

1 ³ **There have been changes in** 무엇 **.** (무엇)에 변화가 있었어요.

There have been changes in the healthcare system. 의료 시스템에 변화가 있었어요.

There have been changes in the school's curriculum. 학교 교육과정에 변화가 있었어요.

There have been changes in the weather patterns recently. 최근 날씨 패턴에 변화가 있었어요.

> **나만의 답변 만들기**
>
> There have been changes in _____ .

2 ⁴ **The furniture I used to have was** 특징 **.** 제가 가지고 있었던 가구는 (어떠)했어요.

The furniture I used to have was old. 제가 가지고 있었던 가구는 낡았어요.

The furniture I used to have was unique. 제가 가지고 있었던 가구는 독특했어요.

The furniture I used to have was very heavy. 제가 가지고 있었던 가구는 아주 무거웠어요.

> **나만의 답변 만들기**
>
> The furniture I used to have was _____ .

3 ⁴ **I didn't have much** 무엇 **.** 저는 (무엇)이 별로 없었어요.

I didn't have much furniture. 저는 가구가 별로 없었어요.

I didn't have much space for a large sofa. 저는 큰 소파를 놓을 만한 공간이 별로 없었어요.

I didn't have much taste in decorating my place. 저는 집 꾸미기에 취향이 별로 없었어요.

> **나만의 답변 만들기**
>
> I didn't have much _____ .

Q3 가구/가전에 문제가 생긴 경험

Have you ever had a **problem** with a piece of **furniture** or **an electronic appliance** you borrowed? **What** was the problem, **how** did it **happen**, and how did you **solve** it? Please provide as many details as possible.

이전에 빌렸던 가구나 전자기기에서 문제가 생겼던 적이 있나요? 어떤 문제였고 어떻게 발생했으며, 어떻게 해결했나요? 가능한 한 자세히 설명해 주세요.

▌답변 가이드 ▌

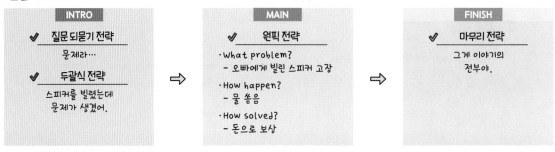

INTRO	MAIN	FINISH
✔ 질문 되묻기 전략 문제라… ✔ 두괄식 전략 스피커를 빌렸는데 문제가 생겼어.	✔ 원픽 전략 ・What problem? ㅡ 오빠에게 빌린 스피커 고장 ・How happen? ㅡ 물 쏟음 ・How solved? ㅡ 돈으로 보상	✔ 마무리 전략 그게 이야기의 전부야.

🏆 예시 답변

INTRO ▶ ¹Oh, the problem… ²Umm, okay. ³Actually, I borrowed a nice speaker from my brother, but there was a problem.

MAIN ▶ ⁴I accidentally spilled water on the speaker, and it stopped working. ⁵I didn't know what to do. ⁶I quickly wiped the water off, but it still didn't work. ⁷In the end, I apologized and gave him the money to replace it.

FINISH ▶ ⁸So, yeah, that's the whole story.

INTRO ¹아, 문제요… ²음, 좋아요. ³사실, 저는 남동생에게 멋진 스피커를 빌렸는데 문제가 있었어요.

MAIN ⁴실수로 스피커에 물을 쏟았고, 스피커가 작동을 멈췄어요. ⁵저는 어떻게 해야 할지 몰랐어요. ⁶빨리 물을 닦아냈지만 여전히 작동하지 않았어요. ⁷결국, 저는 사과하고 남동생에게 스피커를 교체할 돈을 줬어요.

FINISH ⁸그래서, 그게 이야기의 전부예요.

actually 사실은 borrow 빌리다 speaker 스피커 accidentally 실수로, 우연히 spill 쏟다, 엎지르다 wipe 닦다, 닦아내다 apologize 사과하다 replace 교체하다

🚀 고득점 전략 & 핵심 표현

문제가 생긴 경험은 일어난 일을 차례대로 나열해 주면 됩니다. 문제가 발생하게 된 과정을 설명한 후에 해결 과정도 자세히 설명하세요. 여기서는 '원픽 전략'으로 남동생에게 빌린 스피커를 고장 낸 경험에 대해 구체적으로 설명했습니다.

1 ³ **I borrowed** 물건 **from** 누구 . 저는 (누구)에게 (물건)을 빌렸어요.

I borrowed a camera **from** my friend. 저는 친구에게 카메라를 빌렸어요.

I borrowed a laptop **from** my coworker. 저는 동료에게 노트북을 빌렸어요.

I borrowed a vacuum cleaner **from** my neighbor. 저는 옆집에서 진공청소기를 빌렸어요.

> **나만의 답변 만들기**
>
> I borrowed _____ from _____ .

2 ⁴ **I accidentally** 과거 동사 . 저는 실수로 ~했어요.

I accidentally broke the leg of the chair. 저는 실수로 의자 다리를 부쉈어요.

I accidentally cracked my phone. 저는 실수로 핸드폰 화면을 깨뜨렸어요.

I accidentally spilled coffee on the computer. 저는 실수로 컴퓨터에 커피를 쏟았어요.

> **나만의 답변 만들기**
>
> I accidentally _____ .

3 ⁶ **It still didn't** 동사 . 그건 여전히 ~하지 않았어요.

It still didn't start working. 그건 여전히 작동을 시작하지 않았어요.

It still didn't turn on. 그건 여전히 전원이 켜지지 않았어요.

It still didn't connect to Wi-Fi. 그건 여전히 와이파이에 연결되지 않았어요.

> **나만의 답변 만들기**
>
> It still didn't _____ .

UNIT
07

교통

✔ 이렇게
준비하세요

일상에서 이용하는 **교통수단의 종류**와 **이용 경험**을 묻는 문제가 많이 출제되므로, 어떤 교통수단
을 언제(평일, 주말, 출근할 때, 놀러 갈 때 등) 타는지 정리해 두세요. 교통수단과 함께 쓰는 동사
use, **take**, **ride**를 활용하는 법도 함께 연습해 두면 좋습니다.

⭐ 자주 출제되는 문제

문제	유형	시제
주중과 주말에 주로 이용하는 교통수단 Tell me about the transportation options where you live. What type of transportation do you typically use during the week, and how about on weekends? 살고 있는 지역의 교통수단에 대해 알려 주세요. 주중에는 주로 어떤 교통수단을 이용하고 주말에는 어떤 교통수단을 이용하나요?	경향/습관	현재
일할 때와 놀러갈 때 이용하는 교통수단 What kind of transportation do you use to go to work and to go out for fun? How are they different? Please explain in detail. 당신은 출근할 때와 놀러 갈 때 어떤 교통수단을 사용하나요? 두 교통수단은 어떻게 다른가요? 자세히 설명해 주세요.	경향/습관 + 비교	현재

문제	유형	시제
사는 지역의 교통수단 Tell me about the transportation where you live. Which type do you use the most and why? Please describe it in detail. 살고 있는 지역의 교통수단에 대해 알려 주세요. 어떤 교통수단을 가장 많이 이용하며, 그 이유는 무엇인가요? 자세히 설명해 주세요.	설명/묘사	현재
대중교통 이용 중 겪은 문제 Sometimes riding on the subway or bus can be uncomfortable. Have you ever had any problems with public transportation? What happened, and how did you deal with it? 가끔 지하철이나 버스를 타는 것이 불편할 때가 있습니다. 대중교통에서 문제가 있었던 적이 있나요? 어떤 일이 있었고 어떻게 대처했나요?	경험	과거
과거와 현재의 대중교통 변화 I'd like to know how the public transportation system in your country has changed over time. What are the differences between the types of transportation you used as a child and the types you use today? Provide as many details as possible. 시간이 지남에 따라 당신 나라의 대중교통 시스템이 어떻게 변화했는지 알고 싶습니다. 어렸을 때 이용했던 교통수단과 현재 이용하고 있는 교통수단의 차이점은 무엇인가요? 가능한 한 자세히 알려 주세요.	비교	과거 + 현재

★ 빈출 세트 구성

세트 예시 **1**	❶ 주중과 주말에 주로 이용하는 교통수단 ❷ 과거와 현재의 대중교통 변화 ❸ 대중교통 이용 중 겪은 문제
세트 예시 **2**	❶ 사는 지역의 교통수단 ❷ 일할 때와 놀러 갈 때 이용하는 교통수단 ❸ 대중교통 이용 중 겪은 문제

Q1 주중과 주말에 주로 이용하는 교통수단

Tell me about the **transportation options** where you live. What type of transportation do you typically use **during the week, and how about on weekends?**

살고 있는 지역의 교통수단에 대해 알려 주세요. 주중에는 주로 어떤 교통수단을 이용하고 주말에는 어떤 교통수단을 이용하나요?

답변 가이드

🏆 예시 답변

INTRO ¹Oh, okay, let me tell you about the transportation where I live.

MAIN ²Well, there are many options available, like buses, taxis, subways, and bikes. ³I usually take the subway to get to work on weekdays. ⁴On weekends, I drive my car. ⁵It's very convenient, and I like to listen to music while driving.

FINISH ⁶So to conclude, that's what I use on weekdays and weekends. ⁷Yeah, that's it.

INTRO ¹아, 좋아요. 그럼 제가 사는 곳의 교통수단에 대해 말씀드릴게요.

MAIN ²음, 버스, 택시, 지하철, 자전거 같은 이용 가능한 많은 선택지가 있어요. ³저는 평일에는 주로 지하철을 타고 출근해요. ⁴주말에는 제 차를 운전하죠. ⁵그건 매우 편리하고, 저는 운전하면서 음악을 듣는 것을 좋아해요.

FINISH ⁶그러니까 결론적으로 말하면, 그게 평일과 주말에 제가 이용하는 거예요. ⁷네, 그게 다예요.

transportation 교통수단   option 선택지   weekday 주중, 평일   weekend 주말   convenient 편리한

먼저 '나열 전략'으로 다양한 교통 수단의 종류를 열거하며 여유를 번 다음, 질문에서 물어보는 주중과 주말에 이용하는 교통수단을 각각 설명하세요. 여기서도 다양한 교통수단을 나열하면 이야기가 중구난방이 될 수 있으니 '원픽 전략'으로 이용하는 교통수단을 딱 하나씩만 정해서 이야기하는 것이 좋습니다.

1 ¹ **Let me tell you about** 주제 . (주제)에 대해 말씀드릴게요.

Let me tell you about a memorable experience. 기억에 남는 경험에 대해 말씀드릴게요.

Let me tell you about my favorite actor. 제가 가장 좋아하는 배우에 대해 말씀드릴게요.

Let me tell you about the weather today. 오늘 날씨에 대해 말씀드릴게요.

> **나만의 답변 만들기**
>
> Let me tell you about _____.

2 ³ **I usually** 동사 **on weekdays.** 저는 평일에는 보통 ~해요.

I usually take the bus **on weekdays.** 저는 평일에 보통 버스를 타요.

I usually ride my bike to work **on weekdays.** 저는 평일에는 주로 자전거를 타고 출근해요.

I usually go to bed early **on weekdays.** 저는 평일에는 보통 일찍 잠자리에 들어요.

> **나만의 답변 만들기**
>
> I usually _____ on weekdays.

3 ⁶ **That's what I** 동사 **.** 그게 제가 ~하는 거예요.

That's what I like to do during my vacations. 그게 제가 휴가 동안 하고 싶은 거예요.

That's what I plan for my next trip. 그게 제가 다음 여행을 위해 계획하는 거예요.

That's what I always do to avoid traffic. 그게 제가 교통 체증을 피하기 위해 항상 하는 거예요.

> **나만의 답변 만들기**
>
> That's what I _____.

과거와 현재의 대중교통 변화

I'd like to know how the public transportation system in your country has changed over time. What are the differences between the types of transportation you used as a child and the types you use today? Provide as many details as possible.

시간이 지남에 따라 당신 나라의 대중교통 시스템이 어떻게 변화했는지 알고 싶습니다. 어렸을 때 이용했던 교통수단과 현재 이용하고 있는 교통수단의 차이점은 무엇인가요? 가능한 한 자세히 알려 주세요.

┃ 답변 가이드 ┃

INTRO
✔ 질문 되묻기 전략
아, 과거와 현재의 차이점?
✔ 당연한 말 전략
큰 변화가 있었지.

⇒

MAIN
✔ 원픽 전략
·Transportation change
– 열차
✔ 1:1 비교 전략
·Child – 무궁화호 (느림)
·Today – KTX (빠름)

⇒

FINISH
✔ 키워드 찰떡 전략
생각해 보면
정말 큰 변화야.
✔ 마무리 전략
그게 다야.

🏆 예시 답변

INTRO [1] Ah, the differences between the past and now? [2] Well, there have been big changes.

MAIN [3] When I was little, everyone used a train called *Moogonghwa*. [4] It took 6 hours to get from Seoul to Busan. [5] There weren't many trains, so sometimes we had to stand on the train. [6] But now, there are many trains, and we have the KTX. [7] It's super fast. [8] So it only takes about 2 hours to get to Busan. [9] Isn't that amazing? Haha.

FINISH [10] Yeah, when I think about it, it's a really big change. [11] That's all.

INTRO [1] 아, 과거와 지금의 차이점 말이죠? [2] 음, 큰 변화가 있었죠.

MAIN [3] 제가 어렸을 때는 다들 무궁화호라는 기차를 이용했어요. [4] 서울에서 부산까지 가는 데 6시간이 걸렸어요. [5] 기차가 많지 않아서 가끔씩 기차에서 서서 가야 할 때도 있었어요. [6] 하지만 지금은 기차도 많고, KTX가 있어요. [7] 그건 엄청 빨라요. [8] 그래서 부산까지 가는 데 2시간 정도밖에 안 걸려요. [9] 대단하지 않나요? 하하.

FINISH [10] 네, 생각해 보면 그건 정말 큰 변화예요. [11] 그게 다예요.

---

past 과거   called ~으로 불리는   amazing 놀라운, 대단한

모든 대중교통의 과거와 현재 모습을 비교하려면 너무 어렵습니다. 그러니 '원픽 전략'으로 하나의 교통수단을 골라 어떤 변화가 있었는지 이야기하면 됩니다. 어릴 때(when I was little)와 현재(now)를 명백히 드러내는 표현도 꼭 사용하세요.

1 **¹ Ah, the differences between** ⬜A⬜ **and** ⬜B⬜ **?** 아, (A)와 (B)의 차이점 말이죠?

Ah, the differences between then **and** now**?** 아, 그때와 지금의 차이점 말이죠?

Ah, the differences between back then **and** today**?** 아, 그 당시와 오늘날의 차이점 말이죠?

Ah, the differences between the past **and** the present**?** 아, 과거와 현재의 차이점 말이죠?

나만의 답변 만들기

Ah, the differences between _____ and _____ ?

2 **⁴ It took** ⬜시간⬜ **to get from** ⬜장소1⬜ **to** ⬜장소2⬜ **.**
(장소1)에서 (장소2)까지 가는 데 (시간)이 걸렸어요.

It took an hour **to get from** Seoul to Jeju Island. 서울에서 제주도까지 가는 데 1시간이 걸렸어요.

It took 2 hours **to get from** London to Paris. 런던에서 파리까지 가는 데 2시간이 걸렸어요.

It took 3 hours **to get from** New York to Washington, D.C.
뉴욕에서 워싱턴 D.C.까지 가는 데 3시간이 걸렸어요.

나만의 답변 만들기

It took _____ to get from _____ to _____ .

3 **⁸ It only takes** ⬜시간⬜ **to get to** ⬜장소⬜ **.** (장소)까지 가는 데 (시간)밖에 안 걸려요.

It only takes 10 minutes **to get to** the gym. 헬스장까지 가는 데 10분밖에 안 걸려요.

It only takes 30 minutes **to get to** my office. 제 사무실까지 가는 데 30분밖에 안 걸려요.

It only takes an hour **to get to** the airport. 공항까지 가는 데 1시간밖에 안 걸려요.

나만의 답변 만들기

It only takes _____ to get to _____ .

Q3 대중교통 이용 중 겪은 문제

Sometimes riding on the subway or bus can be uncomfortable. Have you ever had any problems with public transportation? What happened, and how did you deal with it?

가끔 지하철이나 버스를 타는 것이 불편할 때가 있습니다. 대중교통에서 문제가 있었던 적이 있나요? 어떤 일이 있었고 어떻게 대처했나요?

┃답변 가이드┃

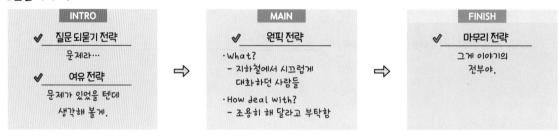

🏆 예시 답변

INTRO
¹Oh, problems? ²Well… Hmm, there must be one. ³Let me think. Oh!

MAIN
⁴I had a problem last month. ⁵On the subway, there were some very noisy people. ⁶I didn't want to hear what they were talking about, and I also wanted to take a nap. ⁷The loud conversation was really annoying. ⁸I waited for about 10 minutes but couldn't stand it anymore, so I asked them to be quiet. ⁹That solved the problem.

FINISH
¹⁰So, you know, after that, I was finally able to enjoy the rest of my ride. ¹¹And that's the whole story.

INTRO
¹오, 문제요? ²저기… 흠, 하나는 있을 거예요. ³생각 좀 해 볼게요. 오!

MAIN
⁴지난달에 문제가 있었어요. ⁵지하철에 굉장히 시끄러운 사람들이 있었습니다. ⁶저는 그 사람들이 무슨 얘기를 하는지 듣고 싶지 않았고 낮잠을 자고 싶기도 했어요. ⁷시끄러운 대화가 정말 짜증 났어요. ⁸10분 정도 기다렸지만 더 이상 참을 수 없어서 그 사람들에게 조용히 해 달라고 부탁했어요. ⁹그렇게 해서 문제가 해결되었어요.

FINISH
¹⁰그래서, 그 이후로 드디어 남은 여정을 즐길 수 있었어요. ¹¹그리고 그게 이야기 전부입니다.

---

noisy 시끄러운　take a nap 낮잠을 자다　loud 시끄러운　conversation 대화　annoying 짜증 나는　stand 참다, 견디다　solve 해결하다
ride (교통수단을) 타고 가기

문제를 겪은 상황과 문제를 해결한 과정이 구체적으로 드러나야 합니다. 언제, 어디서, 어떤 일이 일어났는지 구체적으로 설명하고, 문제 해결을 위해 내가 한 행동을 언급하세요. 과거의 경험이기 때문에 당연히 과거 시제를 사용해야 합니다.

1   ⁴ **I had a problem** 과거 시기 **.** (과거 시기)에 문제가 있었어요.

I had a problem last summer. 지난 여름에 문제가 있었어요.

I had a problem during the meeting. 회의 중에 문제가 있었어요.

I had a problem when I was in university. 대학에 다닐 때 문제가 있었어요.

> **나만의 답변 만들기**
>
> I had a problem _____.

2   ⁷ 무엇 **was really annoying.** (무엇)이 정말 짜증 났어요.

The overcrowded subway **was really annoying.** 혼잡한 지하철이 정말 짜증 났어요.

The traffic jam on my way home **was really annoying.** 집에 가는 길에 교통 정체가 정말 짜증 났어요.

The bus was late again, and it **was really annoying.** 버스가 또 늦어서 정말 짜증 났어요.

> **나만의 답변 만들기**
>
> _____ was really annoying.

3   ⁸ **I asked** 사람 **to** 동사 **.** (사람)에게 ~해 달라고 부탁했어요.

I asked her **to** move faster. 그 여자에게 더 빨리 움직여 달라고 부탁했어요.

I asked them **to** keep the noise down. 그들에게 소음을 줄여 달라고 부탁했어요.

I asked him **to** avoid talking on the phone. 그 남자에게 전화 통화를 피해 달라고 부탁했어요.

> **나만의 답변 만들기**
>
> I asked _____ to _____.

UNIT

08

건강

✔ 이렇게
준비하세요

돌발 주제로 건강이 나오면 healthy만 외치다가 끝나지 않도록 **건강 관련 단어**를 최소 10개 이상
외워 두세요. 건강을 유지하기 위한 활동도 물어보므로 **운동 관련 단어**도 함께 알아 두어야 합니다.
그 밖에도 식단 관리, 건강검진 등 **건강을 위한 활동**에 대한 아이디어를 준비해 두세요.

⭐ 자주 출제되는 문제

문제	유형	시제
주변의 건강한 사람 묘사 Tell me about a healthy person you know. What does he or she look like? What kind of food does he or she eat? 당신이 아는 건강한 사람에 대해 이야기해 주세요. 그 사람은 어떻게 생겼나요? 그 사람은 어떤 음식을 먹나요?	설명/묘사	현재
건강을 유지하기 위한 활동 What do you do to stay healthy? What kind of exercise do you usually do? Explain what you do in detail. 건강을 유지하기 위해 무엇을 하나요? 보통 어떤 운동을 하나요? 무엇을 하는지 자세히 설명해 주세요.	경향/습관	현재

202

문제	유형	시제
건강한 사람들이 하는 활동 Let's talk about healthy people. What kinds of activities do they usually do? And where do they go to stay healthy? 건강한 사람들에 대해 이야기해 봅시다. 그들은 보통 어떤 활동을 하나요? 그리고 건강을 유지하기 위해 어디에 가나요?	경향/습관	현재
과거와 현재의 건강 유지 방법 비교 Describe what people did to maintain their health when you were a child. What are the differences from now? 당신이 어렸을 때 건강을 유지하기 위해 사람들이 무엇을 했는지 설명하세요. 지금과 다른 점은 무엇인가요?	비교	과거 + 현재
건강을 위해 무언가를 그만둔 경험 Have you ever had to stop doing something for health reasons? What did you have to give up? 건강상의 이유로 무언가를 그만둬야 했던 적이 있나요? 무엇을 포기해야 했나요?	경험	과거

⭐ 빈출 세트 구성

세트 예시 1	❶ 주변의 건강한 사람 묘사 ❷ 건강을 유지하기 위한 활동 ❸ 과거와 현재의 건강 유지 방법 비교
세트 예시 2	❶ 건강을 유지하기 위한 활동 ❷ 과거와 현재의 건강 유지 방법 비교 ❸ 건강을 위해 무언가를 그만둔 경험

Q1 주변의 건강한 사람 묘사

Tell me about a healthy person you know. What does he or she look like? What kind of food does he or she eat?

당신이 아는 건강한 사람에 대해 이야기해 주세요. 그 사람은 어떻게 생겼나요? 그 사람은 어떤 음식을 먹나요?

▌ 답변 가이드 ▐

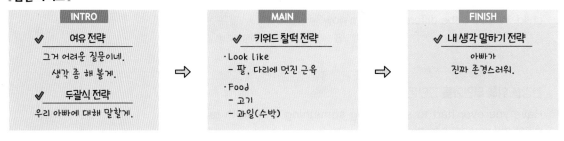

INTRO
✔ 여유 전략
그거 어려운 질문이네.
생각 좀 해 볼게.
✔ 두괄식 전략
우리 아빠에 대해 말할게.

MAIN
✔ 키워드 찰떡 전략
· Look like
 – 팔, 다리에 멋진 근육
· Food
 – 고기
 – 과일(수박)

FINISH
✔ 내 생각 말하기 전략
아빠가
진짜 존경스러워.

🏆 예시 답변

INTRO
¹Hmm, that's a tough question. ²Let me think for a moment. ³Umm… Okay, I'll tell you about my dad.

MAIN
⁴His name is Martin, and he's really into tennis. ⁵He's been playing tennis for over 20 years, so he has great muscles in his arms and legs. ⁶And as for food, he loves meat and fruit, especially watermelon. Haha.

FINISH
⁷Well, that's about it. ⁸He is really good at staying healthy, and I truly admire him.

INTRO ¹흠, 그건 좀 어려운 질문이네요. ²잠시만 생각해 볼게요. ³음… 좋아요, 저희 아빠에 대해 말씀드릴게요.

MAIN ⁴우리 아빠 성함은 마틴이고, 테니스를 정말 좋아하세요. ⁵20년 넘게 테니스를 치셔서 팔과 다리에 멋진 근육이 있어요. ⁶그리고 음식에 대해 말하자면, 고기와 과일을 좋아하시는데 특히 수박을 정말 좋아하세요. 하하.

FINISH ⁷자, 대중 그게 다예요. ⁸아빠는 건강을 유지하는 것을 정말 잘하시고, 저는 진심으로 아빠를 존경해요.

tough 어려운   be into ~에 푹 빠져 있다, ~을 좋아한다   muscle 근육   watermelon 수박   stay 유지하다   healthy 건강한
truly 정말로, 진심으로   admire 존경하다

🚀 고득점 전략 & 핵심 표현

대상 설명/묘사 유형입니다. 가족이나 친구 등 나와 가까운 사람을 머릿속에 그려 본 다음 '키워드 찰떡 전략'에 맞춰 생김새(look like), 음식(food) 취향에 대해 설명하면 됩니다. 3인칭 단수 주어에는 동사에 -s/es를 붙이는 것도 잊지 마세요.

1 [5] **He has** 특징 **in[on] his** 신체 **.** 그는 (신체)에 (특징)이 있어요.

He has abs **in his** stomach. 그는 배에 복근이 있어요.

He has strong muscles **in his** back. 그는 등에 튼튼한 근육이 있어요.

He has nice muscles **on his** body. 그는 몸에 멋진 근육이 있어요.

> **나만의 답변 만들기**
>
> He has _____ in[on] his _____.

2 [6] **As for food, he loves** 음식 **.** 음식에 대해 말하자면, 그는 (음식)을 좋아해요.

As for food, he loves healthy food. 음식에 대해 말하자면 그는 건강한 음식을 좋아해요.

As for food, he loves fresh vegetables. 음식에 대해 말하자면 그는 신선한 채소를 좋아해요.

As for food, he loves snacks that are low in sugar and fat.
음식에 대해 말하자면 그는 설탕과 지방이 적은 간식을 좋아해요.

> **나만의 답변 만들기**
>
> As for food, he loves _____.

3 [8] **He is good at** 동사ing **.** 그는 ~하는 것을 잘해요.

He is good at playing soccer. 그는 축구 하는 것을 잘해요.

He is good at keeping fit. 그는 몸매를 유지하는 것을 잘해요.

He is good at running fast. 그는 빨리 달리는 것을 잘해요.

> **나만의 답변 만들기**
>
> He is good at _____.

건강을 유지하기 위한 활동

What do you do to stay healthy? What kind of exercise do you usually do? Explain what you do in detail.

건강을 유지하기 위해 무엇을 하나요? 보통 어떤 운동을 하나요? 무엇을 하는지 자세히 설명해 주세요.

❙ 답변 가이드 ❙

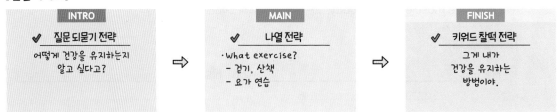

INTRO	MAIN	FINISH
✔ 질문 되묻기 전략	✔ 나열 전략	✔ 키워드 찰떡 전략
어떻게 건강을 유지하는지 알고 싶다고?	· What exercise? – 걷기, 산책 – 요가 연습	그게 내가 건강을 유지하는 방법이야.

🏆 예시 답변

INTRO ¹Oh, you want to know how I stay healthy? ²Sure!

MAIN ³First, I walk a lot. ⁴After lunch, I always go for a walk in the park near my house. ⁵Second, I practice yoga in the evening to stay flexible. ⁶I also drink a lot of water—about 2 liters a day? ⁷You know, drinking water is very good for everyone.

FINISH ⁸So that's how I stay healthy. ⁹That's it.

INTRO ¹아, 제가 어떻게 건강을 유지하는지 알고 싶으신가요? ²물론 알려 줄게요!

MAIN ³첫째로, 저는 많이 걷습니다. ⁴점심 식사 후에는 항상 집 근처 공원에서 산책을 하죠. ⁵두 번째로, 유연성을 유지하기 위해 저녁에는 요가를 연습해요. ⁶또 물도 많이 마셔요. 하루에 2리터 정도? ⁷아시다시피 물을 마시는 것은 모든 사람의 건강에 아주 좋아요.

FINISH ⁸그러니까 그게 제가 건강을 유지하는 방법입니다. ⁹그게 다예요.

---

go for a walk 산책을 하다   practice 연습하다   yoga 요가   flexible 유연한   liter 리터 (단위)   be good for ~의 건강에 좋다

206

🚀 고득점 전략 & 핵심 표현

답변에서 내가 진짜로 하는 활동을 말할 필요는 없어요. 산책, 요가 등 일반적으로 건강을 유지하기 위해 할 법한 일들을 '나열 전략'으로 쭉 이야기하면 됩니다. FINISH에서는 '키워드 찰떡 전략'으로 키워드(stay healthy)를 사용해 깔끔하게 주제에 맞춰 마무리해 주세요.

---

1 ⁴ **I always** 동사 **.** 저는 항상 ~해요.

I always do yoga on Sundays. 저는 항상 일요일에 요가를 해요.

I always stretch before exercising. 저는 항상 운동하기 전에 스트레칭을 해요.

I always choose healthy snacks instead of junk food. 저는 항상 정크 푸드 대신 건강한 간식을 선택해요.

> **나만의 답변 만들기**
>
> I always _____.

---

2 ⁷ 무엇 **is very good for everyone.** (무엇)은 모든 사람의 건강에 아주 좋아요.

Regular exercise **is very good for everyone.** 규칙적인 운동은 모든 사람의 건강에 아주 좋아요.

A balanced diet **is very good for everyone.** 균형 잡힌 식사는 모든 사람의 건강에 아주 좋아요.

Getting enough sleep **is very good for everyone.** 충분한 수면을 취하는 것은 모든 사람의 건강에 아주 좋아요.

> **나만의 답변 만들기**
>
> _____ is very good for everyone.

---

3 ⁸ **That's how I** 동사 **.** 그게 제가 ~하는 방법이에요.

That's how I stay in shape. 그게 제가 몸매를 유지하는 방법이에요.

That's how I build muscle. 그게 제가 근육을 키우는 방법이에요.

That's how I manage my stress. 그게 제가 스트레스를 관리하는 방법이에요.

> **나만의 답변 만들기**
>
> That's how I _____.

Q3 과거와 현재의 건강 유지 방법 비교

Describe what people did to maintain their health when you were a child. What are the differences from now?

당신이 어렸을 때 건강을 유지하기 위해 사람들이 무엇을 했는지 설명하세요. 지금과 다른 점은 무엇인가요?

▌답변 가이드▌

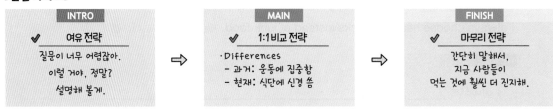

INTRO	MAIN	FINISH
✔ 여유 전략	✔ 1:1비교 전략	✔ 마무리 전략
질문이 너무 어렵잖아. 이럴 거야, 정말? 설명해 볼게.	·Differences – 과거: 운동에 집중함 – 현재: 식단에 신경 씀	간단히 말해서, 지금 사람들이 먹는 것에 훨씬 더 진지해.

🏆 예시 답변

INTRO　　[1]Oh, this question is really tricky. [2]Are you serious? [3]Ugh, let me explain.

MAIN　　[4]When I was younger, people used to focus on exercise to stay healthy. [5]Nowadays, people pay a lot more attention to their diet. [6]They count calories and eat more protein-related snacks.

FINISH　　[7]In a nutshell, compared to the past, people are now more serious about what they eat.

INTRO　　[1]오, 이 질문은 정말 까다롭네요. [2]정말로 이럴 거예요? [3]으으, 설명해 볼게요.

MAIN　　[4]제가 더 어렸을 때는 사람들이 건강을 유지하기 위해 운동에 집중했어요. [5]요즘에는 사람들이 식단에 훨씬 더 많은 관심을 기울여요. [6]칼로리를 계산하고 단백질 관련 간식을 더 먹어요.

FINISH　　[7]간단히 말하면, 과거에 비해 지금은 사람들이 먹는 것에 대해 훨씬 더 진지해요.

---

tricky 까다로운　focus on ~에 집중하다　exercise 운동; 운동하다　pay attention to ~에 관심을 기울이다　diet 식단　count 세다, 계산하다　calorie 칼로리, 열량　protein-related 단백질과 관련된　in a nutshell 간단히 말하면

🚀 고득점 전략 & 핵심 표현

'1:1 비교 전략'으로 과거(운동)와 현재(식단) 사람들의 건강 유지 방법을 비교했습니다. 과거(when I was younger)와 현재 (nowadays)를 드러내는 표현을 사용하고, 과거 시제와 현재 시제도 알맞게 사용하세요.

1 ⁴ When I was younger, people used to 동사 . 제가 더 어렸을 때는, 사람들이 ~하곤 했어요.

When I was younger, people used to eat less processed foods.
제가 더 어렸을 때는, 사람들이 가공식품을 덜 먹곤 했어요.

When I was younger, people used to spend more time outdoors.
제가 더 어렸을 때는, 사람들이 더 많은 시간을 야외에서 보내곤 했어요.

When I was younger, people used to have more home-cooked meals.
제가 더 어렸을 때는, 사람들이 집밥을 더 많이 먹곤 했어요.

나만의 답변 만들기

When I was younger, people used to _____.

2 ⁵ Nowadays, people pay a lot more attention to 대상 .

요즘에는 사람들이 (대상)에 훨씬 더 많은 관심을 기울여요.

Nowadays, people pay a lot more attention to regular health checkups.
요즘에는 사람들이 정기적인 건강 검진에 훨씬 더 많은 관심을 기울여요.

Nowadays, people pay a lot more attention to physical exercise.
요즘에는 사람들이 신체 운동에 훨씬 더 많은 관심을 기울여요.

Nowadays, people pay a lot more attention to mental health.
요즘에는 사람들이 정신 건강에 훨씬 더 많은 관심을 기울여요.

나만의 답변 만들기

Nowadays, people pay a lot more attention to _____.

3 ⁷ Compared to the past, people 동사 . 과거에 비해 사람들은 ~해요.

Compared to the past, people care more about health. 과거에 비해, 사람들은 건강에 더 신경을 써요.

Compared to the past, people take more fitness classes. 과거에 비해, 사람들은 운동 수업을 더 많이 들어요.

Compared to the past, people tend to eat healthier.
과거에 비해, 사람들은 더 건강하게 먹으려는 경향이 있어요.

나만의 답변 만들기

Compared to the past, people _____.

PART 소개
동영상 강의

PART
3

롤플레이

한눈에 보는 롤플레이 유형

롤플레이는 주어진 상황에 적절하게 대응할 수 있는지 확인하는 파트입니다. 동일한 주제에 대해 3가지 유형의 질문(정보 요청, 문제 해결, 관련 경험)이 11번부터 13번까지 차례대로 출제됩니다. 롤플레이는 실제 상황인 것처럼 몰입해 연기할수록 자연스러운 답변이 됩니다. 길게 말할 필요는 없고 가볍게 1분 전후로 말하면 충분합니다.

문제 번호	문제 유형	예시
11번	주어진 상황에 필요한 질문 하기	해외 여행을 계획하고 있는 상황, 여행에 대해 더 많은 정보를 얻기 위해 여행사에 전화해 3~4가지 질문하기
12번	문제 상황 설명 및 대안 제시하기	공항에 도착했는데 항공편이 취소되고 다른 모든 항공편도 예약이 가득 찬 상황, 여행사에 전화해 상황을 설명하고 문제 해결을 위한 2~3가지 대안 제시하기
13번	관련 문제 해결 경험/ 기억에 남는 경험	여행 계획을 세우는 중에 문제를 겪은 경험이나 여행 계획과 관련된 기억에 남는 경험

난이도 3이나 4에서는 15번 문제도 롤플레이로 출제됩니다. 14번과 15번은 동일한 주제로 출제되는데, 14번은 일반적인 '설명/묘사' 문제가 주로 나옵니다.

문제 번호	문제 유형	예시
14번	설명/묘사	사는 동네의 카페 묘사
15번	면접관에게 질문하기	면접관이 좋아하는 카페에 대해 2~3가지 질문하기

11번 주어진 상황에 필요한 질문 하기

물건 구매나 예약, 약속에 필요한 정보를 대면으로, 혹은 전화로 질문하는 유형입니다. 기본적인 의문문을 활용해 질문을 만들 수 있어야 합니다. 질문을 패턴화한 〈롤플레이 핵심 표현〉을 꼭 암기하세요.

세부 유형	예시
정보 문의	• 친구의 새 MP3 플레이어에 대해 질문하기 • 친구가 구입한 새 스마트폰에 대해 질문하기 • 카페의 새로운 메뉴에 대해 직원에게 질문하기 • 비행기 연착에 대해 공항 직원에게 질문하기 • 사고 싶은 가구에 대해 직원에게 질문하기
예약 및 약속	• 병원 진료 예약에 필요한 질문하기 • 친구와 영화 보러 갈 약속을 잡기 위해 질문하기 • 친구와 주말 약속을 잡기 위해 질문하기 • 친구와 공원에 가는 약속을 잡기 위해 질문하기
전화로 질문	• 초대받은 파티에 대해 친구에게 전화로 질문하기 • 여행 정보를 얻기 위해 여행사에 전화로 질문하기 • 호텔 예약을 위한 정보를 얻기 위해 호텔에 전화로 질문하기 • 스마트폰 구입을 위해 판매점에 전화로 질문하기 • 콘서트 예매처에 전화를 걸어 티켓 구매 문의하기 • 친구에게 전화를 걸어 만날 약속 정하기 • 영화를 관람하기 위해 전화로 질문하고 예매하기 • 헬스장 서비스에 대해 전화로 질문하기 • 병원 진료 예약을 위해 전화로 질문하기

문제 상황 설명 및 대안 제시하기

12번에서는 특정한 문제 상황이 제시됩니다. 어떤 문제가 생겼는지 구체적으로 상황을 설명하고 문제 해결을 위한 대안을 제시할 수 있어야 합니다.

세부 유형	예시
제품 문제	• 판매점에 전화해 배송 받은 가구에서 문제를 발견한 상황을 설명하고 대안 제시하기 • 판매점에 구매한 제품에 문제가 생긴 상황을 설명하고 대안 제시하기
고장/파손	• 친구에게 빌린 MP3 플레이어가 망가진 상황을 설명하고 대안 제시하기 • 이사 후 깨진 창문을 발견한 상황을 설명하고 왜 오늘 꼭 수리받아야 하는지 설명하기
취소	• 콘서트에 못 가게 된 상황을 설명하고 대안 제시하기 • 영화표를 잘못 예매한 상황을 설명하고 대안 제시하기 • 여행사에서 환불이 어렵다고 할 때 상황을 설명하고 대안 제시하기

관련 문제 해결 경험 / 기억에 남는 경험

롤플레이 세트에 속해 있지만, 실질적으로는 경험 유형에 해당하는 질문입니다. 12번과 관련해 비슷한 문제를 겪은 경험이나 같은 주제의 기억에 남는 경험을 물어봅니다.

세부 유형	예시
관련 문제 해결 경험	• (쇼핑) 구매한 물건이 작동하지 않거나 손상되었던 경험 • (여행) 항공편이 취소된 경험 • (파티) 약속을 취소/변경해야 했던 경험 • (사는 곳) 집에 생겼던 문제를 해결한 경험 • (영화) 영화 표 예매를 잘못했던 경험 • (공연/콘서트) 티켓 구매 후 공연에 못 간 경험 • (카페) 카페에서 문제가 생겼던 경험 • (은행) ATM 기기나 카드가 작동하지 않았거나 신용카드를 분실한 경험 • (이웃) 친구나 이웃의 문제를 도와준 경험 • (날씨) 예상하지 못한 날씨로 해외여행 중 문제를 겪은 경험 • (휴대폰) 휴대폰에 문제가 발생했던 경험
기억에 남는 경험	• (공원) 공원에서 기억에 남는 경험 • (여행) 여행 중 겪은 인상 깊은 경험 • (호텔) 호텔에서 겪은 인상 깊은 경험 • (인터넷) 인터넷을 활용해 프로젝트를 성공한 경험

설명/묘사하기

설문 주제와 돌발 주제에 있는 일반적인 설명/묘사 유형입니다. 주로 장소를 묘사하는 문제가 출제됩니다.

면접관에게 질문하기

면접관에게 특정 주제에 대해 3~4가지 질문을 하는 유형입니다. 14번과 15번은 동일한 주제로 출제되므로 빈출 세트 구성을 함께 알아 두세요.

주제	세트 구성
사는 곳	• 내가 사는 곳 묘사 (14번) • 면접관이 이사한 집에 대해 질문하기 (15번) • 면접관의 가족에 대해 질문하기 (15번)
집에서 보내는 휴가	• 휴가 때 집에서 하는 활동 (14번) • 면접관이 집에서 휴가를 보낼 때 하는 일에 대해 질문하기 (15번)
여행	• 사람들이 외국에서 자주 가는 여행지 묘사 (14번) • 면접관이 최근 다녀온 여행에 대해 질문하기 (15번) • 면접관에게 왜 국내 여행을 좋아하는지 질문하기 (15번)
날씨	• 오늘 날씨 묘사 (14번) • 면접관이 살고 있는 캐나다의 날씨 질문하기 (15번)
여가 시간	• 우리나라 사람들이 여가 시간을 보내는 장소 (14번) • 면접관이 여가 시간을 어떻게 보내는지 질문하기 (15번)
쇼핑	• 쇼핑을 하러 가는 장소 (14번) • 면접관의 쇼핑 습관에 대해 질문하기 (15번) • 면접관이 어제 구입한 옷에 대해 질문하기 (15번)
영화	• 가장 좋아하는 영화 종류 (14번) • 면접관이 좋아하는 영화 장르에 대해 질문하기 (15번)
공원	• 좋아하는 공원 묘사 (14번) • 면접관이 좋아하는 공원에 대해 질문하기 (15번)
지형	• 우리나라의 지형 (14번) • 면접관에게 캐나다 지형에 대해 질문하기 (15번)
인터넷	• 인터넷에서 주로 하는 일 (14번) • 면접관에게 인터넷에서 무엇을 하는지 질문하기 (15번)

Q1 면접관이 이사한 집에 대해 질문하기

I recently moved to a new house. Ask me 3 or 4 questions about my house.

저는 최근에 새 집으로 이사했어요. 제 집에 대해 3~4가지 질문을 해 주세요.

Ah, congratulations on your new house! So where is it located? How many rooms does it have? And does it have an elevator? Ah, I see. I hope you're happy there.

아, 새 집 이사 축하드려요! 그래서 집은 어디에 위치해 있어요? 방은 몇 개 있어요? 그리고 엘리베이터가 있나요? 아, 그렇군요. 거기서 행복하게 지내시길 바랄게요.

Q2 면접관에게 왜 국내 여행을 좋아하는지 질문하기

I also enjoy traveling around my country. Ask me 3 or 4 questions about why I like traveling around my country.

저도 국내 여행을 즐깁니다. 제가 왜 국내 여행을 좋아하는지에 대해 3~4가지 질문을 해 주세요.

Ah, you enjoy traveling around your country. So where is your favorite place to visit? Do you have any recommendations? And why do you like traveling in your country? Ah, I'd love to go there, too.

아, 국내 여행을 좋아하는군요. 그래서 가장 방문하기 좋아하는 장소는 어디인가요? 추천하시는 곳이 있나요? 그리고 국내 여행을 왜 좋아하세요? 아, 저도 거기 가고 싶네요.

Q3 면접관이 좋아하는 공원에 대해 질문하기

I also enjoy going to the park. Ask me 3 or 4 questions to learn more about my favorite park.

저도 공원에 가는 것을 좋아해요. 제가 가장 좋아하는 공원에 대해 더 알기 위해 3~4가지 질문을 해 주세요.

Ah, you enjoy going to the park. Oh, I see. So where is it located? Is it close? And who do you usually go with? Uh-huh, uh-huh. Okay, and why do you like that park so much? Ah, I see. So you like looking at beautiful flowers. Thanks. I wanna go there, too.

아, 공원에 가는 걸 좋아하는군요. 아, 알겠어요. 그래서 그 공원은 어디에 위치해 있나요? 가까운가요? 그리고 보통 누구랑 같이 가세요? 네, 네. 알겠어요, 그리고 왜 그 공원을 그렇게 좋아하나요? 아, 그렇군요. 그러니까 아름다운 꽃을 보는 것을 좋아하는군요. 감사합니다. 저도 그곳에 가 보고 싶어요.

Q4　면접관이 집에서 휴가를 보낼 때 하는 일에 대해 질문하기

I also like spending my vacation at home. Ask me 3 or 4 questions about how I usually spend my time when I'm on vacation at home.

저도 집에서 휴가를 보내는 것을 좋아합니다. 제가 집에서 휴가를 보낼 때 보통 어떻게 시간을 보내는지에 대해 3~4가지 질문을 해 주세요.

Oh, you like spending your vacation at home, too? That sounds nice! So what do you usually do when you're home on vacation? Do you watch a lot of movies, or maybe sleep a lot? Do you enjoy cooking at home? Oh, that sounds really relaxing!

오, 당신도 집에서 휴가를 보내는 것을 좋아하나요? 정말 좋네요! 그래서 집에서 휴가를 보낼 때 보통 무엇을 하세요? 영화를 많이 보나요, 아니면 잠을 많이 자나요? 집에서 요리하는 것을 즐기나요? 오, 정말 편안할 것 같아요!

Q5　면접관이 좋아하는 영화 장르에 대해 질문하기

I enjoy watching movies. Ask me 3 or 4 questions about the kinds of movies I like.

저는 영화를 보는 것을 좋아합니다. 제가 어떤 종류의 영화를 좋아하는지에 대해 3~4가지 질문을 해 주세요.

Oh, you like watching movies? That's cool! So what kind of movies do you like the most? Do you like action movies or maybe comedies? What's your favorite movie, and why do you like it? Ah, I see! Thanks for letting me know.

오, 영화 보는 것을 좋아하나요? 멋지네요! 그래서 어떤 종류의 영화를 가장 좋아하세요? 액션 영화를 좋아하나요, 아니면 코미디를 좋아하나요? 가장 좋아하는 영화는 무엇이고, 왜 그 영화를 좋아하세요? 아, 그렇군요! 알려 주셔서 감사합니다.

Q6　면접관이 쇼핑하는 습관에 대해 질문하기

I go shopping frequently. Ask me 3 or 4 questions about what I usually buy to learn more about my shopping habits.

저는 자주 쇼핑을 합니다. 제 쇼핑 습관에 대해 더 알기 위해 제가 보통 무엇을 사는지에 대해 3~4가지 질문을 해 주세요.

Oh, you go shopping a lot, huh? That's cool! So what kind of stuff do you usually buy? Do you use discount coupons? Do you usually buy things online or, like, go to stores? Sounds fun! Thanks for sharing.

오, 쇼핑을 많이 하신다고요? 멋져요! 그래서 보통 어떤 물건을 사세요? 할인 쿠폰을 사용하나요? 주로 온라인에서 물건을 사나요, 아니면 가게에 가나요? 재밌겠네요! 알려 주셔서 감사합니다.

01

카페

✓ 이렇게
준비하세요

카페는 롤플레이에서 최근 들어 가장 자주 출제되는 주제입니다. 실제 회화에서도 활용할 일이 많은 주제이니 **카페 직원**에게 직접 말한다고 생각하며 준비해 보세요. **카페 메뉴**와 관련해 질문하는 문제와 **잘못된 메뉴**가 나왔을 때 문제를 설명하고 대안을 제시하는 문제가 출제됩니다.

☆ 자주 출제되는 문제

문제	유형
새로 생긴 카페에 정보 질문 I'd like to give you a situation and ask you to act it out. You want to buy coffee from a new coffee shop that recently opened nearby. It has new menu items, and you want to know more about them. Call the coffee shop and ask 3 or 4 questions about the new menu items and how to order. 상황을 드릴 테니 연기해 주세요. 당신은 근처에 새로 생긴 카페에서 커피를 사려고 합니다. 그 카페에는 새로운 메뉴가 있고, 당신은 거기에 대해 더 알고 싶습니다. 카페에 전화해서 새로운 메뉴와 주문 방법에 대해 3~4가지 질문을 해 보세요.	주어진 상황에 필요한 질문 하기
가장 인기 있는 카페 메뉴에 대해 질문하고 주문 I'd like to give you a situation and ask you to act it out. You want to buy coffee from a coffee shop. Call the coffee shop and ask 3 or 4 questions about its most popular menu item, and then order it. 상황을 드릴 테니 연기해 주세요. 당신은 카페에서 커피를 사고 싶습니다. 카페에 전화해서 가장 인기 있는 메뉴에 대해 3~4가지 질문을 하고, 그 후에 주문해 보세요.	주어진 상황에 필요한 질문 하기

문제	유형
배달이 잘못된 상황을 설명하고 대안 제시 I'm sorry, but there is a problem I need you to resolve. You ordered coffee for delivery, but when it arrived, you noticed the item was different from what you ordered. Call the manager of the coffee shop, explain the situation, and give 2 or 3 alternatives to solve the problem. 죄송하지만 해결해 주셔야 하는 문제가 있습니다. 당신은 배달로 커피를 주문했지만, 도착했을 때 주문한 것과 다른 음료라는 것을 알게 되었습니다. 카페의 매니저에게 전화해서 상황을 설명하고 문제를 해결할 수 있는 2~3가지 대안을 제시하세요.	문제 상황 설명 + 대안 제시하기
카페에서 비슷한 문제를 겪은 경험 That's the end of the situation. Have you ever had a similar experience at a café? What happened? How did you deal with it? Please explain in detail. 상황은 끝났습니다. 당신은 카페에서 비슷한 경험을 해 본 적이 있나요? 무슨 일이 있었나요? 어떻게 해결했나요? 자세히 설명해 주세요.	관련 문제 해결 경험
카페에서 기억에 남는 경험 Have you ever had a memorable experience at a coffee shop? What happened, and why was it so memorable? 카페에서 기억에 남는 경험을 한 적이 있나요? 무슨 일이 있었고 왜 그렇게 기억에 남았나요?	기억에 남는 경험

✪ 빈출 세트 구성

세트 예시 1	❶ 새로 생긴 카페에 정보 질문 ❷ 배달이 잘못된 상황을 설명하고 대안 제시 ❸ 카페에서 비슷한 문제를 겪은 경험
세트 예시 2	❶ 가장 인기 있는 카페 메뉴에 대해 질문하고 주문 ❷ 배달이 잘못된 상황을 설명하고 대안 제시 ❸ 카페에서 기억에 남는 경험

Q11 새로 생긴 카페에 정보 질문

I'd like to give you a situation and ask you to act it out. You want to buy coffee from a new coffee shop that recently opened nearby. It has new menu items, and you want to know more about them. Call the coffee shop and ask 3 or 4 questions about the new menu items and how to order.

상황을 드릴 테니 연기해 주세요. 당신은 근처에 새로 생긴 카페에서 커피를 사려고 합니다. 그 카페에는 새로운 메뉴가 있고, 당신은 거기에 대해 더 알고 싶습니다. 카페에 전화해서 새로운 메뉴와 주문 방법에 대해 3~4가지 질문을 해 보세요.

▌답변 가이드 ▌

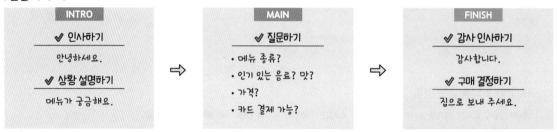

INTRO	MAIN	FINISH
✔ 인사하기	✔ 질문하기	✔ 감사 인사하기
안녕하세요.	• 메뉴 종류?	감사합니다.
✔ 상황 설명하기	• 인기 있는 음료? 맛?	✔ 구매 결정하기
메뉴가 궁금해요.	• 가격?	집으로 보내 주세요.
	• 카드 결제 가능?	

🏆 예시 답변

INTRO　　¹Hi. ²I'm calling to ask you about your menu.

MAIN　　³So what drinks do you have? ⁴What is the most popular one? ⁵Oh, how does it taste? ⁶Is it sweet? ⁷Ah, okay, how much is it? ⁸Oh, okay, and do you take credit cards?

FINISH　　⁹Yeah, thanks! ¹⁰Please send it to my home. ¹¹Okay, bye.

INTRO　　¹안녕하세요. ²메뉴에 대해 좀 여쭤보고 싶어서 전화 드렸어요.

MAIN　　³그래서 어떤 음료들이 있나요? ⁴가장 인기 있는 게 뭐죠? ⁵아, 그거 맛이 어떤가요? ⁶달달한가요? ⁷아, 좋아요, 가격은 얼마인가요? ⁸아, 알겠어요, 그리고 신용카드로 결제되나요?

FINISH　　⁹네, 감사합니다! ¹⁰집으로 보내 주세요. ¹¹그럼 안녕히 계세요.

drink 음료　　taste ~의 맛이 나다　　sweet 달콤한　　credit card 신용카드　　send 보내다

롤플레이는 '인사'로 시작해 '감사'로 끝내면 됩니다.
처음에는 Hi. / Hello. / Hi there. / Good morning. 같은 표현으로 인사를 건네며 시작하세요.
끝에는 Thanks. / Thank you. / I appreciate it. 같은 표현으로 감사를 전하세요.

배달이 잘못된 상황을 설명하고 대안 제시

I'm sorry, but there is a **problem** I need you to resolve. You **ordered coffee** for delivery, but when it arrived, you noticed the **item was different** from what you ordered. **Call** the manager of the coffee shop, **explain the situation**, and give 2 or 3 **alternatives** to solve the problem.

죄송하지만 해결해 주셔야 하는 문제가 있습니다. 당신은 배달로 커피를 주문했지만, 도착했을 때 주문한 것과 다른 음료라는 것을 알게 되었습니다. 카페의 매니저에게 전화해서 상황을 설명하고 문제를 해결할 수 있는 2~3가지 대안을 제시하세요.

▌답변 가이드 ▌

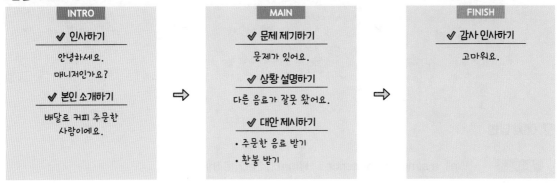

🏆 예시 답변

INTRO ¹Hi. ²Is this the manager? ³I'm the person who ordered coffee for delivery.

MAIN ⁴I have a problem. ⁵There's a mistake. ⁶I wanted cold brew, but I got a vanilla latte. ⁷Can I get the right drink? ⁸Or can I get a refund?

FINISH ⁹Yeah, thanks for your help.

INTRO ¹안녕하세요. ²매니저인가요? ³배달로 커피를 주문한 사람인데요.

MAIN ⁴문제가 있습니다. ⁵실수가 있어요. ⁶저는 콜드 브루를 원했는데, 바닐라 라떼를 받았어요. ⁷제대로 된 음료를 받을 수 있나요? ⁸아니면 환불받을 수 있나요?

FINISH ⁹네, 도와주셔서 감사합니다.

---

order 주문하다 delivery 배달 mistake 실수 right 올바른, 제대로 된 get a refund 환불받다

 '문제가 있어요', '실수가 있어요'처럼 문제를 먼저 제기한 후에, 어떤 문제가 발생했는지 구체적인 상황을 설명하세요.
그 다음에 대안을 두세 가지 제시하면 됩니다.

경험 ◆ 과거 시제

카페에서 비슷한 문제를 겪은 경험

That's the end of the situation. Have you ever had a **similar experience** at a café? **What** happened? **How** did you **deal with** it? Please explain in detail.

상황은 끝났습니다. 당신은 카페에서 비슷한 경험을 해 본 적이 있나요? 무슨 일이 있었나요? 어떻게 해결했나요? 자세히 설명해 주세요.

┃ 답변 가이드 ┃

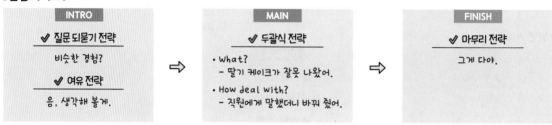

🏆 예시 답변

INTRO ¹Well, a similar experience? ²Hmm... Let me think.

MAIN ³Umm... Maybe about two months ago, I ordered chocolate cake, but I got strawberry cake instead. ⁴You know, I was with my friend, and we really wanted chocolate cake. ⁵So I just went to the worker and said, "Hey, I think there's a mistake." ⁶He was super nice and changed it right away.

FINISH ⁷So we enjoyed our chocolate cake. ⁸Yeah, that's it.

INTRO ¹글쎄요, 비슷한 경험이요? ²흠… 생각해 볼게요.

MAIN ³음… 아마 2개월쯤 전에 저는 초콜릿 케이크를 주문했는데 대신 딸기 케이크를 받았습니다. ⁴그때 저는 친구와 함께 있었고, 우리는 초콜릿 케이크를 정말 원했어요. ⁵그래서 저는 직원에게 가서 "안녕하세요, 실수가 있는 것 같아요"라고 말씀드렸어요. ⁶그분은 정말 친절했고, 그걸 바로 바꿔 주셨어요.

FINISH ⁷그래서 우리는 초콜릿 케이크를 맛있게 먹었습니다. ⁸네, 그게 다예요.

---

similar 비슷한   strawberry 딸기   instead 대신   worker 직원   right away 바로

13번은 12번과 같은 주제에서 내가 비슷하게 겪은 문제나 기억에 남는 경험을 물어봅니다.
'두괄식 전략'으로 내가 겪은 문제를 먼저 언급한 후, 어떻게 문제를 해결했는지 설명해 보세요.

222

롤플레이 핵심 표현

1 전화로 인사할 때

Hello. This is Bella. 안녕하세요. 저는 벨라입니다. (격식)

Hello. It's Bella. 안녕. 나 벨라야 (비격식)

Hello. This is Bella calling. 안녕하세요. 전화한 사람은 벨라입니다.

2 전화로 용건을 말할 때

I'm calling to ask you about [용건]**.** (용건)에 대해 물어보려고 전화 드렸어요.

I'm calling to ask you about the party tonight. 오늘 밤 파티에 대해 물어보려고 전화 드렸어요.

I'm calling to ask you about your restaurant. 당신의 식당에 대해 물어보려고 전화 드렸어요.

I'm calling to ask you about my recent order. 제가 최근 주문한 건에 대해 물어보려고 전화 드렸어요.

3 본인을 소개할 때

I'm the person who [동사]**.** 저는 ~한 사람이에요.

I'm the person who ordered a pizza. 저는 피자 주문한 사람이에요.

I'm the person who made a reservation. 저는 예약한 사람이에요.

I'm the person who bought the item from you. 저는 당신에게 물건 산 사람이에요.

4 가격을 물어볼 때

How much is [물건]**?** (물건)은 얼마인가요?

How much is this coffee? 이 커피는 얼마인가요?

How much is that product? 그 제품은 얼마인가요?

How much is the ticket? 그 표는 얼마인가요?

UNIT
02

MP3 플레이어

✔ 이렇게
준비하세요

설문 주제 중 **음악 감상**과 관련해 많이 출제되는 롤플레이의 단골손님입니다. 최근에는 MP3 플레이어를 잘 사용하지 않지만 빈출 주제이므로 관련 표현을 잘 익혀 두세요. MP3 플레이어에 대한 **정보를 문의**하고 MP3 플레이어가 **고장 난 상황**을 설명할 수 있어야 합니다.

⭐ 자주 출제되는 문제

문제	유형
친구의 MP3 플레이어에 대한 정보 질문 I'd like to give you a situation and ask you to act it out. You want to buy an MP3 player. Call your friend and ask about the MP3 player he or she is using. Ask 3 or 4 questions that will help you decide whether you want to buy the product your friend is using. 상황을 드릴 테니 연기해 주세요. 당신은 MP3 플레이어를 사고 싶습니다. 친구에게 전화해서 친구가 사용하는 MP3 플레이어에 대해 물어보세요. 친구가 사용하고 있는 제품을 살 것인지 결정하는 데 도움이 될 3~4가지 질문을 해 보세요.	주어진 상황에 필요한 질문 하기
빌린 MP3 플레이어가 고장 난 상황 설명 및 대안 제시 I'm sorry, but there's a problem which I want you to resolve. You borrowed an MP3 player from your friend but broke it. Call your friend and explain the situation. Give 2 or 3 suggestions to deal with this problem. 죄송하지만 해결해 주셔야 하는 문제가 있습니다. 당신은 친구에게서 MP3 플레이어를 빌렸지만, 그것을 고장 냈습니다. 친구에게 전화해서 상황을 설명하세요. 이 문제를 해결할 수 있는 2~3가지 제안을 해 주세요.	문제 상황 설명 + 대안 제시하기

문제	유형
고장 난 전자기기 문제를 해결한 경험 That's the end of the situation. Have you ever had a problem with an electronic device? If so, what was the problem, and how did you solve the problem? 상황은 끝났습니다. 당신은 전자기기와 관련해 문제를 겪은 적이 있나요? 그렇다면 어떤 문제가 있었고 그 문제를 어떻게 해결했나요?	관련 문제 해결 경험

⊛ 빈출 세트 구성

세트 예시 **1**	❶ 친구의 MP3 플레이어에 대한 정보 질문 ❷ 빌린 MP3 플레이어가 고장 난 상황 설명 및 대안 제시 ❸ 고장 난 전자기기 문제를 해결한 경험

Q11 친구의 MP3 플레이어에 대한 정보 질문

I'd like to give you a situation and ask you to act it out. You want to buy an MP3 player. Call your friend and ask about the MP3 player he or she is using. Ask 3 or 4 questions that will help you decide whether you want to buy the product your friend is using.

상황을 드릴 테니 연기해 주세요. 당신은 MP3 플레이어를 사고 싶습니다. 친구에게 전화해서 친구가 사용하는 MP3 플레이어에 대해 물어보세요. 친구가 사용하고 있는 제품을 살 것인지 결정하는 데 도움이 될 3~4가지 질문을 해 보세요.

▌ 답변 가이드 ▐

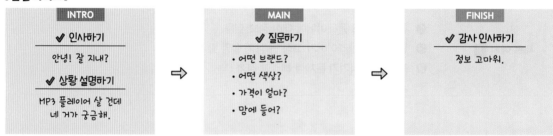

🏆 예시 답변

INTRO   ¹Hey! ²It's me. ³How's it going? ⁴Oh, great! ⁵You know, I was thinking about getting an MP3 player, and I wanted to ask you about yours.

MAIN   ⁶What brand is it? ⁷Is it Samsung or Apple? ⁸And, um, what's the color? ⁹And how much did it cost? ¹⁰Do you like it? ¹¹Should I buy it?

FINISH   ¹²Oh, thanks a lot for the info. ¹³Talk to you later.

INTRO   ¹안녕! ²나야. ³잘 지내? ⁴아, 좋네! ⁵저기, MP3 플레이어를 하나 사려고 생각하고 있는데, 네 MP3 플레이어에 대해 물어보고 싶어.

MAIN   ⁶어떤 브랜드야? ⁷삼성이나 애플이야? ⁸그리고, 음, 어떤 색상이야? ⁹그리고 가격은 얼마였어? ¹⁰그거 맘에 들어? ¹¹내가 사는 게 좋을까?

FINISH   ¹²아, 정보 정말 고마워. ¹³나중에 또 이야기하자.

---

get 사다   brand 브랜드   color 색상   info 정보 (information의 줄임말)

 친구에게 전화하는 상황이 주어졌을 때는 How's it going?처럼 가볍게 근황을 물으며 시작해도 좋습니다.
물건에 대해 질문할 때는 브랜드, 색상, 가격 등 물건의 특징에 대해 물어보세요.

Q12 빌린 MP3 플레이어가 고장 난 상황 설명 및 대안 제시

I'm sorry, but there's a **problem** which I want you to resolve. You **borrowed an MP3 player** from your friend but **broke it**. **Call** your friend and **explain** the situation. Give 2 or 3 **suggestions** to deal with this problem.

죄송하지만 해결해 주셔야 하는 문제가 있습니다. 당신은 친구에게서 MP3 플레이어를 빌렸지만, 그것을 고장 냈습니다. 친구에게 전화해서 상황을 설명하세요. 이 문제를 해결할 수 있는 2~3가지 제안을 해 주세요.

▌답변 가이드▌

🏆 예시 답변

INTRO ¹Hey! ²It's me. ³I have a bit of a problem.

MAIN ⁴I broke your MP3 player. ⁵Um, I accidentally dropped it. ⁶I'm really sorry for the mistake. ⁷So can I buy you a new one? ⁸Or I could give you some money to get it fixed. ⁹What do you think?

FINISH ¹⁰I'm really sorry again. ¹¹Let me know what works for you. ¹²Okay, bye!

INTRO ¹안녕! ²나야. ³좀 문제가 생겼어.

MAIN ⁴네 MP3 플레이어를 고장 냈어. ⁵음, 실수로 그걸 떨어뜨렸어. ⁶실수해서 정말 미안해. ⁷그래서 너한테 새 걸 사 줘도 될까? ⁸아니면 수리할 수 있게 돈을 줄 수도 있어. ⁹어떻게 생각해?

FINISH ¹⁰다시 한번 말하지만 진짜 미안해. ¹¹어떤 게 좋은지 알려 줘. ¹²그럼 안녕!

---

break 고장 내다   accidentally 실수로   drop 떨어뜨리다   mistake 실수   get it fixed 수리를 받다   work for ~에게 도움이 되다

 TIP 질문에서 알려준 문제 상황을 잘 이해하고 영어로 풀어서 설명할 수 있어야 합니다.
broke 같은 질문 키워드를 잘 기억해 두었다가 그대로 활용하세요.

Q13 고장 난 전자기기 문제를 해결한 경험

That's the end of the situation. Have you ever had a problem with an electronic device? If so, what was the problem and how did you solve the problem?

상황은 끝났습니다. 당신은 전자기기와 관련해 문제를 겪은 적이 있나요? 그렇다면, 어떤 문제가 있었고 그 문제를 어떻게 해결했나요?

▌답변 가이드 ▌

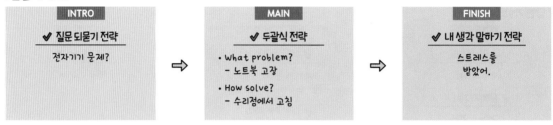

INTRO
✔ 질문 되묻기 전략
전자기기 문제?

⇒

MAIN
✔ 두괄식 전략
• What problem?
  - 노트북 고장
• How solve?
  - 수리점에서 고침

⇒

FINISH
✔ 내 생각 말하기 전략
스트레스를
받았어.

🏆 예시 답변

INTRO ▶ ¹Ah, okay, so problems with electronic devices?

MAIN ▶ ²Umm… Well, actually, yeah! ³I spilled coffee on my laptop once. ⁴It was such a mess. ⁵It just wouldn't turn on after that, and I was really worried. ⁶So I took it to a repair shop and got it fixed.

FINISH ▶ ⁷Yeah, it really stressed me out!

INTRO ¹아, 좋아요, 그러니까 전자기기 문제요?

MAIN ²음… 저기, 사실은, 맞아요! ³한 번은 노트북에 커피를 쏟았어요. ⁴정말 엉망이었죠. ⁵그 후로 전원이 안 켜져서 진짜 걱정했어요. ⁶그래서 수리점에 가져가서 고쳤어요.

FINISH ⁷네, 정말 스트레스를 받았죠!

---

spill 쏟다 laptop 노트북 mess 엉망 turn on (전원을) 켜다 repair shop 수리점 stress ~ out ~을 스트레스 받게 하다

TIP '커피 쏟은 것'처럼 문제 상황이 발생한 원인을 제시하며 이야기에 구체성을 첨가하세요.
'스트레스를 받았다'처럼 문제가 발생했을 때 느낀 내 감정도 표현하면 훨씬 생생한 대답이 됩니다.

1 물건의 특징에 대해 질문할 때

What's 특징 **?** (특징)이 어떻게 되나요?

What's the model? 모델이 어떻게 되나요?

What's the battery life? 배터리 수명이 어떻게 되나요?

What's the size? 크기가 어떻게 되나요?

2 사과할 때

I'm sorry for 상황/이유 **.** (상황/이유)에 대해 죄송해요.

I'm sorry for the trouble. 문제를 일으켜서 죄송해요.

I'm sorry for the broken MP3 player. 그 고장 난 MP3 플레이어에 대해 죄송해요.

I'm sorry for everything. 모든 것에 대해 죄송해요.

3 대안을 제시할 때

Can I 동사 **?** 제가 ~해도 될까요?

Can I replace it for you? 그거 제가 교체해 드려도 될까요?

Can I pay for the repairs? 제가 수리비를 지불해도 될까요?

Can I help fix it? 제가 고치는 걸 도와드릴까요?

4 또 다른 대안을 제시할 때

Or I could 동사 **.** 아니면 제가 ~해 드릴 수도 있어요.

Or I could get you a new one. 아니면 제가 새 걸로 사 드릴 수도 있어요.

Or I could take it to the repair shop. 아니면 제가 수리점에 가져갈 수도 있어요.

Or I could get it fixed. 아니면 제가 수리해 드릴 수도 있어요.

03

여행

✔ 이렇게
준비하세요

여행사나 같이 **여행 가는 친구**에게 여행과 관련된 사항을 문의하는 문제가 주로 출제됩니다. 문제 상황으로는 **비행기가 결항**되는 상황이 자주 제시되므로 결항과 관련된 표현을 미리 익혀 두세요.

⭐ 자주 출제되는 문제

문제	유형
여행사에 전화로 여행 정보 문의 I'd like to give you a situation to act it out. You are planning to travel overseas. Call a travel agency and ask 3 or 4 questions to get more information about your trip. 상황을 드릴 테니 연기해 주세요. 해외 여행을 계획 중입니다. 여행사에 전화해서 여행에 대해 더 많은 정보를 얻기 위해 3~4가지 질문을 해 보세요.	주어진 상황에 필요한 질문 하기
비행기가 결항된 상황 설명 및 대안 제시 I'm sorry, but there is a problem I need you to resolve. When you arrived at the airport, you found out that your flight was canceled. In addition, all the other flights are fully booked. Call your travel agency and explain the situation. Give 2 or 3 options to deal with this problem. 죄송하지만 해결해 주셔야 하는 문제가 있습니다. 공항에 도착했을 때 항공편이 취소되었다는 사실을 알게 되었습니다. 거기다 다른 모든 항공편도 예약이 가득 찼습니다. 여행사에 전화해서 상황을 설명하고, 이 문제를 해결하기 위한 2~3가지 옵션을 제시해 주세요.	문제 상황 설명 + 대안 제시하기

문제	유형
친구에게 전화로 여행 못 가는 상황 설명 및 대안 제시 I'm sorry, but there's a problem I need you to resolve. Your travel agency informs you that the trip you booked is unavailable on the dates you wanted. Call your friend, leave a message to explain the situation, and give 2 or 3 alternatives. 죄송하지만 해결해 주셔야 하는 문제가 있습니다. 여행사에서 당신이 원하는 날짜에 예약한 여행이 불가능하다고 알려 왔습니다. 친구에게 전화해 상황을 설명하고 2~3가지 대안을 제시하는 메시지를 남기세요.	문제 상황 설명 + 대안 제시하기
여행사에서 환불이 어렵다고 할 때 상황 설명 및 대안 제시 I'm sorry, but there's a problem I need you to resolve. You purchased a nonrefundable plane ticket, but something came up that's preventing you from traveling. Call your travel agency, explain the situation, and give 2 or 3 alternatives to solve the problem. 죄송하지만 해결해 주셔야 하는 문제가 있습니다. 당신은 환불이 불가능한 항공권을 구매했는데, 여행을 못 가게 된 일이 생겼습니다. 여행사에 전화해서 상황을 설명하고, 문제를 해결할 수 있는 2~3가지 대안을 제시하세요.	문제 상황 설명 + 대안 제시하기
여행 준비 중 문제를 겪은 경험 That's the end of the situation. Have you ever had a problem while planning for a trip? What was the problem, and how did you deal with it? Please tell me what happened. 상황은 끝났습니다. 여행을 계획하면서 문제를 겪었던 적이 있나요? 어떤 문제였으며, 어떻게 해결했나요? 어떤 일이 있었는지 이야기해 주세요.	관련 문제 해결 경험
비행기가 결항된 경험 That's the end of the situation. Have you ever had a problem with a flight being canceled? What happened, and how did you deal with it? 상황은 끝났습니다. 비행기가 결항한 문제를 겪은 적이 있나요? 무슨 일이 있었고, 어떻게 해결했나요?	관련 문제 해결 경험

⚙ 빈출 세트 구성

세트 예시 1	❶ 여행사에 전화로 여행 정보 문의 ❷ 비행기가 결항된 상황 설명 및 대안 제시 ❸ 여행 준비 중 문제를 겪은 경험
세트 예시 2	❶ 여행사에 전화로 여행 정보 문의 ❷ 친구에게 전화로 여행 못 가는 상황 설명 및 대안 제시 ❸ 여행 준비 중 문제를 겪은 경험

Q11 여행사에 전화로 여행 정보 문의

I'd like to give you a situation to act it out. You are planning to travel overseas. Call a travel agency and ask 3 or 4 questions to get more information about your trip.

상황을 드릴 테니 연기해 주세요. 해외 여행을 계획 중입니다. 여행사에 전화해서 여행에 대해 더 많은 정보를 얻기 위해 3~4가지 질문을 해 보세요.

▍답변 가이드 ▍

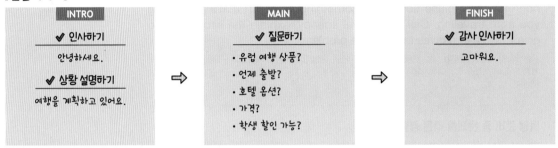

INTRO	MAIN	FINISH
✔ 인사하기	✔ 질문하기	✔ 감사 인사하기
안녕하세요.	• 유럽 여행 상품?	고마워요.
✔ 상황 설명하기	• 언제 출발?	
여행을 계획하고 있어요.	• 호텔 옵션?	
	• 가격?	
	• 학생 할인 가능?	

🏆 예시 답변

INTRO　¹Hi. ²I'm planning a trip, and I have a few questions.

MAIN　³Um, do you have any travel packages to Europe? ⁴Oh, all right. ⁵When will the group leave? ⁶Oh, next month? ⁷Great! ⁸What are the hotel options? ⁹Okay, and what's the price? ¹⁰By the way, are there any discounts available for students?

FINISH　¹¹Okay, thanks a lot. ¹²I really appreciate your help.

INTRO　¹ 안녕하세요. ² 여행을 계획하고 있는데 몇 가지 질문이 있어요.

MAIN　³ 음, 유럽 가는 여행 패키지 상품이 있나요? ⁴ 아, 알겠어요. ⁵ 그룹이 언제 출발하나요? ⁶ 아, 다음 달에요? ⁷ 좋네요! ⁸ 호텔 옵션은 어떻게 되나요? ⁹ 알았어요. 그리고 가격은 얼마인가요? ¹⁰ 그런데 학생을 위한 할인이 있을까요?

FINISH　¹¹ 알겠어요. 정말 고마워요. ¹² 도와주셔서 정말 감사합니다.

travel package 여행 패키지 상품   leave 출발하다   discount 할인   available 이용 가능한

 롤플레이 문제는 마치 상대의 대답을 들은 것처럼 Oh, next month?(아, 다음 달에요?)처럼 반응해도 자연스럽습니다. 실제로 대화를 주고받는 것처럼 연기하면서 말해 보세요.

⌐ 문제 상황 설명 + 대안 제시하기

🎧 066

Q12 비행기가 결항된 상황 설명 및 대안 제시

I'm sorry, but there is a problem I need you to resolve. When you arrived at the airport, you found out that your flight was canceled. In addition, all the other flights are fully booked. Call your travel agency and explain the situation. Give 2 or 3 options to deal with this problem.

죄송하지만 해결해 주셔야 하는 문제가 있습니다. 공항에 도착했을 때, 항공편이 취소되었다는 사실을 알게 되었습니다. 거기다 다른 모든 항공편도 예약이 가득 찼습니다. 여행사에 전화해서 상황을 설명하고, 이 문제를 해결하기 위한 2~3가지 옵션을 제시해 주세요.

▌답변 가이드▐

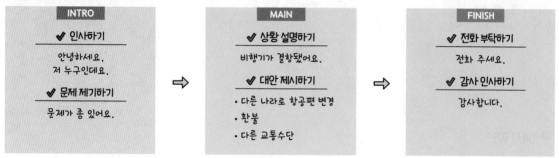

🏆 예시 답변

INTRO
¹ Hi. ² This is Jinho Kim. ³ I have a bit of a problem.

MAIN
⁴ I just got to the airport and found out that my flight got canceled. ⁵ So can I change my flight to go to another country? ⁶ Or is it possible to get a refund for my ticket? ⁷ In addition, are there other ways to travel, like by bus or train? ⁸ I really need your help with this!

FINISH
⁹ Yeah, just call me back. ¹⁰ Thank you.

INTRO
¹ 안녕하세요. ² 저는 김진호입니다. ³ 문제가 좀 있어요.

MAIN
⁴ 제가 방금 공항에 도착했는데 항공편이 취소되었다는 걸 알게 되었어요. ⁵ 그래서 다른 나라로 가는 항공편으로 변경할 수 있을까요? ⁶ 아니면 제 티켓에 대한 환불을 받을 수 있을까요? ⁷ 또 버스나 기차 같은 다른 여행 방법이 있을까요? ⁸ 정말 도움이 절실해요!

FINISH
⁹ 네, 다시 전화 주세요. ¹⁰ 감사합니다.

---

airport 공항   find out 알아내다   flight 항공편   cancel 취소하다   get a refund 환불받다   call back 다시 전화 주다

여행을 못 가게 된 상황은 다양하게 나오는데, 최근에는 비행기 결항이 상황으로 자주 제시됩니다.
get canceled(취소되다), fully booked(예약이 가득 차다)처럼 관련된 표현을 익혀 두세요.

233

Q13 여행 준비 중 문제를 겪은 경험

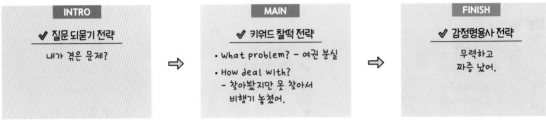

That's the end of the situation. Have you ever had a problem while planning for a trip? What was the problem, and how did you deal with it? Please tell me what happened.

상황은 끝났습니다. 여행을 계획하면서 문제를 겪었던 적이 있나요? 어떤 문제였으며, 어떻게 해결했나요? 어떤 일이 있었는지 이야기해 주세요.

▌답변 가이드 ▌

INTRO	MAIN	FINISH
✓ 질문 되묻기 전략	✓ 키워드 찰떡 전략	✓ 감정형용사 전략
내가 겪은 문제?	• What problem? – 여권 분실 • How deal with? – 찾아봤지만 못 찾아서 비행기 놓쳤어.	무력하고 짜증 났어.

🏆 예시 답변

INTRO ¹Oh, me? ²Having trouble?

MAIN ³Hmm… Well, I think it was about two years ago. ⁴I lost my passport at the airport. ⁵Ha… Can you believe it? ⁶It was a total nightmare! ⁷I searched everywhere, but I just couldn't find it. ⁸So I missed my flight, huh!

FINISH ⁹Honestly, I felt so helpless and, you know, frustrated at that moment. ¹⁰It was really stressful.

INTRO ¹아, 저요? ²문제를 겪었던 거요?

MAIN ³흠… 글쎄요, 한 2년 전쯤이었던 것 같아요. ⁴저는 공항에서 여권을 잃어버렸어요. ⁵하… 믿어지세요? ⁶정말 악몽 같은 일이었어요! ⁷모든 곳을 다 찾아봤지만 도저히 찾을 수가 없었어요. ⁸그래서 비행기를 놓쳤어요, 쳇!

FINISH ⁹솔직히 말하면, 그때는 너무나 무력하고, 아시죠, 짜증 났어요. ¹⁰정말 스트레스였어요.

lose 잃어버리다 (과거형 lost) passport 여권 nightmare 악몽 search 찾다 miss 놓치다 helpless 무력한 frustrated 좌절한
stressful 스트레스가 많은

 문제를 겪은 경험은 '여권 분실'처럼 누가 들어도 문제일 만한 것을 소재로 골라 내용을 명쾌하게 전달하세요. 문제를 해결하려고 노력했지만, 결국 해결하지 못하고 비행기를 놓쳤다고 말해도 좋습니다.

롤플레이 **핵심 표현**

1 여행사의 여행 상품을 물어볼 때

Do you have any [상품] **?** (상품)이 있나요?

Do you have any day trips? 당일치기 여행이 있나요?

Do you have any honeymoon deals? 신혼여행 상품이 있나요?

Do you have any packages with flights and hotels? 항공편과 숙박이 포함된 패키지 상품이 있나요?

2 여행사에 정보를 문의할 때

What are [무엇들] **?** (무엇들)은 어떻게 되나요?

What are the meal options? 어떤 식사 옵션은 어떻게 되나요?

What are the costs? 비용은 어떻게 되나요?

What are the activities included? 포함된 활동은 어떻게 되나요?

3 발생한 문제를 설명할 때

I found out that [주어] [동사] **.** (주어)가 ~한 것을 알게 되었어요.

I found out that our bus was delayed. 우리 버스가 지연된 것을 알게 되었어요.

I found out that the flight time changed. 항공편 시간이 변경된 것을 알게 되었어요.

I found out that the hotel doesn't include breakfast.
호텔에 조식이 포함되지 않은 것을 알게 되었어요.

4 어떤 일이 가능한지 물어볼 때

Is it possible to [동사] **?** ~하는 것이 가능할까요?

Is it possible to pay with cash? 현금으로 내는 게 가능할까요?

Is it possible to exchange this? 이걸 교환하는 게 가능할까요?

Is it possible to get an online coupon? 온라인 쿠폰을 받는 게 가능할까요?

UNIT
04

티켓 예매

✔ 이렇게
준비하세요

영화나 **콘서트 티켓**을 예매하는 상황이 주로 제시됩니다. 티켓을 예매할 때 필요한 문의 사항**(시간, 가격, 할인)**에 대한 표현을 익혀 두고, 예매에 문제가 생겼을 때 제시할 만한 대안**(교환, 환불)**도 미리 아이디어를 정리해 두세요.

⭐ 자주 출제되는 문제

문제	유형
영화 티켓 예매 관련 문의 I'd like to give you a situation and ask you to act it out. You're planning to watch a movie with your friend. Call the theater and ask 3 or 4 questions to book the tickets. 상황을 드릴 테니 연기해 주세요. 당신은 친구와 함께 영화를 볼 계획입니다. 극장에 전화해서 티켓을 예매하기 위해 3~4가지 질문을 해 보세요.	주어진 상황에 필요한 질문 하기
콘서트 티켓 예매 관련 문의 You want to go to a concert with your friend. Call the ticket office and ask 3 or 4 questions to get the tickets. 당신은 친구와 함께 콘서트에 가고 싶습니다. 티켓 사무실에 전화해서 티켓을 구하기 위해 3~4가지 질문을 해 보세요.	주어진 상황에 필요한 질문 하기

문제	유형
영화 티켓이 잘못된 상황 설명 및 대안 제시 I'm sorry, but there is a problem I want you to resolve. You just found out you've been sold the wrong tickets at the movie theater. Explain the situation and give 2 or 3 alternatives to solve the problem. 죄송하지만 해결해 주셔야 하는 문제가 있습니다. 영화관에서 티켓이 잘못 판매된 것을 알게 되었어요. 상황을 설명하고 이 문제를 해결할 수 있는 2~3가지 대안을 제시해 주세요.	문제 상황 설명 + 대안 제시하기
예매한 공연에 못 가는 상황 설명 및 대안 제시 I'm sorry, but there's a problem I need you to resolve. You just found out that you won't be able to go to a concert. Call your friend and leave a message to explain the situation. Give 2 or 3 options to solve the problem. 죄송하지만 해결해 주셔야 할 문제가 있습니다. 당신은 콘서트에 갈 수 없다는 것을 방금 알았습니다. 친구에게 전화해서 상황을 설명하는 전화 메시지를 남기세요. 문제를 해결할 수 있는 2~3가지 옵션을 제시하세요.	문제 상황 설명 + 대안 제시하기
티켓 예매에 문제가 생긴 경험 That's the end of the situation. Have you ever been in a situation in which you had a problem buying tickets or making a reservation? What happened, and how did you solve the problem? 상황은 끝났습니다. 티켓을 사거나 예약을 하면서 문제가 생긴 적이 있나요? 어떤 일이 있었고, 그 문제를 어떻게 해결했나요?	관련 문제 해결 경험

★ 빈출 세트 구성

세트 예시 **1**	❶ 영화 티켓 예매 관련 문의 ❷ 영화 티켓이 잘못된 상황 설명 및 대안 제시 ❸ 티켓 예매에 문제가 생긴 경험
세트 예시 **2**	❶ 콘서트 티켓 예매 관련 문의 ❷ 예매한 공연에 못 가는 상황 설명 및 대안 제시 ❸ 티켓 예매에 문제가 생긴 경험

Q11 영화 티켓 예매 관련 문의

I'd like to give you a situation and ask you to act it out. You're planning to watch a movie with your friend. Call the theater and ask 3 or 4 questions to book the tickets.

상황을 드릴 테니 연기해 주세요. 당신은 친구와 함께 영화를 볼 계획입니다. 극장에 전화해서 티켓을 예매하기 위해 3~4가지 질문을 해 보세요.

답변 가이드

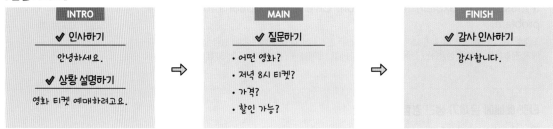

INTRO	MAIN	FINISH
✔ 인사하기	✔ 질문하기	✔ 감사 인사하기
안녕하세요.	• 어떤 영화?	감사합니다.
✔ 상황 설명하기	• 저녁 8시 티켓?	
영화 티켓 예매하려고요.	• 가격?	
	• 할인 가능?	

🏆 예시 답변

INTRO ¹Hi. ²This is Jisu. ³Um, I'd like to book tickets for a movie with my friend.

MAIN ⁴So I have a couple of questions. ⁵First, what kinds of movies are you showing? ⁶Okay, do you have tickets for 8:00 p.m.? ⁷And, um, how much are the tickets? ⁸Oh, and are there any discounts available?

FINISH ⁹Okay, that sounds great! ¹⁰Thanks for letting me know. ¹¹Yeah, bye.

INTRO ¹안녕하세요. ²저는 지수예요. ³음, 친구와 함께 영화 티켓을 예매하고 싶어요.

MAIN ⁴그래서 몇 가지 질문이 있어요. ⁵먼저, 어떤 종류의 영화가 상영 중인가요? ⁶알겠어요. 저녁 8시 티켓이 있을까요? ⁷그리고, 음, 티켓 가격은 얼마예요? ⁸아, 그리고 할인이 있나요?

FINISH ⁹알았어요, 좋네요! ¹⁰알려 주셔서 감사합니다. ¹¹네, 안녕히 계세요.

book 예약하다, 예매하다　a couple of 몇 개의　show 상영하다　discount 할인

TIP 할인 관련 질문은 대부분의 구입 관련 상황에서 적용하기 좋으니 다양한 표현을 알아 두세요.
Can I get a discount? 할인을 받을 수 있을까요?
Could I get a 50% discount? 50% 할인을 받을 수 있을까요?
Do you offer student discounts? 학생 할인을 제공하나요?

영화 티켓이 잘못된 상황 설명 및 대안 제시

I'm sorry, but there is a **problem** I want you to resolve. You just found out you've been sold the **wrong tickets** at the movie theater. **Explain** the situation and give 2 or 3 **alternatives** to solve the problem.

죄송하지만 해결해 주셔야 하는 문제가 있습니다. 영화관에서 티켓이 잘못 판매된 것을 알게 되었어요. 상황을 설명하고 이 문제를 해결할 수 있는 2~3가지 대안을 제시해 주세요.

답변 가이드

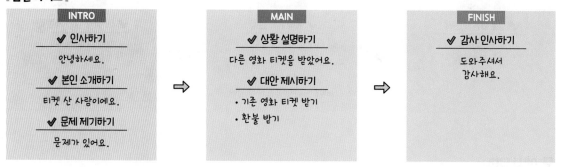

INTRO
✔ 인사하기
안녕하세요.
✔ 본인 소개하기
티켓 산 사람이에요.
✔ 문제 제기하기
문제가 있어요.

MAIN
✔ 상황 설명하기
다른 영화 티켓을 받았어요.
✔ 대안 제시하기
• 기존 영화 티켓 받기
• 환불 받기

FINISH
✔ 감사 인사하기
도와주셔서
감사해요.

🏆 예시 답변

INTRO
¹Hi. ²I'm the person who bought the tickets. ³I have a problem with my movie tickets.

MAIN
⁴I wanted to see *Harry Potter*, but I got tickets for *Love Actually*. ⁵You know, I'm really not happy with this mistake. ⁶I was so looking forward to watching *Harry Potter*. ⁷So could I get tickets for *Harry Potter*? ⁸Or if that's not possible, can I get a refund?

FINISH
⁹Oh, yeah, I really appreciate your help. ¹⁰Thanks a lot.

INTRO
¹안녕하세요. ²저 티켓 산 사람인데요. ³제 영화 티켓에 문제가 있어요.

MAIN
⁴〈해리 포터〉를 보고 싶었는데, 〈러브 액츄얼리〉 티켓을 받았어요. ⁵아시다시피, 이 실수가 정말 불만스러워요. ⁶저는 〈해리 포터〉 보는 걸 아주 기대하고 있었거든요. ⁷그래서 말인데 〈해리 포터〉 티켓을 받을 수 있을까요? ⁸아니면 그게 불가능하면 환불을 받을 수 있을까요?

FINISH
⁹아, 네, 도와주셔서 정말 감사해요. ¹⁰정말 고맙습니다.

look forward to -ing ~하기를 기대하다   **get a refund** 환불받다   **appreciate** 감사하다

 일단 문제가 있다고 던지고 상황을 구체화시키세요. 문제 상황을 나타내는 표현을 익혀 두세요.
I have an issue with the tickets. 영화 티켓에 문제가 있어요
I bought the wrong tickets. 잘못된 티켓을 구매했어요.
The movie is different from what I wanted. 영화가 제가 원했던 것과 달라요.

239

Q13 티켓 예매에 문제가 생긴 경험

That's the end of the situation. Have you ever been in a situation in which you had a problem buying tickets or making a reservation? What happened, and how did you solve the problem?

상황은 끝났습니다. 티켓을 사거나 예약을 하면서 문제가 생긴 적이 있나요? 어떤 일이 있었고, 그 문제를 어떻게 해결했나요?

▌답변 가이드 ▌

INTRO
✔ 질문 되묻기 전략

티켓 문제가
알고 싶다고?

MAIN
✔ 육하원칙 전략

• When? - 작년 여름에
• What? - 친구 콘서트 티켓을
  안 샀어.
• How? - 티켓 부스에서 샀어.

FINISH
✔ 내 생각 말하기 전략

정말 다행이었어!

🏆 예시 답변

INTRO ¹Oh, you want to know about a ticket problem?

MAIN ²Well, last summer, I bought tickets for my favorite band's concert. ³I needed two tickets—one for me and one for my friend. ⁴But I messed up and only got one ticket. ⁵I didn't even realize it until I got to the concert. ⁶So I rushed to the ticket booth, and luckily, I could buy another ticket.

FINISH ⁷Phew! What a relief!

INTRO ¹오, 티켓 문제에 대해 알고 싶으신가요?

MAIN ²음, 작년 여름에 제가 가장 좋아하는 밴드의 콘서트 티켓을 샀어요. ³저는 두 장의 티켓이 필요했습니다. 저를 위한 거랑 제 친구를 위한 거요. ⁴그런데 잘못해서 한 장만 샀어요. ⁵콘서트에 도착할 때까지도 그걸 깨닫지 못했어요. ⁶그래서 저는 티켓 부스로 급히 달려갔고, 다행히도 다른 티켓을 살 수 있었어요.

FINISH ⁷휘! 정말 다행이었어요!

mess up 실수하다, 잘못하다   realize 깨닫다   rush to ~으로 급히 달려가다   booth 부스   luckily 운 좋게도   relief 안도

어떤 문제가 발생했는지 '육하원칙 전략'으로 구체적인 정보를 이야기하세요.
문제가 일어나게 된 과정과 문제에 대한 결과도 꼭 드러내 주세요.

롤플레이 핵심 표현

1 용건을 말할 때

I'd like to 동사 . ~하고 싶어요.

I'd like to make a reservation for 7:00 p.m. 저녁 7시에 예약하고 싶어요.
I'd like to book tickets for the concert. 콘서트 티켓을 예약하고 싶어요.
I'd like to exchange my ticket. 제 티켓을 교환하고 싶어요.

2 이용 가능한 것을 물어볼 때

Are there any 무엇 available? 이용 가능한 ~가 있나요?

Are there any seats **available**? 이용 가능한 빈 자리가 있나요?
Are there any rooms **available** for tonight? 오늘 밤 이용할 수 있는 방이 있나요?
Are there any parking spots **available** nearby? 근처에 이용 가능한 주차 공간이 있나요?

3 문제를 말할 때

I have a problem with 대상 . (대상)에 문제가 있어요.

I have a problem with my laptop. 제 노트북에 문제가 있어요.
I have a problem with my reservation. 제 예약에 문제가 있어요.
I have a problem with this food. 이 음식에 문제가 있어요.

4 불만을 나타낼 때

I'm not happy with 대상 . (대상)이 불만스러워요.

I'm not happy with the product I got. 받은 제품이 불만스러워요.
I'm not happy with the quality. 품질이 불만스러워요.
I'm not happy with this situation. 이 상황이 불만스러워요.

UNIT
05

공원

✔ 이렇게
준비하세요

설문 주제인 '공원'은 롤플레이 질문으로도 많이 출제됩니다. 주로 친구와 **공원에서 만나는 약속**을 정하는 상황이 제시됩니다. 약속할 때 필요한 정보를 묻고 만날 약속을 정하는 표현을 미리 익혀 두세요. 문제 상황으로는 공원에 못 가게 된 상황이 제시되므로 공원에 가는 **대신 할 수 있는 활동 표현**도 함께 정리해 둡시다.

★ 자주 출제되는 문제

문제	유형
친구와 공원에 가는 약속을 잡기 위해 질문 I'd like to give you a situation and ask you to act it out. Your friend wants to go to a park this weekend. Call your friend and ask 3 or 4 questions to find out the details about going to the park. 상황을 드릴 테니 연기해 주세요. 당신의 친구가 이번 주말에 공원에 가고 싶어 합니다. 친구에게 전화해서 공원에 가는 것에 대한 자세한 내용을 알아내기 위해 3~4가지 질문을 해 보세요.	주어진 상황에 필요한 질문 하기
공원에 못 가게 된 상황 설명 및 대안 제시 I'm sorry, but there is a problem I need you to resolve. You found out that the park you wanted to go to will be closed this weekend. Call your friend, explain the situation, and give 2 or 3 alternatives. 죄송하지만 해결해 주셔야 하는 문제가 있습니다. 가려고 했던 공원이 이번 주말에 문을 닫는다는 것을 알게 되었습니다. 친구에게 전화해서 상황을 설명하고, 2~3가지 대안을 제시해 주세요.	문제 상황 설명 + 대안 제시하기

242

문제	유형
공원에서 있었던 기억에 남는 경험 That's the end of the situation. Have you ever had a memorable experience at a park? Where was it, what happened, and who were you with? Why was it special? Please explain in detail. 상황은 끝났습니다. 공원에서 기억에 남는 경험이 있나요? 어디였고 무슨 일이 있었으며, 누구와 같이 있었나요? 그 경험은 왜 특별했나요? 자세히 설명해 주세요.	관련 문제 해결 경험

⭐ 빈출 세트 구성

세트 예시 **1**	❶ 친구와 공원에 가는 약속을 잡기 위해 질문 ❷ 공원에 못 가게 된 상황 설명 및 대안 제시 ❸ 공원에서 있었던 기억에 남는 경험

Q11 친구와 공원에 가는 약속을 잡기 위해 질문

I'd like to give you a situation and ask you to act it out. Your friend wants to go to a park this weekend. Call your friend and ask 3 or 4 questions to find out the details about going to the park.

상황을 드릴 테니 연기해 주세요. 당신의 친구가 이번 주말에 공원에 가고 싶어 합니다. 친구에게 전화해서 공원에 가는 것에 대한 자세한 내용을 알아내기 위해 3~4가지 질문을 해 보세요.

| 답변 가이드 |

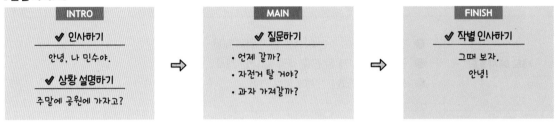

👑 예시 답변

INTRO	¹Hey, it's Minsu. ²Um, so, you wanna go to the park this weekend?
MAIN	³Okay, when do you wanna go? ⁴Like, Saturday? ⁵What time do you want to meet? ⁶And are we gonna ride our bikes or what? ⁷Oh, and should I bring some snacks?
FINISH	⁸Cool! ⁹Sounds fun. ¹⁰I'll see you then. ¹¹Bye!

INTRO ¹안녕, 나 민수야. ²음, 그러니까 이번 주말에 공원에 가고 싶다고?

MAIN ³좋아, 언제 가고 싶어? ⁴음, 토요일? ⁵몇 시에 만나고 싶어? ⁶그리고 자전거 타거나 뭐 할 거야? ⁷아, 그리고 내가 간식 좀 가져갈까?

FINISH ⁸좋아! ⁹재있을 것 같아. ¹⁰그때 보자. ¹¹안녕!

gonna (구어체에서) going to의 줄임말   **snack** 간식

 친구와 만날 약속을 하면서 사용할 수 있는 마무리 표현을 잘 익혀 두세요.
All right. See you then. 좋아. 그때 봐.
Cool. Let's do that. 좋아. 그거 하자.
Sounds fun! Can't wait! 재있겠다! 기다릴 수 없겠어!

Q12 공원에 못 가게 된 상황 설명 및 대안 제시

I'm sorry, but there is a **problem** I need you to resolve. You found out that the **park** you wanted to go to will be **closed** this weekend. **Call** your friend, **explain** the situation, and give 2 or 3 **alternatives**.

죄송하지만 해결해 주셔야 하는 문제가 있습니다. 가려고 했던 공원이 이번 주말에 문을 닫는다는 것을 알게 되었습니다. 친구에게 전화해서 상황을 설명하고, 2~3가지 대안을 제시해 주세요.

┃ 답변 가이드 ┃

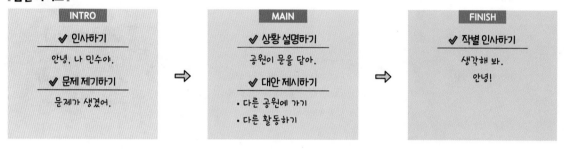

INTRO
✔ 인사하기
안녕, 나 민수야.
✔ 문제 제기하기
문제가 생겼어.

⇨

MAIN
✔ 상황 설명하기
공원이 문을 닫아.
✔ 대안 제시하기
• 다른 공원에 가기
• 다른 활동하기

⇨

FINISH
✔ 작별 인사하기
생각해 봐.
안녕!

🏆 예시 답변

INTRO ▶ ¹Hey, it's Minsu. ²Um, we have a little problem.

MAIN ▶ ³I found out the park we wanted to go to is closed this weekend. ⁴So, um, do you wanna go to a different park? ⁵Or maybe we could do something else, like go to the beach or watch a movie.

FINISH ▶ ⁶Yeah, just think about it. ⁷Talk to you later. ⁸Bye!

INTRO	¹안녕, 나 민수야. ²음, 우리한테 문제가 좀 있어.
MAIN	³우리가 가고 싶었던 공원이 이번 주말에 문을 닫는다는 걸 알게 됐어. ⁴그래서, 음, 다른 공원에 가고 싶어? ⁵아니면 다른 걸 할 수도 있어. 바다에 가거나 영화를 보러 가거나 말이야.
FINISH	⁶응, 생각해 봐. ⁷나중에 이야기하자. ⁸안녕!

---

find out 알아내다   **closed** 문을 닫은   **later** 나중에

TIP 친구에게 공원에 가는 대신 할 수 있는 다른 활동(go to the beach, watch a movie)을 제시하세요.
like를 넣어 예시를 들면 됩니다.

Q13 공원에서 있었던 기억에 남는 경험

That's the end of the situation. Have you ever had a memorable experience at a park? Where was it, what happened, and who were you with? Why was it special? Please explain in detail.

상황은 끝났습니다. 공원에서 기억에 남는 경험이 있나요? 어디였고 무슨 일이 있었으며, 누구와 같이 있었나요? 그 경험은 왜 특별했나요? 자세히 설명해 주세요.

답변 가이드

INTRO
✓ 질문 되묻기 전략
음…
기억에 남는 경험?

MAIN
✓ 육하원칙 전략
• When? – 어렸을 때
• Where? – 서울의 공원에서
• What? – 롤러블레이드 타기
• Who with? – 아빠랑

FINISH
✓ 감정 형용사 전략
멋진 경험이었어.
✓ 내 생각 말하기 전략
아빠에게 정말 고마워.

🏆 예시 답변

INTRO ¹Um... A memorable experience?

MAIN ²So when I was a kid, I used to go to a park in Seoul that had some rollerblading facilities. ³At the time, I lived in Ilsan, but every weekend, my dad would take me to Seoul. ⁴We had so much fun rollerblading together. Haha. ⁵I still remember it vividly. ⁶It was a bit scary, but it was such a thrill going down the slopes. Wheee!

FINISH ⁷You know, it was such a great experience. ⁸I'm really grateful to my dad for making those awesome memories.

INTRO ¹음… 기억에 남는 경험이요?

MAIN ²그러니까 어렸을 때 저는 롤러블레이드 시설이 있는 서울에 있는 공원에 가곤 했어요. ³그때 저는 일산에 살았는데, 매주 주말마다 아빠가 저를 서울로 데려다 주셨어요. ⁴우리는 함께 롤러블레이드를 타며 정말 즐거운 시간을 보냈어요. 하하. ⁵아직도 생생하게 기억나요. ⁶살짝 무서웠지만, 경사면을 내려갈 때는 정말 짜릿했어요. 야호!

FINISH ⁷그건 정말 멋진 경험이었어요. ⁸그런 멋진 추억을 만들어 주신 아빠에게 정말 고마워요.

rollerblading 롤러블레이드 타기 facility 시설 vividly 생생하게 scary 무서운 thrill 짜릿함, 전율 slope 경사면, 비탈길 grateful 감사하는

 경험을 말할 때는 육하원칙 정보가 구체적으로 들어갈수록 좋습니다.
TIP great, awesome 같은 감정 형용사를 써서 그 경험이 기억에 남는 이유도 드러내세요.

롤플레이 핵심 표현

1 장소를 물을 때

Where should we meet? 우리 어디서 만날까요?

Where is the park you mentioned? 당신이 언급한 공원은 어디에 있나요?

What's the address of that hotel? 그 호텔 주소가 뭐예요?

How can I get to that restaurant? 그 레스토랑에 어떻게 가나요?

2 시간을 물을 때

When should we meet? 언제 만날까요?

What time should we meet? 몇 시에 만날까요?

What time is the show? 공연은 몇 시인가요?

What time does the movie start? 영화가 몇 시에 시작해요?

3 상대방의 의견을 물을 때

Should I 동사 ? 제가 ~하는 게 좋을까요?

Should I text you when I arrive? 제가 도착하면 문자 하는 게 좋을까요?

Should I bring food or drinks? 제가 음식이나 음료수를 가져가는 게 좋을까요?

Should I arrive earlier? 제가 더 일찍 도착하는 게 좋을까요?

4 대안을 제시할 때

Or maybe we could 동사 . 아니면 우리가 ~할 수도 있어요.

Or maybe we could see a movie. 아니면 우리가 영화를 볼 수도 있어요.

Or maybe we could go swimming instead. 아니면 우리가 대신 수영하러 갈 수도 있어요.

Or maybe we could just hang out and relax at home.
아니면 우리가 그냥 집에서 놀고 편하게 쉴 수도 있어요.

UNIT

06

파티

✔ 이렇게
준비하세요

파티에 가기 전 물어볼 수 있는 사항(**장소**, **시간**, **참석 인원**, **준비물**)과 관련된 표현을 정리해 두세요. 문제 상황으로는 **차 사고**, **시험** 등 파티에 못 가는 다양한 상황이 나올 수 있습니다. 제시할 만한 대안도 정리해 두세요.

✪ 자주 출제되는 문제

문제	유형
초대받은 파티에 대해 질문 I'd like to give you a situation to act it out. You've been invited to a friend's birthday party. Call your friend and ask 3 or 4 questions to get some information about the party. 상황을 드릴 테니 연기해 주세요. 친구의 생일 파티에 초대받았습니다. 친구에게 전화해서 파티에 대한 정보를 얻기 위해 3~4가지 질문을 해 보세요.	주어진 상황에 필요한 질문 하기
차 사고로 파티에 가지 못하는 상황 설명 및 대안 제시 I'm sorry, but there is a problem I need you to resolve. You just had a car accident, and you think you can't go to your friend's birthday party. Call your friend, explain the situation, and give 2 or 3 alternatives. 죄송하지만 해결해 주셔야 하는 문제가 있습니다. 방금 자동차 사고가 나서 친구의 생일 파티에 갈 수 없을 것 같습니다. 친구에게 전화해서 상황을 설명하고 2~3가지 대안을 제시하세요.	문제 상황 설명 + 대안 제시하기

문제	유형
시험으로 파티에 가지 못하는 상황 설명 및 대안 제시 I'm sorry, but there is a problem I need you to resolve. You have a test coming up tomorrow and cannot make it to your friend's birthday party. Call your friend, explain the situation, and give 2 or 3 alternatives. 죄송하지만 해결해 주셔야 하는 문제가 있습니다. 내일 시험이 있어서 친구의 생일 파티에 참석할 수 없습니다. 친구에게 전화해서 상황을 설명하고 2~3가지 대안을 제시하세요.	문제 상황 설명 + 대안 제시하기
친구 집에 가지 못하는 상황 설명 및 대안 제시 I'm sorry, but there is a problem I need you to resolve. Something has come up, so you can't make it to your friend's house. Call your friend, explain your situation, and give 2 or 3 alternatives to solve the problem. 죄송하지만 해결해 주셔야 하는 문제가 있습니다. 갑자기 일이 생겨서 친구 집에 못 가게 되었습니다. 친구에게 전화해서 상황을 설명하고 문제를 해결할 수 있는 2~3가지 대안을 제시하세요.	문제 상황 설명 + 대안 제시하기
계획/약속을 취소한 경험 That's the end of the situation. Please tell me about an experience when you had to cancel or change your plans because something came up. What was the problem, and how did you deal with it? Give me as many details as possible. 상황은 끝났습니다. 무슨 일이 갑자기 생겨서 계획을 취소하거나 변경해야 했던 경험에 대해 이야기해 주세요. 어떤 문제가 있었고, 어떻게 해결했나요? 가능한 한 자세히 알려 주세요.	관련 문제 해결 경험

★ 빈출 세트 구성

세트 예시 **1**	❶ 초대받은 파티에 대해 질문 ❷ 차 사고로 파티에 가지 못하는 상황 설명 및 대안 제시 ❸ 계획/약속을 취소한 경험
세트 예시 **2**	❶ 초대받은 파티에 대해 질문 ❷ 시험으로 파티에 가지 못하는 상황 설명 및 대안 제시 ❸ 계획/약속을 취소한 경험

Q11 초대받은 파티에 대해 질문

I'd like to give you a situation to act it out. You've been invited to a friend's birthday party. Call your friend and ask 3 or 4 questions to get some information about the party.

상황을 드릴 테니 연기해 주세요. 친구의 생일 파티에 초대받았습니다. 친구에게 전화해서 파티에 대한 정보를 얻기 위해 3~4가지 질문을 해 보세요.

▌답변 가이드 ▌

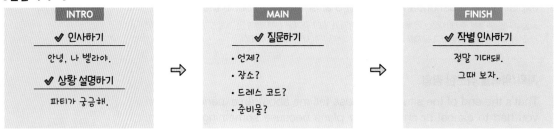

INTRO	MAIN	FINISH
✔ 인사하기	✔ 질문하기	✔ 작별 인사하기
안녕, 나 벨라야.	• 언제?	정말 기대돼.
✔ 상황 설명하기	• 장소?	그때 보자.
파티가 궁금해.	• 드레스 코드?	
	• 준비물?	

🏆 예시 답변

INTRO ¹Hey, it's Bella! ²Um, I heard you're having a birthday party, and I'm super curious about it.

MAIN ³So, like, when's the party? ⁴And, um, where's it gonna be? ⁵Oh, at your place? ⁶Awesome! ⁷Is there a dress code or anything? ⁸And, like, what should I bring? ⁹Do you want me to bring a cake or a present?

FINISH ¹⁰Okay, cool! ¹¹I'm really looking forward to it. ¹²Yeah, see ya.

INTRO ¹안녕, 나 벨라야! ²음, 생일 파티 한다고 들었는데, 파티에 대해 무척 궁금해.

MAIN ³그러니까, 파티가 언제야? ⁴그리고 음, 어디에서 할 거야? ⁵아, 너희 집에서? ⁶멋지네! ⁷혹시 드레스 코드 같은 거 있어? ⁸그리고 내가 뭘 가져가면 좋을까? ⁹케이크나 선물 가져가면 좋겠어?

FINISH ¹⁰알겠어, 좋네! ¹¹정말 기대돼. ¹²그럼 그때 보자.

---

curious 궁금한   awesome 멋진, 대단한   present 선물   look forward to ~을 기대하다   ya you의 구어체 표현

 파티에 가져갈 준비물도 이곳저곳에 붙이기 참 좋은 키워드입니다.
cake(케이크), present(선물), wine(와인) 같은 표현을 외워 두세요.

Q12 차 사고로 파티에 가지 못하는 상황 설명 및 대안 제시

I'm sorry, but there is a problem I need you to resolve. You just had a car accident, and you think you can't go to your friend's birthday party. Call your friend, explain the situation, and give 2 or 3 alternatives.

죄송하지만 해결해 주셔야 하는 문제가 있습니다. 방금 자동차 사고가 나서 친구의 생일 파티에 갈 수 없을 것 같습니다. 친구에게 전화해서 상황을 설명하고 2~3가지 대안을 제시하세요.

답변 가이드

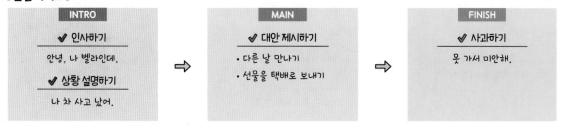

INTRO
✔ 인사하기
안녕, 나 벨라인데.
✔ 상황 설명하기
나 차 사고 났어.

MAIN
✔ 대안 제시하기
• 다른 날 만나기
• 선물을 택배로 보내기

FINISH
✔ 사과하기
못 가서 미안해.

🏆 예시 답변

INTRO ¹Hey, it's Bella… ²Um, I just got into a car accident.

MAIN ³I'm really sorry, but I won't be able to make it to your birthday party today. ⁴So… How about we meet up another day? ⁵Or I'll send your present through a delivery service.

FINISH ⁶Yeah, sorry again for missing it. ⁷I hope you have an amazing time.

INTRO　¹안녕, 나 벨라야… ²음, 방금 차 사고를 당했어.

MAIN　³정말 미안한데, 오늘 네 생일 파티에 참석할 수 없을 것 같아. ⁴그래서… 우리가 다른 날 만나면 어떨까? ⁵아니면 선물을 택배로 보낼게.

FINISH　⁶그래, 다시 한 번 못 가서 미안해. ⁷즐거운 시간 보내길 바랄게.

accident 사고　be able to ~할 수 있다　make it 참석하다　meet up 만나다　delivery service 택배

 대안을 제시할 때는 최대한 쉽게 말할 수 있는 것을 고르세요.
약속을 취소하는 상황에서는 다른 날에 만나자고 대안을 제시하는 것이 가장 말하기 쉽습니다.

경험 ◆ 과거 시제 🎧 079

Q13 계획/약속을 취소한 경험

That's the end of the situation. Please tell me about an experience when you had to cancel or change your plans because something came up. What was the problem, and how did you deal with it? Give me as many details as possible.

상황은 끝났습니다. 무슨 일이 갑자기 생겨서 계획을 취소하거나 변경해야 했던 경험에 대해 이야기해 주세요. 어떤 문제가 있었고, 어떻게 해결했나요? 가능한 한 자세히 알려 주세요.

답변 가이드

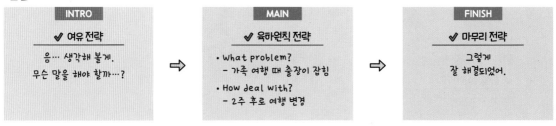

🏆 예시 답변

INTRO
¹Um… Let me think. ²What should I say…?

MAIN
³So my family was planning to go to the beach for the weekend. ⁴But then my boss called me and said I had to go on a business trip that same weekend. ⁵So I had to change our plans. ⁶I called my family to let them know what happened, and we decided to go two weeks later. ⁷It was a bit of a hassle because I had to call the hotel and the restaurants to reschedule everything.

FINISH
⁸So, yeah, that's how it all worked out.

INTRO ¹음… 생각해 볼게요. ²뭐라고 말해야 할까요…?

MAIN ³그러니까 우리 가족은 주말에 바다에 가기로 계획하고 있었어요. ⁴그런데 그때 제 상사가 전화해서 같은 주말에 출장을 가야 한다고 했어요. ⁵그래서 저는 계획을 변경해야 했죠. ⁶저는 가족에게 전화해서 무슨 일이 있었는지 알렸고, 우리는 2주 후에 가기로 결정했어요. ⁷호텔과 식당에 전화해서 모든 일정을 변경해야 해서 약간 귀찮았어요.

FINISH ⁸그래요, 그렇게 다 잘 해결됐어요.

---

boss 상사   go on a business trip 출장 가다   hassle 귀찮음, 번거로움   reschedule 일정을 변경하다   work out 잘 해결되다

 어떤 이유로 취소를 하게 되었는지 문제가 발생하게 된 과정을 구체적으로 설명하세요.
계획이 취소되었던 당시의 감정이 어땠는지도 말하면 훨씬 입체적인 답변이 됩니다.

252

롤플레이 **핵심 표현**

1 상대방이 원하는 것을 물을 때

Do you want me to [동사]**?** 제가 ~할까요?

Do you want me to call you later? 제가 나중에 전화할까요?
Do you want me to help you with that? 제가 그거 도와줄까요?
Do you want me to pick you up? 제가 차로 데리러 갈까요?

2 무엇이 있는지 문의할 때

Is there [무엇]**?** ~가 있어요?

Is there a fee? 입장료 있어요?
Is there a place to park? 주차할 곳 있어요?
Is there anything I should bring? 제가 가져가야 할 게 있어요?

3 문제 상황을 설명할 때

I won't be able to [동사]**.** 저는 ~할 수 없을 거예요.

I won't be able to go to the concert. 저는 콘서트에 가지 못할 거예요.
I won't be able to make it tomorrow. 저는 내일 참석하지 못할 거예요.
I won't be able to join you for dinner. 저는 저녁 식사에 당신과 함께할 수 없을 거예요.

4 대안을 제시할 때

How about we [동사]**?** 우리 ~하는 게 어때요?

How about we meet next Saturday? 우리 다음 주 토요일에 만나는 게 어때요?
How about we grab a drink sometime? 우리 조만간 술 한잔하는 게 어때요?
How about we have lunch together this Sunday? 우리 이번 주 일요일에 같이 점심 먹는 게 어때요?

MEMO

MEMO